TÓTEM Y TABÚ

UN RECUERDO INFANTIL DE LEONARDO DA VINCI

Obras Completas de Sigmund Freud
Tomo VIII

TÓTEM Y TABÚ

UN RECUERDO INFANTIL DE LEONARDO DA VINCI

Traducción directa del alemán por
Luis López-Ballesteros y de Torres

Editorial Iztaccíhuatl S. A. de C. V.

OBRAS COMPLETAS DE SIGMUND FREUD. TOMO VIII
Tótem y tabú/Un recuerdo infantil de Leonardo da Vinci

Sigmund Freud
ISBN (obra completa): 978-607-8688-54-8
ISBN (tomo VIII): 978-607-8688-59-3
Segunda edición: marzo de 2022

© Editorial Iztaccíhuatl S. A. de C.V.
Miguel Schultz #21, Col. San Rafael,
Del. Cuauhtémoc, Ciudad de México

Corrección de estilo: Rosario Adriana Islas Nava
Diseño y maquetación: Cecilia Neria Anaya
Licencia de impresión a Grupo Editorial Neisa
Impresión: Master Copy, S. A. de C.V. (DocuMaster)

Impreso en México

TÓTEM Y TABÚ

I
El horror al incesto

El camino recorrido por el hombre de la Prehistoria en su desarrollo, nos es conocido por los monumentos y utensilios que nos ha legado, por los restos de su arte, de su religión y de su concepción de la vida que han llegado hasta nosotros directamente o transmitidos por la tradición en las leyendas, los mitos y los cuentos, y por las supervivencias de su mentalidad que nos es dado volver a hallar en nuestros propios usos y costumbres. Además, este hombre de la Prehistoria es aún, en cierto sentido, contemporáneo nuestro. Existen, en efecto, actualmente, hombres a los que consideramos mucho más próximos a los primitivos de lo que nosotros lo estamos y en los que vemos a los descendientes directos de aquellos hombres de otros tiempos. Tal es el juicio que nos merecen los pueblos llamados salvajes y semisalvajes, y la vida psíquica de estos pueblos adquiere para nosotros un interés particular cuando vemos en ella una fase anterior, bien conservada, de nuestro propio desarrollo.

Partiendo de este punto de vista y estableciendo una comparación entre la psicología de los pueblos primitivos, tal como la etnografía nos la muestra y la psicología del neurótico, tal y como surge de las investigaciones psicoanalíticas, descubriremos, entre ambas, numerosos rasgos comunes y nos será posible ver a una nueva luz lo que de ellas nos es ya conocido.

Por razones tanto exteriores como interiores, escogeremos para esta comparación las tribus que los etnógrafos nos han descrito como las más salvajes, atrasadas y miserables, o sea, las formadas por los habitantes primitivos del más joven de los continentes —Australia—, que ha conservado, incluso en su fauna, tantos rasgos arcaicos desaparecidos en todos los demás.

Los aborígenes de Australia son considerados como una raza aparte, sin ningún parentesco físico ni lingüístico con sus vecinos más cercanos, los pueblos melanesios, polinesios y malayos. No construyen casas ni cabañas sólidas, no cultivan el suelo, no poseen ningún animal doméstico, ni siquiera el perro, e ignoran incluso el arte de la alfarería. Se alimentan exclusivamente de la carne de toda clase de animales, y de raíces que arrancan de la tierra. No tienen reyes ni jefes y los asuntos de la tribu son resueltos por la asamblea de los hombres adultos. Es muy dudoso que pueda atribuírseles una religión rudimentaria bajo la forma de un culto tributado a seres superiores. Las tribus del interior del continente, que a consecuencia de la falta de agua se ven obligadas a luchar contra condiciones de vida exclusivamente duras, se nos muestran, en todos aspectos, más primitivas que las tribus vecinas a la costa.

No podemos esperar, ciertamente, que estos miserables caníbales desnudos observen una moral sexual próxima a la nuestra o impongan a sus instintos sexuales restricciones muy severas. Mas, sin embargo, averiguamos que se imponen la más rigurosa interdicción de las relaciones sexuales incestuosas. Parece que incluso toda su organización social se halla subordinada a esta intención o relacionada con la realización de la misma.

En lugar de todas aquellas instrucciones religiosas y sociales de que carecen, hallamos en los australianos, el sistema del *totemismo*. Las tribus australianas se dividen en grupos más pequeños —clanes—, cada uno de los cuales lleva el nombre de su *tótem*. ¿Qué es un tótem? Por lo general, un animal comestible, ora inofensivo, ora peligroso y temido, y más raramente, una planta o una fuerza natural (lluvia, agua), que se halla en una relación particular con la totalidad del grupo. El tótem, es en primer lugar, el antepasado del clan, y en segundo, su espíritu protector y su bienhechor, que envía oráculos a sus hijos y los conoce y protege aun en aquellos casos en los que resulta peligroso. Los individuos que poseen el mismo tótem se hallan, por lo tanto, sometidos a la sagrada obligación, cuya violación trae consigo un castigo automático de respetar su vida y abstenerse de comer su carne o, aprovecharse de él en cualquier otra forma. El carácter totémico no es inherente a un animal particular o a cualquier otro objeto único (planta o fuerza natural), sino a todos los individuos que pertenecen a la especie del tótem. De tiempo en tiempo se celebran fiestas en las cuales los asociados del grupo totémico reproducen o imitan, por medio de danzas ceremoniales, los movimientos y particularidades de su tótem.

El tótem se transmite hereditariamente, tanto por línea paterna como materna. Es muy probable que la transmisión materna haya sido en todas partes la primitiva, reemplazada más tarde por la transmisión paterna. La subordinación al tótem constituye la base de todas las obligaciones sociales del australiano, sobrepasando por un lado la subordinación a la tribu y relegando, por otro, a un segundo término, el parentesco de sangre[1].

El tótem no se halla ligado al suelo ni a una determinada localidad. Los miembros de un mismo tótem pueden vivir separados unos de otros y en paz con individuos de tótem diferente[2].

---

[1] Frazer, *Totemism and Exogamy*, Tomo I, pág. 53: "La relación creada por el tótem es más fuerte que la de sangre o de familia, en el sentido moderno de la palabra".

[2] El sucinto resumen que antecede, del sistema totémico, exige algunas aclaraciones y reservas: la palabra "totem" fue introducida bajo la forma "totam", en 1791, por el inglés J. Long, que la tomó de los pieles rojas de América del Norte. El objeto mismo ha despertado poco a poco en la ciencia, un vivo interés y ha provocado abundantes trabajos, entre los cuales citaremos, como los más importantes, el titulado "Totemism and Exogamy" (1910), obra en cuatro

Vamos a señalar, ahora, aquella particularidad del sistema totémico por la que el mismo interesa más especialmente al psicoanalítico. En casi todos aquellos lugares en los que este sistema se halla en vigor, comporta la ley según la cual, *los miembros de un único y mismo tótem no deben entrar en relaciones sexuales y, por lo tanto, no deben casarse entre sí.* Es ésta la ley de la *exogamia*, inseparable del sistema totémico.

---

volúmenes de J. G. Frazer y las investigaciones y publicaciones de Andrew Lang (*The Secret of the Totem*, 1905). Al escocés J. Ferguson Mc. Leenan (1869-1870) se debe el mérito de haber reconocido la imporancia del totemismo para la historia de la humanidad primitiva. Entre los pueblos australianos, los del archipiélago oceánico, los de la India oriental, muchos de los de África y los indios de América del Norte, se han encontrado instituciones totémicas. Pero determinadas huellas y supervivencias difíciles de interpretar permiten suponer que el totemismo existió igualmente en los pueblos arios y semitas primitivos de Europa y de Asia, de manera que los sabios se inclinan a ver en él, una fase necesaria y universal del desarrollo humano.

¿Cómo llegaron los hombres primitivos a darse un tótem, esto es, a basar sus obligaciones sociales y sus atracciones sexuales en su descendencia de un animal? Sobre este problema existen numerosas teorías cuya síntesis podrá hallar el lector en la "Psicología de los pueblos", de Wundt (tomo II, Mito y Religión), teorías que aún no han logrado ponerse de acuerdo ni parece cercano el momento en que lo logren. En la presente obra, me propongo someter el problema del totemismo a un estudio especial, recurriendo al método psicoanalítico. (Cf. el capítulo IV).

Si es cierto que existen divergencias por lo que respecta a la explicación teórica del totemismo, también lo es que no resulta posible enunciar sus hechos por medio de proposiciones generales, como lo hemos intentado en los párrafos que anteceden. No hay interpretación alguna que no comporte excepciones y objeciones. Pero no debe olvidarse, que incluso los pueblos más primitivos y conservadores son, en un cierto sentido, pueblos antiguos y tienen detrás de sí un largo pasado, en el curso del cual lo que en ellos era primitivo, ha sufrido un desarrollo y una deformación considerable. De este modo, en pueblos que presentan todavía actualmente el totemismo, se nos muestra este bajo los aspectos más variados de descomposición, fragmentación y transición a otras instituciones sociales y religiosas o también en formas estacionarias, pero no deben apartarse considerablemente de la primitiva. Todo esto, hace muy difícil determinar lo que en la situación actual constituye la fiel imagen de un pasado vivo y lo que, por el contrario, no es sino una deformación secundaria.

Intentamos comprender la significación de esta prohibición con ayuda de algunas consideraciones.

Esta interdicción, rigurosamente observada, es muy notable. Carece de toda reacción lógica con aquello que sabemos de la naturaleza y particularidades del tótem y no se comprende cómo ha podido introducirse en el totemismo. No extrañamos, pues, ver admitir a ciertos autores que la exogamia no tenía al principio, lógicamente, nada que ver con el totemismo, sino que fue agregada a él en un momento dado, cuando se reconoció la necesidad de dictar restricciones matrimoniales. De todos modos y sea íntimo y profundo o puramente superficial el enlace existente entre la exogamia y el totemismo, el hecho es que existe un tal enlace y se nos muestra extremadamente sólido.

a) La violación de esta prohibición no es seguida de un castigo automático, por decirlo así, del culpable, como lo son las violaciones de otras prohibiciones totémicas (la de comer la carne del animal tótem, por ejemplo), pero es vengada por la tribu entera, como si se tratase de alejar un peligro que amenazara a la colectividad o las consecuencias de una falta que pesase sobre ella. He aquí una cita, tomada de Frazer, que nos muestra con qué severidad castigan tales violaciones estos salvajes a los que desde nuestro punto de vista ético, hemos de considerar, en general, como altamente inmorales:

> En Australia, las relaciones sexuales con una persona de un clan prohibido son regularmente castigadas con la muerte. Poco importa que la mujer forme parte del mismo grupo local o que pertenezca a otra tribu y haya sido capturada en una guerra, el individuo del mismo tótem que entra en comercio sexual con ella, es perseguido y muerto por los hombres de su clan, y la mujer comparte igual suerte. Sin embargo, en algunos casos, cuando ambos han conseguido sustraerse a la persecución durante cierto tiempo, puede ser olvidada la ofensa. En las raras ocasiones en que el hecho

> de que nos ocupamos se produce en la tribu Ta-ta-thi de Nueva Gales del Sur, el hombre es condenado a muerte y la mujer mordida y acribillada a lanzazos hasta dejarla casi expirante. Si no se la mata en el acto, es por considerar que ha sido forzada. Esta prohibición se extiende incluso a los amores ocasionales, y toda violación es considerada como una cosa nefanda y merecedora del castigo de muerte.

b) Teniendo en cuenta que también las aventuras amorosas anodinas, esto es, aquellas no seguidas de procreación, son idénticamente castigadas, habremos de deducir que la prohibición no se ha inspirado en razones de orden práctico.

c) Siendo el tótem hereditario y no sufriendo modificación alguna por el hecho del matrimonio, es fácil darse cuenta de las consecuencias de esta prohibición en el caso de herencia materna. Si, por ejemplo, el hombre forma parte de un clan cuyo tótem es el "kanguro" y se casa con una mujer cuyo tótem es el "emúo" (especie de avestruz), los hijos varones o hembras tendrán todos el tótem de la madre. Un hijo nacido de este matrimonio se hallará, pues, en la imposibilidad de entablar relaciones incestuosas con su madre y su hermana, pertenecientes al mismo clan[3].

d) Pero basta un poco de atención para darse cuenta de que la exogamia inherente al sistema totémico tiene otras consecuencias y persigue otros fines que la simple previsión del incesto con la madre y la hermana. Prohíbe, en efecto, al hombre, la unión sexual con cualquiera otra mujer de su grupo, esto es, con un cierto número de mujeres a las que no se halla enlazado por relación alguna de consanguinidad; pero que, sin embargo, son consideradas como consanguí-

---

[3] Esta prohibición no impide, en cambio, al padre, que es kanguro, tener relaciones incestuosas con sus hijas, que son emúo. En la transmisión paterna del

neas suyas. La justificación psicológica de esta restricción, que va más allá de todo lo que puede serle comparado en los pueblos civilizados, no resulta evidente a primera vista. Creemos tan sólo comprender que esta prohibición se toma muy en serio el papel del tótem (animal) como antepasado. Aquellos que descienden del mismo tótem son consanguíneos y forman una familia, en el seno del cual todos los grados de parentesco, incluso los más lejanos, son considerados como un impedimento absoluto de la unión sexual.

De este modo, resulta que tales salvajes parecen obsesionados por un extraordinario horror al incesto, horror enlazado a circunstancias particulares que no llegamos a comprender por completo y a consecuencia de las cuales queda reemplazado el parentesco de la sangre por el parentesco totémico. No debemos exagerar, sin embargo, esta oposición entre los dos géneros de parentesco y hemos de tener muy presente siempre el hecho de que el incesto real no constituye sino un caso especial de las prohibiciones totémicas.

¿Cómo ha llegado a ser reemplazada la familia verdadera por el grupo totémico? Es éste un enigma cuya solución obtendremos, quizá, una vez que hayamos llegado a comprender íntimamente la naturaleza del tótem. Hemos de pensar que, dada una cierta libertad sexual, no limitada por los lazos conyugales, era necesario establecer alguna ley que detuviese al individuo ante el incesto. Por lo tanto, no será inútil observar que las costumbres de los australianos implican determinadas condiciones sociales y ciertas circunstancias solemnes en las

---

tótem, el padre y los hijos serían kanguro y el padre no podría, por lo tanto, tener relaciones incestuosas con sus hijas, pero sí el hijo con la madre. Estas consecuencias de las prohibiciones totémicas demuestran que la herencia materna es más antigua que la paterna; pues tenemos más de una razón para admitir que tales prohibiciones van dirigidas contra los impulsos incestuosos del hijo.

que no es reconocido el derecho exclusivo de un hombre sobre la mujer considerada como su esposa legítima.

El lenguaje de estas tribus australianas —así como el de la mayoría de los pueblos totémicos— presenta una particularidad relacionada, desde luego, con este hecho. Las designaciones de parentesco de que se sirven, no se refieren a las relaciones entre dos *individuos* sino entre un individuo y un grupo. Según la expresión de L. H. Morgan, forman tales designaciones un sistema "clasificador". Significa esto, que un individuo llama "padre" no solamente al que le ha engendrado, sino también a todos aquellos hombres que, según las costumbres de la tribu, habrían podido desposar a su madre y llegar a serlo efectivamente, y "madre" a toda mujer que sin infringir los usos de la tribu habría podido engendrarle. Asimismo, llaman "hermano" y "hermana", no solamente a los hijos de sus verdaderos padres, sino también a todos los de aquellas otras personas que hubieran podido serlo, etc. Los nombres de parentesco que los australianos se dan entre sí no designan, pues, necesariamente, un parentesco de sangre, como sucede en nuestro lenguaje y representan más bien relaciones sociales que relaciones físicas. En nuestras "nurserys", en las que los niños dan el nombre de tíos y tías a todos los amigos y amigas de sus padres, encontramos algo parecido a este sistema clasificador y asimismo cuando empleamos tales designaciones en un sentido figurado, hablando de "hermanos en Apolo" o "hermanas en Cristo".

La explicación de estas costumbres idiomáticas que tanto singularmente nos parecen, se deduce fácilmente cuando las consideramos como supervivencias y caracteres de la institución que el Reverendo L. Fison ha llamado *"matrimonio de grupo"* y en virtud de la cual un cierto número de hombres ejerce derechos conyugales sobre un cierto número de mujeres. Los hijos nacidos de este matrimonio de grupo tienen naturalmente que considerarse unos a otros como hermanos, aunque puedan no tener todos la misma madre y considerar a todos los hombres del grupo como sus padres.

Aunque determinados autores, como Westermarck, en su "Historia del Matrimonio humano"[4], rehúsan admitir las consecuencias que otros han deducido de los nombres usados para designar los parentescos de grupo, los investigadores que han estudiado más detenidamente a los salvajes australianos están de acuerdo en ver en los nombres de parentesco clasificador, una supervivencia de la época en la que se hallaba en vigor el matrimonio de grupo, y según Spencer y Gillen[5], existiría aún actualmente, en las tribus de los urabuna y de los dieri, una cierta forma de matrimonio de grupo. Así, pues, este matrimonio habría precedido en estos pueblos, al individual y no desapareció sin dejar huellas en el lenguaje y en las costumbres.

Sustituyendo ahora el matrimonio individual por el matrimonio de grupo, se nos hace ya comprensible el rigor, en apariencia excesivo, de la prohibición del incesto que en estos pueblos observamos. La exogamia totémica, esto es, la prohibición de relaciones sexuales entre miembros de este clan, se nos muestra como el medio más eficaz para impedir el incesto de grupo, medio que fue establecido y adoptado en dicha época y ha sobrevivido mucho tiempo a las razones motivo de su nacimiento.

Aunque de este modo creemos haber descubierto las razones de las restricciones matrimoniales existentes entre los salvajes de Australia, hemos de tener en cuenta que las circunstancias reales presentan una complejidad bastante mayor, inextricable a primera vista. No existen, en efecto, sino muy pocas tribus australianas que no conozcan otras prohibiciones que las determinadas por los límites totémicos. La mayoría se hallan

---

[4] *Geschichte der menschlichen Ehe*, segunda edición, año 1902.

[5] *The native tribes of central Australia*, Londres, 1899.

organizadas en tal forma, que se subdividen, en primer lugar, en dos secciones, a las que se da el nombre de clases matrimoniales (las "fratrias" (phratries) de los autores ingleses). Cada una de estas clases es exógama y se compone de un cierto número de grupos totémicos. Generalmente, se subdivide cada clase en dos subclases (subfratrias) y de este modo, toda la tribu se compone de cuatro subclases, resultando que las subclases ocupan un lugar intermedio entre las fratrias y los grupos totémicos.

El esquema típico, de la organización de una tribu australiana, puede, por lo tanto, representarse en la forma siguiente:

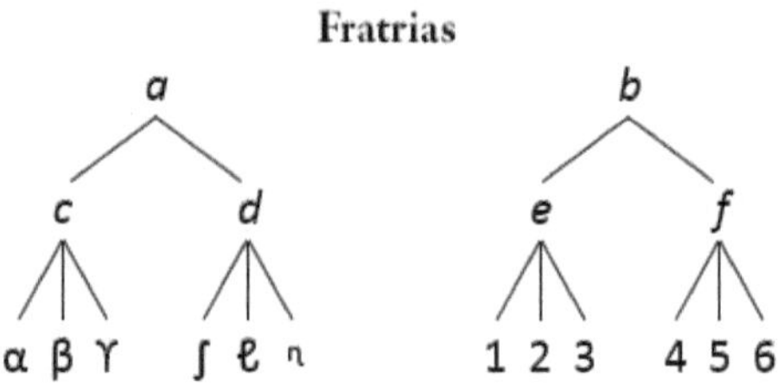

Los doce grupos totémicos quedan reunidos en cuatro subclases y dos clases. Todas las subdivisiones son exógamas (el número de los tótem es escogido arbitrariamente). La subclase *c* forma una unidad exógama con la subclase *e*, y la subclase *d* con la *f*. El resultado obtenido por estas instituciones y, por consiguiente, su tendencia, no es nada dudoso. Sirven para introducir una nueva limitación de la elección matrimonial y de la libertad sexual. Si no hubiera más que los doce grupos totémicos, cada miembro de un grupo (suponiendo que cada grupo se compusiese del mismo número de individuos) podría escoger entre las onces dozavas partes de las mujeres de la tribu. La existencia de las dos fratrias limita el número de mujeres que puede elegir cada hombre a seis dozavas partes, esto es, a la mitad. Un hombre perteneciente al tótem *a* no puede casarse sino con una mujer que forme parte de los grupos uno a seis. La introducción de las dos subclases limita de nuevo la elección, dejándola reducida a tres dozavas partes, esto es, a la una cuarta parte de la totalidad. Así, un hombre del tótem *a* no puede escoger mujer sino entre aquellas de los tótems cuatro, cinco y seis.

Las relaciones históricas que existen entre las clases matrimoniales, de las que ciertas tribus cuentan hasta ocho, y los grupos totémicos, no están aún dilucidadas. Vemos, únicamente, que tales instituciones persiguen el mismo fin que la exogamia totémica y tienden incluso a ir más allá. Pero mientras que la exogamia totémica presenta todas las apariencias de una institución sagrada, de origen y desarrollo desconocido, o sea de una costumbre, la complicada institución de las clases matrimoniales, con sus subdivisiones y las condiciones a ellas enlazadas, parece ser el producto de una legislación consciente e intencional que se hubiera propuesto reforzar la prohibición del incesto, probablemente ante un comienzo de debilitación de la influencia totémica. Y mientras que el sistema totémico constituye, como ya hemos visto, la base de todas las demás obligaciones sociales y restricciones morales de la tribu, el papel de la fratria se limita, en general, a la sola reglamentación de la elección matrimonial.

En el curso del desarrollo ulterior del sistema de las clases matrimoniales, aparece una tendencia a ampliar la prohibición que recae sobre el incesto natural y el de grupo, haciéndola extensiva a los matrimonios entre parientes de grupos más lejanos, conducta idéntica a la de la iglesia católica cuando extendió la prohibición que recaía sobre los matrimonios entre hermanos y hermanas, a los matrimonios entre primos, inventando para justificar su medida, grados espirituales de parentesco[6].

---

[6] Artículo "totemismo" en la *Enciclopedia Británica,* décimo primera edición, 1911, (A. Lang).

No tenemos interés ninguno en intentar orientarnos en las complicadas y confusas discusiones que se han desarrollado sobre el origen y la significación de las clases matrimoniales y de sus relaciones con el tótem. Nos bastará señalar el cuidado extraordinario con que los australianos y otros pueblos salvajes velan por el cumplimiento de la prohibición del incesto[7]. Podemos incluso decir que estos salvajes son más escrupulosos en esta cuestión, que nosotros mismos. Es posible que hallándose más sujetos a las tentaciones, precisen de una protección más eficaz contra ellas.

Pero la fobia del incesto, que caracteriza a estos pueblos, no se ha satisfecho con crear las instituciones que acabamos de describir y que nos parecen dirigidas principalmente contra el incesto de grupo. Hemos de añadir a ellas toda una serie de "costumbres" destinadas a impedir las relaciones sexuales individuales entre parientes próximos y que son observadas con un religioso rigor. No es posible dudar del fin que tales costumbres persiguen. Los autores ingleses las designan con el nombre de "aviodances" (lo que debe ser evitado) y no son privativas de los pueblos totémicos australianos. Pero habré de rogar al lector que se satisfaga con algunos extractos fragmentarios de los abundantes documentos que poseemos sobre este tema.

En la Melanesia recaen tales prohibiciones restrictivas sobre las relaciones del hijo con la madre y las hermanas. Así, en Lepers Island, una de las Nuevas Hébridas, el hijo que ha llegado a una cierta edad abandona el hogar materno y se va a vivir a la casa común (club), en la que duerme y come. Puede visitar todavía su casa, para reclamar en ella, su alimento, pero cuando su hermana se halla presente, debe retirarse sin comer. En el caso contrario,

[7] Storfer ha llamado particularmente la atención sobre este punto en un reciente estudio: "Zur Sonderstellug des Vatermordes" en *Schriften zur angewandten Seelenkunde*, Viena, 1911.

puede tomar su comida sentado cerca de la puerta. Si el hermano y la hermana se encuentran, por azar, fuera de la casa, debe la hermana huir o esconderse. Cuando el hermano reconoce en la arena, las huellas del paso de una de sus hermanas, no debe seguirlas. Igual prohibición se aplica a la hermana. El hermano no puede siquiera nombrar a su hermana y debe guardarse muy bien de pronunciar una palabra del lenguaje corriente cuando dicha palabra forma parte del nombre de esta. Esta prohibición entra en vigor después de la ceremonia de la pubertad y debe ser observada durante toda la vida. El alejamiento de madre e hijo aumenta con los años, y la reserva observada por la madre, es mayor aunque la impuesta al hijo. Cuando le lleva algo de comer no le entrega directamente los alimentos, sino que los pone en el suelo ante él. No le habla jamás familiarmente, y al dirigirse a él, le dice usted en lugar de tú (entiéndase, naturalmente, las palabras correspondientes a nuestro usted y nuestro tú). Las mismas costumbres se hallan en vigor en Nueva Caledonia. Cuando un hermano y una hermana se encuentran, se esconde esta última entre los arbustos y el hermano pasa sin volverse hacia ella[8].

En la península de las Gacelas, en Nueva Bretaña, la hermana casada no puede dirigir ya la palabra a su hermano, y en lugar de pronunciar su nombre, tiene que designarle por medio de una perífrasis[9].

En Nuevo Meclenburgo se aplica esta misma prohibición, no solamente entre hermano y hermana, sino entre primo y prima. No deben acercarse uno a otro, ni darse la mano ni hacerse regalos, y cuando quieren hablarse, deben hacerlo

[8] R. H. Codrington, "The Melanesians" in Frazer: *Totemism and Exogamy*, tomo 1°, pág. 77.

[9] Frazer, *1. c.*, pág. 124, según Kleintitochen: *Die Kuestenbewohner der Gazellen-Halbinsel.*

a algunos pasos de distancia. El incesto con la hermana es condenado con la horca[10].

En las islas de Fidgi, son especialmente rigurosas estas prohibiciones y se aplican, no solamente a los parientes consanguíneos, sino también a los hermanos y hermanas de grupo. No asombra también averiguar que estos salvajes conocen orgías sagradas, en el curso de los cuales, realizan precisamente las uniones sexuales más estrictamente prohibidas. Pero quizá esta misma contradicción puede darnos la clave de la prohibición[11]. Entre los battas de Sumatra se extienden las prohibiciones a todos los grados de parentesco algo próximo. Sería, por ejemplo, escandaloso, que un batta acompañase a su hermana a una reunión. Un hermano batta se siente confuso en presencia de su hermana, incluso habiendo en derredor de ellos otras personas. Cuando un hermano entra a la casa, la hermana o hermanas prefieren retirarse. Igualmente, el padre no permanece nunca a solas con su hija, ni una madre con su hijo. El misionero holandés que relata estas costumbres añade que, por desgracia, están justificadas, pues se admite generalmente, por este pueblo, que una conversación a solas entre un hombre y una mujer ha de llevarles fatalmente a una ilícita intimidad, y como se hallan amenazados de los peores castigos y de las más graves consecuencias cuando se hacen culpables de relaciones sexuales con parientes próximos, no es sino muy natural que piensen en preservarse por medio de prohibiciones de este género, de toda posible tentación[12].

Entre los barongos de la bahía de Delagoa, en África, se imponen al hombre las prescripciones más severas con respecto a su cuñada; esto es, a la mujer del hermano de su esposa.

---

[10] Frazer, *l. c.*, pág. 131, tomo 2°, según P. G. Peckel en *Anthropos*, 1901.

[11] Frazer, *l. c.*, tomo 2°, pág. 147, según el Reverendo. L. Fison.

[12] Frazer, *l. c.*, tomo 2°, pág. 189.

Cuando un hombre encuentra en algún lado a dicha persona peligrosa para él, la evita cuidadosamente. No se atreve a comer en el mismo plato que ella, y no le habla sino temblando. No se decide a entrar en su cabaña y la saluda con voz temblorosa[13].

Entre los akamba (o wacamba) del este africano inglés existe una prohibición que hubiéramos esperado hallar más frecuentemente. Durante el período comprendido entre la pubertad y el matrimonio, deben las jóvenes solteras eludir cuidadosamente a su padre. Se ocultan cuando le encuentran en la calle, no se sientan jamás a su lado y observan esta costumbre hasta los esponsales. A partir del día de su matrimonio quedan libres de toda prohibición las relaciones entre ellas y el padre[14].

La prohibición más extendida, severa e interesante, incluso para los pueblos civilizados, es la que recae sobre las relaciones entre yerno y suegra. Existe en todos los pueblos australianos, pero se la ha hallado también en los pueblos melanesios y polinesios, y entre los negros africanos en general, allí donde encontramos algunas huellas del totemismo y aun en algunos pueblos en los que no nos es posible descubrirlas. En algunos de estos pueblos hallamos prohibiciones análogas referentes a las relaciones anodinas entre una mujer y su suegro, pero estas prohibiciones son menos constantes y severas que las anteriormente citadas. En algunos casos aislados se refieren a ambos suegros.

Como por lo que respecta a la prohibición de las relaciones entre suegra y yerno nos interesa menos la difusión etnográfica que el contenido y el propósito de la prohibición, continuaremos limitándonos a citar algunos ejemplos. En las islas Banko son muy severas y crueles tales prohibiciones. El yerno y la suegra deben evitar aproximarse el uno al otro. Cuando, por casualidad,

---

[13] Frazer, *I. c.*, tomo 2°, pág. 388, según Junod.

[14] Frazer, *I. c.*, tomo 2°, pág. 424.

se encuentran en el camino, la suegra debe apartarse y volver la espalda hasta que el yerno haya pasado, o inversamente.

En Vanna Lava (Port Patterson), el yerno no entrará en la playa, si por ella ha pasado su suegra, antes de que la marea haya hecho desaparecer en la arena la huella de los pasos de la misma. Sin embargo, pueden hablarse a cierta distancia, pero, les está prohibido a ambos pronunciar el nombre del otro[15].

En las islas Salomón, el hombre casado no debe ver ni hablar a su suegra. Cuando la encuentra, finge no conocerla y echa a correr con toda la rapidez posible, para esconderse[16].

Entre los zulús, existe la costumbre de que el hombre se avergüence de su suegra y haga todo lo posible para huir de su compañía. No entra en la cabaña hallándose ella dentro, y cuando se encuentran, uno de ellos debe esconderse entre los arbustos. El hombre puede también taparse la cara con el escudo. Cuando no le es posible evitarse ni esconderse, anuda la mujer a la cabeza un tallo de hierba, como signo de acatamiento al ceremonial. Las relaciones entre ellos se efectúan por medio de una tercera persona o hablándose en voz alta separados por un obstáculo natural, el recinto del kraal, por ejemplo. Ninguno de ellos debe pronunciar el nombre del otro[17].

Entre los basoga, tribu negra que habita en la región de las fuentes del Nilo, el hombre no puede hablar a su suegra sino hallándose la misma en otra habitación de la casa y oculta a sus ojos. Este pueblo tiene un tal horror al incesto, que lo castiga incluso entre los animales domésticos[18].

---

[15] Frazer, *l. c.*, tomo 2°, pág. 76.

[16] Frazer, *l. c.*, tomo 2°, pág. 117, según C. Ribbe: *Zwei jahre unter den Kannibalen der Salomón Inseln*, (1905).

[17] Frazer, *l. c.*, tomo 2°, pág. 385.

[18] Frazer, *l. c.*, tomo 2°, pág. 461.

Mientras que la intención y la significación de las demás prohibiciones concernientes a las relaciones entre parientes no provocan la menor duda, siendo interpretadas por todos los observadores como medidas preservativas del incesto, no sucede lo mismo con las interdicciones que tienen por objeto las relaciones con la suegra, interdicciones a las que ciertos autores han dado una interpretación en absoluto diferente. Se ha encontrado, con razón, inconcebible que todos estos pueblos manifiesten un gran temor ante la tentación personificada por una mujer ya madura, que sin ser la madre del individuo de que se trate, pudiera, sin embargo, considerarle como hijo suyo[19].

Idéntica objeción se ha opuesto a la teoría de Fison, según la cual obedecerían estas prohibiciones a la necesidad de llenar la laguna que, en ciertos sistemas de clases matrimoniales, supone la posibilidad del matrimonio entre yerno y suegra.

Sir John Lubbock (en su obra "Origin of Civilization") hace remontar al rapto primitivo (*mariage by capture*) esta actitud de la suegra con respecto al yerno. Mientras existió realmente el rapto de mujeres, no podían los suegros ver a su yerno, el raptor, con buenos ojos. Pero al cesar esta forma de matrimonio, no dejando tras de sí sino sus símbolos, quedó simbolizada a su vez, dicha mala voluntad, y la costumbre de que nos ocupamos ha persistido incluso después de haber sido olvidado su origen. Crawley ha demostrado fácilmente que esta tentativa de explicación no tiene en cuenta la realidad de los hechos.

E. B. Taylor opina que la actitud de la suegra con respecto al yerno no es sino una forma del no reconocimiento (*cutting*) de este último por la familia de su mujer. El hombre es considerado como un extranjero hasta el nacimiento de su primer hijo. Salvo con relación a aquellos casos en los que, realizada esta condi-

[19] Crawley, *The mystic rose*, Londres 1902, pág. 405.

ción, no termina la prohibición indicada, resulta inadmisible esta interpretación de Taylor, pues no explica que haya habido necesidad de fijar de una manera precisa la naturaleza de las relaciones entre yerno y suegra, dejando, por tanto, a un lado, el factor sexual y no teniendo en cuenta el sagrado temor que parece manifestarse en tales mandamientos prohibitivos[20].

Una mujer zulú, preguntada por las razones de la prohibición, dió la siguiente respuesta, dictada por un sentimiento de delicadeza: "El hombre no debe ver los senos que han alimentado a su mujer"[21].

Sabido es, que incluso en los pueblos civilizados, constituyen las relaciones entre yerno y suegra uno de los lados más espinosos de la organización familiar. No existe ciertamente, entre los pueblos blancos de Europa y de América, prohibición alguna relativa a estas relaciones, pero se evitarían muchos conflictos y molestias si tales prohibiciones existieran, aun a título de costumbres, sin que determinados individuos se vieran obligados a establecerlas para su uso personal. Más de un europeo se sentirá inclinado a ver un acto de alta sabiduría en las prohibiciones opuestas por los pueblos salvajes a la relación entre dichas dos personas de parentesco tan cercano. No puede dudarse de que la situación psicológica del yerno y la suegra entraña algo que favorece la hostilidad y hace muy difícil su vida en común. La generalidad con la que se hace objeto preferente de chistes y burlas a estas relaciones constituiría ya una prueba de que entrañan elementos decididamente opuestos. A mi juicio, trátase aquí de relaciones "ambivalentes", compuestas a la vez de elementos afectuosos y elementos hostiles.

---

[20] Crawley, *l. c.*, pág. 407.

[21] Crawley, *l. c.*, pág. 401, según Leslie: *Among the zulús and amatongas*, 1875.

Algunos de estos afectos resultan fácilmente inexplicables. Por parte de la suegra hay el sentimiento de separarse de su hija, la desconfianza hacia el extraño al que la misma se ha entregado y la tendencia a imponer, a pesar de todo, su autoridad, como lo hace en su propia casa. Por parte del yerno hay la decisión de no someterse más a ninguna voluntad ajena, los celos de aquellas personas que gozaron antes que él de la ternura de su mujer y —last not least— el deseo de no dejarse turbar en la ilusión que le hace conceder un valor exagerado a las cualidades de su joven mujer. En la mayoría de los casos, es la suegra la que disipa esta ilusión, pues le recuerda a su mujer por los numerosos rasgos que con ella tiene comunes, faltándole, en cambio, la belleza, la juventud y la espontaneidad de alma que le hace amar a la hija.

El conocimiento de los sentimientos ocultos que el examen psicoanalítico de los hombres nos proporciona, nos permite añadir otros motivos a aquéllos que acabamos de enumerar. La mujer encuentra en el matrimonio y en la vida de familia la satisfacción de sus necesidades psicosexuales, pero al mismo tiempo no deja tampoco de hallarse amenazada constantemente del peligro de insatisfacción procedente de la cesación prematura de las relaciones conyugales y del vacío afectivo que de ella puede resultar. La mujer que ha logrado descendencia se preserva, al envejecer, de este peligro, por su identificación con sus retoños y la parte activa que toma en la vida afectiva de los mismos. Suele decirse que los padres se rejuvenecen junto a sus hijos. Es ésta, en efecto, una de las ventajas más preciadas que a ellos deben. La mujer estéril se encuentra, así, privada de uno de sus mejores consuelos y compensaciones, de las privaciones a las que ha de resignarse en su vida conyugal. La identificación afectiva con la hija llega, en algunas madres, hasta compartir el amor de la misma hacia su marido, circunstancia que, en los casos más agudos, conduce a graves formas de neurosis a consecuencia de la violenta resistencia psíquica que contra tal inclinación afectiva se desarrolla en la sujeto.

La tendencia a este enamoramiento de suegra a yerno es harto frecuente y puede manifestarse tanto positivamente como en una forma negativa. Sucede, en efecto, muchas veces, que la sujeto dirige hacia su yerno los componentes hostiles y sádicos de la excitación erótica, con objeto de reprimir más seguramente los elementos contrarios prohibidos.

La actitud del hombre con respecto a la suegra queda complacida por sentimientos análogos, pero procedentes de otras fuentes. El camino de la elección de objeto le ha conducido desde la imagen de su madre y, quizá también, desde la de su hermana, a su objeto actual. Huyendo de todo pensamiento o intención incestuosa, ha transferido su amor, o si se quiere, sus preferencias, desde las dos personas amadas en su infancia, a una persona extraña formada a imagen de estas. Pero, posteriormente viene la suegra a sustituir a su propia madre, madre también de su hermana, y el sujeto siente nacer y crecer en él la tendencia a sumirse de nuevo en la época de sus primeras elecciones amorosas, mientras que todo él se opone a tal tendencia. El horror que el incesto le inspira exige que no recuerde la genealogía de su elección amorosa. La existencia real y actual de la suegra, a la que no ha conocido desde su infancia y cuya imagen no actúa, por lo tanto, sobre él, desde su inconsciente, le hace fácil la resistencia. Un cierto matiz de irritación y de odio que discernimos en la complejidad de sus sentimientos nos permite suponer que la suegra representa realmente, para el yerno, una tentación incestuosa. Por otra parte, sucede frecuentemente, que el hombre se enamora de su futura suegra antes de transferir su inclinación a la hija.

Nada, a mi juicio, nos impide admitir que es este factor incestuoso el que ha motivado entre los salvajes las prohibiciones que recaen sobre las relaciones entre yerno y suegra.

De este modo, nos inclinaremos a aceptar la opinión de Fison, que no ve en tales prohibiciones sino una protección contra el incesto posible. Lo mismo podríamos decir de todas aquellas otras prohibiciones referentes a las relaciones entre parientes consanguíneos o políticos. No existiría sino la sola diferencia de que, en el primer caso, siendo directo el incesto, podría ser consciente la intención preservadora, mientras que en el segundo, que comprende las relaciones entre yerno y suegra, no sería el incesto sino una tentación imaginaria de fases intermedias inconscientes.

Este horror de los salvajes al incesto es conocido desde hace mucho tiempo y no precisa de ulterior interpretación, razón por la cual no nos ha dado gran ocasión de mostrar que la aplicación de los métodos psicoanalíticos arroja nueva luz sobre los hechos de la psicología de los pueblos. Todo lo que podemos agregar a la teoría reinante es que el temor al incesto constituye un rasgo esencialmente infantil y concuerda sorprendentemente con lo que sabemos de la vida psíquica de los neuróticos. El psicoanálisis nos ha demostrado que el primer objeto sobre el que recae la elección sexual del joven es de naturaleza incestuosa condenable, puesto que tal objeto está representado por la madre o por la hermana, y nos ha revelado también el camino que sigue el sujeto, a medida que avanza en la vida, para sustraerse a la atracción del incesto. Ahora bien: en el neurótico hallamos regularmente restos considerables de infantilismo psíquico, sea por no haber logrado libertarse de las condiciones infantiles de la psicosexualidad, sea por haber vuelto a ellas (detención del desarrollo o regresión). Tal es la razón de que las fijaciones incestuosas de la libido desempeñen de nuevo o continúen desempeñando el papel principal de su vida psíquica inconsciente. De este modo, llegamos a ver en la actitud incestuosa con respecto a los padres el *complejo central* de la neurosis. Esta concepción del papel del incestuoso en la neurosis tropieza naturalmente con la incredulidad general de los hombres adultos y normales, oponiéndose a ella igual resistencia que, por ejemplo, a los trabajos de Otto Rank, en los que se indica ampliamente el papel que el incesto desempeña en las creaciones poéticas y se demuestra cuán ricos materiales ofrecen a la poesía sus innumerables variaciones y deformaciones. Nos vemos obligados a admitir que esta resistencia proviene, sobre todo, de la profunda aversión que el hombre experimenta por sus deseos incestuosos de épocas anteriores, total y profundamente reprimidos en la actualidad. Así, pues, no carece de importancia el poder demostrar que los pueblos salvajes experimentan aún de un modo peligroso, hasta el punto de verse obligados a defenderse contra ellos con medidas excesivamente rigurosas, los deseos incestuosos destinados a sumirse un día en lo inconsciente.

II
El tabú y la ambivalencia de los sentimientos

1

"Tabú" es una palabra polinesia, cuya traducción se nos hace difícil porque no poseemos ya la noción correspondiente. Esta noción fue aún familiar a los romanos, cuya *"sacer"* equivalía al "tabú" de los polinesios. El *"ayos"* de los griegos y el *"kodausch"* de los hebreos debieron de poseer el mismo sentido que el *"tabú"* de los polinesios y otras expresiones análogas usadas por multitud de pueblos de América, África (Madagascar) y del Asia septentrional y central.

Para nosotros, presenta el tabú dos significaciones opuestas: la de lo sagrado o consagrado y la de lo inquietante, peligroso, prohibido o impuro. En polinesio, lo contrario de tabú es *"noa"*, o sea lo ordinario, lo que es accesible a todo el mundo. El concepto de tabú entraña, pues, una idea de reserva, y en efecto, el tabú se manifiesta esencialmente en prohibiciones y restricciones. Nuestra expresión "temor sagrado" presentaría en muchas ocasiones un sentido coincidente con el de tabú.

Las restricciones tabú son algo muy distinto de las prohibiciones puramente morales o religiosas. No emanan de ningún mandamiento divino, sino que extraen de sí mismas su autoridad. Se distinguen, especialmente, de las prohibiciones morales por no pertenecer a un sistema que considere necesarias, en un sentido general, las abstenciones y fundamente tal necesidad. Las prohibiciones tabú carecen de todo fundamento. Su origen es desconocido. Incomprensibles para nosotros, parecen naturales a aquellos que viven bajo su imperio.

Wundt[22] dice que el tabú es el más antiguo de los códigos no escritos de la humanidad, y la opinión general lo juzga anterior a los dioses y a toda religión.

Siéndonos precisa una imparcial descripción del tabú, si hemos de someterlo al examen psicoanalítico, extractaremos aquí lo que sobre él dice Northcote W. Tomas, en el artículo correspondiente de la "Enciclopedia Británica":

> La palabra "tabú" no designa en rigor, más que las tres nociones siguientes: a) el carácter sagrado (o impuro) de personas u objetos; b) la naturaleza de la prohibición que de este carácter emana; y, c) la consagración (o impurificación) resultante de la violación de la misma. Lo contrario de tabú es en polinesio "noa", esto es, lo corriente, ordinario y común.
>
> Desde un más amplio punto de vista, pueden distinguirse varias clases de tabú: 1° Un tabú natural o directo, producto de una fuerza misteriosa (mana) inherente a una persona o a una cosa. 2° Un tabú transmitido o indirecto, emanado de la misma fuerza, pero que puede ser: a) adquirido; o b) transferido por un sacerdote, un jefe o cualquier otra persona; y 3° Un tabú intermedio entre los dos que anteceden, cuando se dan en él ambos factores, por ejemplo, en la apropiación de una mujer por un hombre.
>
> Los fines del tabú son muy diversos. Así, los tabús directos cumplen las siguientes funciones: 1° Proteger a ciertos personajes importantes —jefes, sacerdotes, etcétera— y preservar los objetos valiosos de todo daño posible. 2° Proteger a los débiles —mujeres, niños y hombres vulgares— contra el poderoso "mana" (fuerza mágica) de los sacerdotes y los jefes. 3° Preservar al sujeto de los peligros resultantes del contacto con cadáveres, de la absorción de

22 *Voelkerpsychologie*, tomo II, *Mythus and Religion*, II, pág. 308, 1906.

> determinados alimentos, etcétera. 4° Precaver las perturbaciones que puedan sobrevenir en determinados actos importantes de la vida, tales como el nacimiento, la iniciación de los adolescentes, el matrimonio, las funciones sexuales, etc. 5° Proteger a los seres humanos contra el poder o la cólera de los dioses o de los demonios[23]; y 6° Proteger a los niños que van a nacer y a los recién nacidos de los peligros que a causa de la relación simpática que une a sus padres, pudieran éstos atraer sobre ellos realizando determinados actos o absorbiendo ciertos alimentos que habrían de comunicarles especialísimas cualidades. Otro de los fines del tabú es proteger la propiedad del sujeto —sus campos, herramientas, etc. — contra los ladrones.

El castigo de la violación de un tabú quedaba abandonado primitivamente a una fuerza interior que habría de actuar de un modo automático. El tabú se vengaba a sí mismo. Más tarde, cuando empezó a constituirse la representación de la existencia de seres superiores demoníacos o divinos, se enlazó a ella el tabú y se supuso que el poder de tales seres superiores desencadenaba automáticamente el castigo del culpable. En otros casos, y probablemente a consecuencia de un desarrollo ulterior de dicha noción, tomó a su cargo, la sociedad, el castigo del atrevido, cuya falta atraía el peligro sobre sus semejantes. De este modo, también los primeros sistemas penales de la humanidad resultan enlazados con el tabú.

"Aquel que ha violado un tabú adquiere, por este hecho, tal cualidad". Determinados peligros resultantes de la violación pueden ser conjurados mediante actos de penitencia y ceremonias de purificación.

---

[23] Este fin especial del tabú no puede ser considerado como primitivo, y presenta, por lo tanto, para nosotros, un menor interés.

El tabú se supone emanado de una especial fuerza mágica inherente a ciertos espíritus y personas y susceptible de transmitirse en todas direcciones, por la mediación de objetos inanimados. Las personas y las cosas tabú pueden ser comparadas a objetos que han recibido una carga eléctrica; constituyen la sede de una terrible fuerza que se comunica por el contacto y cuya descarga trae consigo las más desastrosas consecuencias, cuando el organismo que la provoca no es lo suficientemente fuerte para resistirla. Por tanto, las consecuencias de la violación de un tabú no dependen tan sólo de la intensidad de la fuerza mágica inherente al objeto tabú, sino también de la intensidad del mana que en el impío se opone a esta fuerza. Así, los reyes y sacerdotes poseen una fuerza extraordinaria, y aquellos súbditos que entrasen en contacto inmediato con ellos, pagarían su atrevimiento con la vida. En cambio, un ministro u otra persona dotada de un mana superior al corriente puede comunicarse con ellos sin peligro, y tales personas intermediarias resultan, por su parte, accesibles a sus subordinados, sin peligro para estos últimos. La importancia de un tabú transmitido depende también del mana de la persona de que procede. Un tabú transmitido por un rey o por un sacerdote es más eficaz que el transmitido por un hombre ordinario.

La transmisibilidad del tabú es probablemente lo que ha dado nacimiento a la creencia de la posibilidad de eludirlo por medio de ceremonias de expiación.

Existen tabús permanentes y tabús temporales. Los sacerdotes y los jefes, así como los muertos y todo lo que con ellos se relaciona, pertenecen a la primera clase. Los tabús pasajeros se enlazan a ciertos estados y actividades, tales como la menstruación y el parto, el estado del guerrero antes y después de la expedición, la caza y la pesca, etc. Hay también tabús generales que, a semejanza de un

> interdicto de la Iglesia, pueden ser suspendidos sobre una extensa región y mantenidos durante muchos años.

Creo adivinar la impresión de mis lectores, suponiendo que después de haber leído estas citas, no se encuentran más instruídos que antes sobre la naturaleza del tabú y el lugar que deben concederle entre sus conocimientos. Ello depende, desde luego, de la insuficiencia de mis informaciones, en las que he prescindido de todo lo referente a las relaciones del tabú con la superstición, la creencia en la inmortalidad del alma y la religión. Pero una exposición más detallada de aquello que sabemos sobre el tabú, no habría de servir sino para complicar más la cuestión, ya de por sí harto oscura. Dejaremos, pues, sentado, que se trata de una serie de limitaciones a las que se someten los pueblos primitivos, ignorando sus razones, y sin preocuparse siquiera de investigarlas, pero considerándolas como cosa natural y perfectamente convencidos de que su violación les atraería los peores castigos. Existen relatos fidedignos de casos en los que la infracción involuntaria de alguna de estas prohibiciones ha sido seguida, efectivamente, de un castigo automático. Así, el inocente malhechor que sin saberlo ha comido carne de un animal tabú, cae, al darse cuenta de su crimen, en una profunda depresión, da por segura su muerte en breve plazo y acaba, realmente, por morir. Las prohibiciones recaen, en su mayoría, sobre la absorción de alimentos, la realización de ciertos actos y la comunicación con ciertas personas. Determinados tabús nos parecen racionales, pues tienden a imponer abstenciones y privaciones. En cambio, otros, recaen sobre nimiedades exentas de toda significación, y no podemos considerarlos sino como una especie de ceremonial. Todas estas prohibiciones parecen reposar sobre una teoría, según la cual, dependería su necesidad de la existencia de determinadas personas o cosas que entrañarían una fuerza peligrosa, transmisible por el contacto, como un contagio. Algunas de ellas poseerían dicha fuerza en un grado mayor que otras, y el peligro sería directamente proporcional a la diferencia de tales cargas. Lo más singular de todo esto es que aquellos que tienen la desgracia de violar una de tales prohibiciones, se convierten a su vez, en prohibidos e interdictos, como si hubieran recibido la totalidad de la carga peligrosa. Esta fuerza es inherente a todas las personas que presentan alguna particularidad —los reyes, los sacerdotes, los recién nacidos—, y también a todos los estados excepcionales —la menstruación, el parto, la pubertad—, o misteriosos, —la enfermedad y la muerte—, y a todo aquello que por la facultad de difusión y contagio queda relacionado con ello.

Son calificados de tabú todos los lugares, personas, objetos y estados que entrañan la misteriosa propiedad antes expuesta o son fuente de ella, asimismo, las prohibiciones en ella basadas, y por último, conforme al sentido literal de la palabra, todo aquello que es sagrado o superior al nivel vulgar y a la vez peligroso, impuro o inquietante.

La palabra tabú y el sistema que designa expresa un conjunto de hechos psíquicos cuyo sentido nos escapa, haciéndonos suponer que sólo después de un penetrante examen de la creencia en los espíritus y en los demonios, característica de estas civilizaciones primitivas, nos será posible aproximarnos a su inteligencia.

Mas ¿por qué dedicar nuestro interés a este enigma del tabú? A mi juicio, no sólo porque todo problema psicológico merece que se intente su solución, sino también por otras razones. Sospechamos, en efecto, que el tabú de los polinesios no nos es tan ajeno como al principio lo parece y, que la esencia de las prohibiciones tradicionales y éticas a las que por nuestra parte obedecemos, pudiera poseer una cierta afinidad con este tabú primitivo, de manera que el esclarecimiento del mismo habría, quizá, de proyectar alguna luz sobre el oscuro origen de nuestro propio "imperativo categórico".

Así, pues, nos interesará profundamente la concepción que del tabú haya podido formarse un investigador tan autorizado como W. Wundt, y tanto más, cuanto que nos promete "explorar hasta las últimas raíces de la idea de tabú"[24].

La noción del tabú, dice Wundt, "comprende todos los usos en los que se manifiesta el temor inspirado por determinados objetos relacionados con las representaciones del culto y por los actos con ellos enlazados"[25].

Y en otro lugar: "Si entendemos por tabú, conforme al sentido general de la palabra, toda prohibición impuesta por el uso y la costumbre o expresamente formulada en leyes, de tocar un objeto, aprovecharse de él o servirse de ciertas palabras prohibidas...", habremos de reconocer que no existe un solo pueblo ni una sola fase de la civilización en los que no se haya dado una tal circunstancia.

Explica después, Wundt, por qué le parece más adecuado estudiar la naturaleza del tabú en las condiciones primitivas de los salvajes australianos que en la civilización superior de los pueblos polinesios, y divide las prohibiciones tabú de los primeros en tres clases, según se refieran a animales, a hombres o a objetos inanimados. El tabú de los animales, que consiste esencialmente en la prohibición de matarlos y consumir su carne, constituye el nódulo del *totemismo*. El tabú de los hombres presenta un carácter esencialmente diferente, hallándose limitado, de antemano, a circunstancias excepcionales de la vida del sujeto. Así, los adolescentes son tabú durante las ceremonias de su iniciación y las mujeres durante la menstruación e inmediatamente después del parto. Son también tabú los niños recién nacidos, los enfermos y, sobre todo, los muertos.

---

[24] *Voelkerpsychologie*, tomo II, *Mythus and Religion*, II, pág. 300 y ss.

[25] *L. c.*, pág. 237.

Los objetos de que un hombre se sirve constantemente, sus vestidos, sus útiles de trabajo y sus armas, son también tabú para los demás. El nuevo nombre que el adolescente recibe en el momento de su iniciación a la madurez constituye en Australia, su propiedad más personal y, por tanto, es tabú y debe ser mantenido secreto. Los tabús de tercera categoría, o de aquellos que se refieren a árboles, plantas, casas y localidades, son más variables y no parecen hallarse sometidos sino a una sola regla: la de ser tabú todo aquello que por cualquier razón inspira temor o inquietud.

Las modificaciones que el tabú presenta en los pueblos de una cultura algo más avanzada, tales como los de la Polinesia y del archipiélago malayo, han sido reconocidas por el mismo Wundt, como puramente superficiales. La mayor diferenciación social en ellos existente se manifiesta en el hecho de que sus reyes, jefes y sacerdotes ejercen un tabú particularmente eficaz y se hallan, asimismo, más obligados y limitados que los demás, por restricciones de este género.

Pero las fuentes verdaderas del tabú deben ser buscadas más profundamente que en los intereses de las clases privilegiadas; "nacen en el lugar de origen de los instintos más primitivos y a la vez más duraderos del hombre, esto es, *en el temor a la acción de fuerzas demoníacas*"[26]. "No siendo, originariamente, sino una objetivación del temor al poder demoníaco que suponía oculto en el objeto tabú, prohíbe el tabú irritar a dicha potencia y ordena apaciguar la cólera del demonio y evitar su venganza siempre que se ha llevado a cabo una violación, intencionada o no".

Poco a poco va constituyéndose el tabú en un poder independiente, desligado del demonismo, hasta que llega a convertirse en una prohibición impuesta por la tradición y la costumbre,

---

[26] *L. c.*, pág. 307.

y en último término, por la ley. "Pero el mandamiento tácito disimulado detrás de las prohibiciones tabú, las cuales varían con las circunstancias de lugar y tiempo, es originariamente el que sigue: guárdate de la cólera de los demonios".

Nos enseña así Wundt, que el tabú es una manifestación y una consecuencia de la creencia de los pueblos primitivos en los poderes demoníacos. Ulteriormente, se habría desligado el tabú de esta raíz y habría continuado constituyendo un poder, simplemente en virtud de una especie de inercia psíquica, formando así la raíz de nuestras propias prescripciones morales y de nuestras leyes. Aunque la primera de estas afirmaciones no despierta en nosotros objeción ninguna, creo interpretar el sentimiento general de mis lectores, manifestándome defraudado por estas explicaciones de Wundt.

Explicar así el tabú, no es remontarse hasta las fuentes mismas de su concepto y mostrar sus últimas raíces. Ni el mundo ni los demonios pueden ser considerados en psicología como causas primeras, más allá de las cuales sea imposible remontarse. Otra cosa sería si los demonios tuvieran una existencia real, pero sabemos que no son —como tampoco los dioses—, sino creaciones de las fuerzas psíquicas del hombre. Tanto unos como otros han surgido de algo anterior a ellos.

Sobre la doble significación del tabú, expresa Wundt ideas muy importantes, pero no del todo claras. A su juicio, la idea primitiva del tabú no entrañaba una separación de los conceptos de *sagrado* e *impuro*, razón por la cual carecen en ella, tales conceptos, de la significación que luego adquirieron al ser opuestos uno al otro. El hombre, el animal o el lugar sobre el que recae un tabú son demoníacos, pero no sagrados, y por tanto, tampoco impuros, en el sentido ulterior de esta palabra. Precisamente a esta significación indiferente e intermedia de lo demoníaco, esto es, la de aquello que no debe tocarse, es a la que mejor se adapta la expresión tabú, pues hace resaltar un carácter que permanece común a lo sagrado y a lo impuro a través de todos los tiempos: el temor a su contacto. Pero esta comunidad persistente de un carácter importante constituye un indicio de la existencia de una primitiva coincidencia de ambos conceptos, coincidencia que bajo ulteriores circunstancias fue siendo sustituida por una diferenciación, a consecuencia de la cual se estableció la antítesis que luego presentan entre sí. La creencia, inherente al tabú primitivo, en un poder demoníaco oculto en determinados objetos y que castiga el uso de los mismos o simplemente el contacto con ellos, embrujando al culpable, no es, en efecto, sino el temor objetivado. Este temor no ha pasado todavía por el desdoblamiento en *veneración* y *execración* que luego experimenta en fases más avanzadas.

Pero ¿cómo se produce este desdoblamiento? Según Wundt, por medio del paso de las prescripciones tabú, desde la creencia en los demonios a la creencia en los dioses. La oposición de sagrado e impuro coincide con la sucesión de dos fases mitológicas, la primera de las cuales no desaparece por completo al ser dominada por la segunda, sino que sigue subsistiendo a su lado, en una situación cada vez más inferior, hasta perder por completo la estimación de que un día gozó y convertirse en algo despreciable. En la mitología se realiza siempre la ley de que una fase anterior, dominada y reprimida por otra, se mantiene, por el hecho mismo de su represión, al lado de la dominante, en una situación de inferioridad y transformándose lo que en ella era venerado en objeto de execración[27].

Las restantes consideraciones de Wundt se refieren a las relaciones de las representaciones del tabú con la purificación y con la víctima expiatoria.

---

[27] *L. c.*, pág. 313.

2

Aquel que aborde el problema del tabú hallándose familiarizado con el psicoanálisis, esto es, con la investigación de la parte inconsciente de nuestra vida psíquica, habrá de darse cuenta, después de una breve reflexión, de que los fenómenos del mismo no le son desconocidos. Sabe, en efecto, de personas que se han creado por sí mismas prohibiciones tabú individuales y que las observan tan rigurosamente como el salvaje las restricciones de su tribu o de su organización social, y si no estuviese habituado a designar a tales personas con el nombre de *"neuróticos obsesivos"*, hallaría muy adecuado el nombre de *"enfermedad del tabú"* para caracterizar sus estados. Ahora bien, la investigación psicoanalítica de esta enfermedad obsesiva le ha proporcionado un tan rico acervo de conocimientos sobre ella, sobre su etiología clínica y los elementos esenciales del mecanismo psicológico, que no podrá privarse de aplicar tales conocimientos al esclarecimiento de los fenómenos correlativos de la psicología de los pueblos.

Habremos de formular, sin embargo, una reserva con respecto a esta tentativa. La analogía entre el tabú y la obsesión patológica puede muy bien ser puramente exterior. La naturaleza gusta, en efecto, de servirse de las mismas formas en conexiones biológicas muy distintas; las formaciones coralíferas, las plantas, determinados cristales y algunos depósitos químicos. Sería, pues, poco prudente y harto ligero deducir de estas coincidencias, dependientes de una analogía de las condiciones mecánicas, una afinidad interna. Habremos, pues, de conservar presente esta reserva, aunque no por ella debamos renunciar a la comparación intentada.

La primera y más evidente analogía que con tal tabú presentan estas prohibiciones obsesivas (en los neuróticos) es la carencia de toda motivación y el enigma de sus orígenes. Surgieron, repentinamente, un día, y desde entonces, se ve obligado el sujeto a observarla bajo la coerción de una irreprimible angustia. En estos casos, resulta absolutamente superflua una amenaza exterior de castigo, pues el sujeto posee una convicción interior (una conciencia) de que la violación de la prohibición traería consigo una terrible desgracia. Lo más que estos enfermos obsesionados pueden comunicarnos, es que experimentan un indefinible presentimiento de que la violación traería consigo un grave perjuicio para una de las personas que les rodean, pero son incapaces de precisar la naturaleza del mismo. Además, tampoco nos proporcionan, por lo general, estas vagas informaciones con ocasión de las prohibiciones mismas, sino que las enlazan a los actos de expiación y defensa, de los que más adelante trataremos.

La prohibición central y principal de esta neurosis es, como en el tabú, la del contacto, carácter al que debe el nombre de *délire du toucher*, con el que suele ser designada. Pero la prohibición no recae tan sólo sobre el contacto físico, sino que se extiende a todos los actos que definimos con la expresión figurada "ponerse en contacto con algo". Todo aquello que orienta las ideas del sujeto hacia lo prohibido, esto es, todo lo que provoca un contacto puramente mental o abstracto con ello, queda tan prohibido como el contacto material directo. En el tabú, hemos hallado también esta misma extensión.

La intención de algunas de estas prohibiciones y prescripciones obsesivas nos resulta comprensible. En cambio, otras nos parecen inexplicables, estúpidas y absurdas. A estas últimas les damos el nombre de "ceremoniales". Idéntica diferenciación se nos ha revelado en las costumbres tabú.

Las prohibiciones obsesivas son susceptibles de grandes desplazamientos y utilizan todo género de enlaces para extenderse de un objeto a otro y hacerlo a su vez *"imposible"*, según la expresión de una de mis enfermas. De este modo, acaba muchas veces por resultar "imposible" el mundo entero. Los enfermos obsesionados se conducen como si las personas y las cosas *"imposibles"* fueran fuentes de un peligroso contagio. Estos mismos caracteres de contagiosidad y transmisibilidad se nos mostraron antes como inherentes al tabú. Sabemos también, que aquel que ha violado un tabú, tocando algo que entrañaba dicha condición, se hace a su vez, tabú, y nadie debe entrar ya en contacto con él.

Expondré aquí dos ejemplos de transmisión (o más bien de desplazamiento) de la prohibición. Uno de ellos está tomado de la vida de los maorí y el otro, de una observación clínica de una de mis enfermas, atacada de una neurosis obsesiva.

"Un jefe maorí no intentará jamás reanimar el fuego con su aliento, pues su aliento sagrado comunicaría su fuerza al fuego, el fuego a la vasija colocada sobre él, la vasija a los alimentos que en ella cuecen, y los alimentos a la persona que los consumiere, lo cual traería consigo la muerte de la persona que hubiere comido los alimentos preparados en la vasija calentada sobre el fuego y reanimado con el aliento del jefe, sagrado y peligroso."[28]

Por lo que a mi enferma respecta, exige que un objeto que su marido acaba de comprar sea alejado de la casa, sin lo cual le será imposible residir en ella, pues ha oído decir que dicho objeto ha sido comprado en una tienda situada, por ejemplo, en la calle de los Ciervos. Ahora bien, una de sus amigas que reside en una lejana ciudad y a la que conoció en otros tiempos, de soltera, es actualmente la señora de Ciervo. Esta amiga es hoy, para ella, "imposible" o tabú, y el objeto comprado aquí en Viena resulta tan tabú como la amiga misma, con la cual no quiere tener relación ninguna.

Del mismo modo que las prohibiciones tabú, las prohibiciones obsesivas aportan a la vida del sujeto enormes pri-

[28] Frazer, *The Golden bough II*, "Taboo and the perils of the soul", 1911, pág. 136.

vaciones y restricciones, pero algunas de estas prohibiciones pueden ser levantadas merced a la realización de determinados actos, que tienen también, a su vez, un carácter obsesivo, y son, incontestablemente, actos de arrepentimiento, expiación, purificación y defensa. El más corriente de estos actos obsesivos es la ablución (ablución obsesiva). También una parte de las prohibiciones tabú puede ser sustituida —o expiada en caso de violación— por un "ceremonial" semejante, y también suele ser el agua lustral el medio preferido.

Resumiendo, ahora, los puntos en los que más claramente se manifiesta la coincidencia de los síntomas de la neurosis obsesiva con las prohibiciones tabú, hallamos que son en número de cuatro: 1° La falta de motivación de las prescripciones; 2° Su imposición por una necesidad interna; 3° Su facultad de desplazamiento y contagio; y, 4° La causación de actos ceremoniales y de prescripciones, emanados de las prohibiciones mismas.

Ahora bien, el psicoanálisis nos ha descubierto el desarrollo clínico y el mecanismo psíquico de la neurosis obsesiva. Como ejemplo del primero expondremos el historial clínico de un caso típico de *délire du toucher*: en la más temprana infancia del sujeto se manifestó un intenso *placer* táctil, cuyo fin se hallaba harto más especializado de lo que pudiera esperarse. A este placer no tardó en oponerse, *desde el exterior*, una prohibición de realizar los actos con él ligados[29], prohibición que fue obedecida por apoyarse en importantes fuerzas interiores[30], merced a las cuales se demostró más vigorosa que la tendencia que aspiraba a manifestarse en el contacto. Pero a causa de la constitución psíquica primitiva del niño no

---

[29] Tanto el placer como la prohibición se referían al tocamiento de los propios genitales.

[30] En la relación con las personas amadas por el niño, de las que emanaba la prohibición.

consiguió la prohibición suprimir la tendencia. Su resultado fue tan sólo el de reprimirla y confiar el placer táctil en lo inconsciente. Pero tanto la prohibición como la tendencia continuaron subsistiendo: la tendencia, por no haber sido suprimida, sino tan sólo reprimida, y la prohibición, porque sin ella hubiera penetrado la tendencia en la consciencia y habría impuesto su realización. De este modo quedó creada una situación insolucionada, una fijación psíquica, y todo el desarrollo ulterior de la neurosis se deriva de este duradero conflicto entre la prohibición y la tendencia.

El carácter principal de la constelación psíquica así fijada reside en aquello que, según la acertada expresión de Bleuler, podríamos llamar la actitud ambivalente del sujeto con respecto al objeto, o más bien, el acto prohibido. Experimenta, de continuo, el deseo de realizar dicho acto —el tocamiento—, pero le retiene siempre el horror que el mismo le inspira. Esta oposición de las dos corrientes no resulta fácilmente solucionable, pues la localización de las mismas en la vida psíquica excluye toda posibilidad de encuentro. Mientras que la prohibición es claramente consciente, la tendencia prohibida, que perdura, insatisfecha, es por completo inconsciente y el sujeto la desconoce en absoluto. Si así no fuera, no podría la ambivalencia mantenerse durante tanto tiempo ni producir las manifestaciones a las que acabamos de referirnos.

En la historia clínica antes resumida señalamos como factor decisivo la prohibición impuesta al sujeto en sus más tempranos años infantiles. Ulteriormente, en toda la evolución de la neurosis, pasa a desempeñar este papel principal del mecanismo de la represión sobrevenida en dicha época de la vida. A consecuencia de esta represión, que se muestra enlazada con un proceso de olvido (amnesia), permanece ignorada la motivación de la prohibición devenida consciente, y todas las tentativas encaminadas a descubrirla tienen necesariamente que fracasar, faltas de un punto de apoyo en el que basarse. La prohibición debe su energía —su carácter obsesivo— precisamente a sus relaciones con su contrapartida inconsciente —el deseo oculto insatisfecho—, o sea, una necesidad interior ignorada por la consciencia. La transmisibilidad y la facultad de expansión de la prohibición reflejan un proceso por el que pasa el deseo inconsciente y cuyo desarrollo es favorecido por las condiciones psicológicas de lo inconsciente. La tendencia prohibida se desplaza de continuo para escapar a la interdicción que sobre ella pesa, e intenta reemplazar lo que le está vedado por objetos y actos sustitutivos. Pero, la prohibición sigue estos desplazamientos y recae sucesivamente sobre todos los nuevos fines elegidos por el deseo. A cada nuevo avance de la libido reprimida responde la prohibición con una nueva exigencia. La coerción recíproca de las dos fuerzas en pugna crea la necesidad de una derivación —de una disminución de la tensión existente—, necesidad en la que hemos de ver la motivación de los actos obsesivos. En la neurosis se nos revelan estos actos como transacciones, constituyendo, por una parte, testimonios de arrepentimiento y esfuerzos de expiación, y por otra, actos substitutivos con los que la tendencia intenta compensar la privación de lo prohibido. Es ley de la neurosis que tales actos obsesivos vayan entrando cada vez más al servicio del deseo y aproximándose así, paulatinamente, al acto primitivo prohibido.

Intentemos ahora analizar el tabú como si fuera de igual naturaleza que las prohibiciones obsesivas de nuestros enfermos. Sabemos, de antemano, que muchas de las prohibiciones tabú de que habremos de ocuparnos son de naturaleza secundaria, desplazada y deformada, y que deberemos declararnos satisfechos si conseguimos proyectar alguna luz sobre las más primitivas e importantes. Por último, nos damos perfecta cuenta de que las diferencias entre la situación del salvaje y la del neurótico son suficientemente hondas para excluir la posibilidad de una completa coincidencia de las prohibiciones tabú con las obsesivas.

Una vez consignadas estas indispensables reservas, habremos de decirnos que no tendría objeto ninguno interrogar a los salvajes sobre la motivación verdadera de sus prohibiciones, o sea, sobre la génesis del tabú, pues, según nuestras hipótesis, ha de serles imposible proporcionarnos información alguna sobre tal motivación inconsciente en ellos. Ahora bien, por lo que sabemos de las prohibiciones obsesivas podemos reconstituir la historia del tabú en la forma que sigue: los tabús serían prohibiciones antiquísimas impuestas desde el exterior a una generación de hombres primitivos, a los que fueron quizás incalculados por una generación anterior. Estas prohibiciones recayeron sobre actividades a cuya realización tendía intensamente el individuo y se mantuvieron luego, de generación en generación, quizás únicamente por medio de la tradición transmitida por la autoridad paterna y social. Pero también puede suponerse que se "organizaron" en una generación posterior, como una parte de propiedad psíquica heredada. Comprenderán nuestros lectores que no es posible decidir para esclarecer el tema que nos ocupa, si existen o no "ideas innatas" de este género, ni si tales ideas han determinado la fijación de tal tabú por sí solas o con el auxilio de la educación. Pero de la conservación del tabú hemos de deducir que la primitiva tendencia a realizar los actos prohibidos perdura aún, hoy en día, en los pueblos salvajes y semisalvajes, en los que hallamos tales prohibiciones. Así, pues, estos pueblos han adoptado ante sus prohibiciones tabú una *actitud ambivalente*. En su inconsciente no desearían nada mejor que su violación, pero al mismo tiempo sienten temor a ella. La temen precisamente porque la desean, y el temor es más fuerte que el deseo. Este deseo es en cada caso, individual, inconsciente, como en el neurótico.

Las dos prohibiciones tabú más antiguas e importantes aparecen entrañadas en las leyes fundamentales del totemismo:

respetar al animal tótem, y evitar las relaciones sexuales con los individuos de sexo contrario pertenecientes al mismo tótem.

Tales debieron ser, por tanto, los dos placeres más antiguos e intensos de los hombres. De momento nos resulta esto incomprensible y, por tanto, no podemos verificar nuestras hipótesis en ejemplos de este género, mientras el sentido y el origen del sistema totémico continúen siéndonos totalmente desconocidos. Pero aquellos que se hallan al corriente de los resultados de la investigación psicoanalítica del individuo encontrarán en el enunciado mismo de los dos tabús y en su coincidencia, una alusión a aquello que los psicoanalíticos consideran como el centro de la vida optativa infantil y el nódulo de la neurosis.

La variedad de los fenómenos tabú que ha provocado los ensayos de clasificación antes citados, queda sustituida, para nosotros, por una unidad, en cuanto consideremos como base del tabú un acto prohibido a cuya realización impulsa una enérgica tendencia localizada en lo inconsciente.

Sin comprenderlo, sabemos que todo aquel que realiza el acto prohibido viola el tabú y se hace tabú a su vez: pero, ¿cómo conciliamos este hecho con aquellos otros que nos muestran que el tabú no recae tan sólo sobre las personas que han realizado lo prohibido, sino también sobre otras que se encuentran en situaciones especiales, sobre estas actuaciones mismas y sobre objetos inanimados? ¿Cuál puede ser esta peligrosa propiedad que permanece siempre semejante a sí misma en circunstancias tan diversas? Únicamente la de atizar los deseos del hombre e inducirle en la *tentación* de infringir la prohibición.

El hombre que ha infringido un tabú se hace tabú a su vez, porque posee la facultad peligrosa de incitar a los demás a seguir su ejemplo. Resulta, pues, realmente *contagioso*, por cuanto dicho ejemplo impulsa a la imitación, y, por tanto, debe ser evitado a su vez.

Pero también, sin haber infringido un tabú, puede un hombre llegarlo a ser de un modo permanente o temporal, por encontrarse en una situación susceptible de excitar los deseos prohibidos de los demás o hacer nacer en ellos el conflicto entre los dos factores de su ambivalencia. La mayor parte de los estados y situaciones excepcionales pertenecen a esta categoría y poseen esta peligrosa fuerza. Todos envidian al rey o al jefe por las prerrogativas de que goza, y quisieran llegar a ocupar su puesto. El cadáver, el recién nacido y la mujer en sus estados de enfermedad, son susceptibles de atraer, por su indefensión, al individuo que acaba de llegar a la madurez y ve en ella una fuente de nuevos goces. Por tal motivo son tabú todas estas personas y todos estos estados, pues no conviene favorecer ni alentar la tentación.

Comprendemos también, ahora, por qué las fuerzas "mana" de personas distintas se neutralizan, en parte, recíprocamente. El tabú de un rey es demasiado fuerte para el súbdito porque la diferencia social que los separa es inmensa. Pero un ministro puede asumir, entre ellos, el papel de mediador inofensivo. Traduciendo esto del lenguaje tabú al de la psicología normal, obtendremos la siguiente fórmula: el súbdito evita el contacto con el rey por la intensa tentación que le supondría; en cambio, los altos dignatarios no son susceptibles de inspirarse tanta envidia, pues les es dado esperar igualarse algún día a ellos y, por lo tanto, pueden tratarle sin temor alguno a la tentación. La envidia que el ministro pudiera abrigar, por su parte, con respecto al rey, queda mitigada por la consciencia de su propio poder personal. De este modo, las pequeñas diferencias de la fuerza que impele a la tentación son menos de temer que las grandes.

Vemos también, claramente, por qué la trasgresión de determinadas prohibiciones tabú trae consigo un peligro social y constituye un crimen que debe ser castigado o expiado por todos los miembros de la sociedad si no quieren sufrir todas sus consecuencias. Este peligro surge realmente en cuanto sustituimos los deseos inconscientes por impulsos conscientes, y consiste en la posibilidad de la imitación, que tendría por consecuencia, la disolución de la sociedad. Dejando impune la violación, advertirán los demás su deseo de hacer lo mismo que el infractor.

Nada hay que deba extrañarnos en el hecho de que en la prohibición tabú desempeñe el contacto el mismo papel que en el *délire du toucher*, aunque el sentido oculto de la primera no pueda ser en ningún modo, tan especial como en las neurosis. El contacto es el comienzo de toda tentativa de apoderarse de una persona o de una cosa, dominarla y lograr de ella servicios excluidos y personales.

Hemos explicado el poder contagioso inherente al tabú por la facultad que posee de inducir en tentación e impeler a la imitación. Esto no parece armonizarse con la circunstancia de que el poder contagioso del tabú se manifieste, sobre todo, en su transmisión a objetos inanimados.

Esta transmisibilidad del tabú queda reflejada, en la neurosis, por la tendencia del deseo inconsciente a desplazarse de continuo sobre nuevos objetos, utilizando los caminos de la asociación. Comprobamos así que a la peligrosa fuerza mágica del *"mana"* corresponden dos distintas facultades más reales: la propiedad de recordar al hombre sus deseos prohibidos y la de impulsarle a satisfacer su deseo violando la prohibición. Pero estas dos funciones se funden de nuevo en una sola en cuanto admitimos que la vida psíquica primitiva se halla constituida de manera que el despertar del recuerdo del acto prohibido determina el de la tendencia a llevar a cabo dicho acto. Siendo así, coincidirían de nuevo el recuerdo y la tentación. Hemos de reconocer igualmente que cuando el ejemplo de un hombre que ha transgredido una prohibición induce a otro hombre a cometer la misma falta, es porque la desobediencia de la prohibición se ha propagado como un mal contagioso, en la misma forma que el tabú se transmite de una persona a un objeto y de este objeto a otro.

El que la violación de un tabú pueda ser rescatada, en algunos casos, por una expiación o penitencia que significa la *renunciación* a un bien o a una libertad, nos da la prueba de que la obediencia a la prescripción tabú era en sí misma una renunciación a algo que hubiéramos deseado con gusto. La inobservancia de una renunciación es expiada por una renunciación distinta. Por lo que concierne al ceremonial tabú, deduciremos de todo esto, que el arrepentimiento y la expiación son ceremonias más primitivas que la purificación.

Resumamos ahora lo que para la inteligencia del tabú hemos deducido de su comparación con la prohibición obsesiva del neurótico: el tabú es una prohibición muy antigua, impuesta desde el exterior (por una autoridad) y dirigida contra los deseos más intensos del hombre. La tendencia a transgredirla persiste en lo inconsciente. Los hombres que obedecen al tabú observan una actitud ambivalente con respecto a aquello que es tabú. La fuerza mágica atribuida al tabú se reduce a su poder de inducir al hombre en tentación; se comporta como un contagio porque el ejemplo es siempre contagioso y porque el deseo prohibido se desplaza en lo inconsciente sobre otros objetos. La expiación de la violación de un tabú por renunciamiento, prueba que es un renunciamiento lo que constituye la base del tabú.

3

Quisiéramos saber, ahora, qué valor positivo hemos de atribuir a nuestra comparación del tabú con la neurosis y a la concepción del tabú que de la misma puede decirse. Para que un tal valor exista será necesario que nuestra concepción ofrezca una ventaja imposible de obtener por otro camino, esto es, que nos aproxime a la inteligencia del tabú más que ninguna otra. En las consideraciones que anteceden poseemos ya una prueba de tal condición, pero queremos reforzarla continuando nuestra investigación con el examen detallado de las diversas prohibiciones y costumbres tabú.

En lugar de este camino podríamos seguir también el de investigar si una parte de las premisas que hemos extendido desde la neurosis al tabú o de las consecuencias deducidas de esta extensión, puede ser demostrada directamente por el examen de los dos fenómenos del tabú. Habremos, pues, de decidir en qué dirección proseguiremos nuestras investigaciones. La afirmación antes consignada de que el tabú procede de una antiquísima prohibición impuesta primitivamente desde el exterior es, desde luego, indemostrable. Así pues, nos dedicaremos más bien a investigar si el tabú se halla verdaderamente subordinado a aquellas mismas condiciones psicológicas cuya existencia hemos descubierto en las neurosis obsesivas por medio del estudio analítico de los síntomas, y sobre todo, por el de los actos obsesivos, las medidas de defensa y las prescripciones obsesivas. Hemos hallado que estos actos, medidas y prescripciones, presentan caracteres que nos autorizan a considerarlos como derivaciones de tendencias o sentimientos *ambivalentes*, correspondiendo unas veces simultáneamente al deseo y al "contradeseo" y hallándose otras, predominantemente, al servicio de una de las dos tendencias opuestas. Por lo tanto, si consiguiéramos descubrir también esta ambivalencia y este conflicto entre dos tendencias opuestas en las prescripciones tabú, o señalar entre ellas, algunas que, como los actos obsesivos, constituyeran una manifestación simultánea de las dos tendencias, quedaría demostrada la coincidencia del tabú con la neurosis obsesiva, por lo menos en su parte fundamental.

Como ya hemos dicho antes, las dos principales prescripciones tabú resultan inaccesibles a nuestro análisis por hallarse enlazadas al totemismo. Otras prescripciones son de origen secundario y como tales, no pueden interesarnos. El tabú ha acabado por constituir en los pueblos de que nos ocupamos, la forma general de la legislación, y ha entrado al servicio de tendencias sociales más recientes que el tabú mismo. Tal es, por ejemplo, el caso de los tabús impuestos por los jefes y los sacerdotes para perpetuar sus propiedades y privilegios. De todos modos queda aún un importante grupo de prescripciones que podemos someter a nuestro examen. Tales son principalmente los tabús relativos: a) a los *enemigos*; b) a los *jefes*, y c) a los *muertos*. Los materiales referentes a esta cuestión se nos ofrecen en la excelente colección reunida por J. G. Frazer y publicada en su gran obra "The golden bough"[31].

a) Conducta para los enemigos.

Si nos sentimos inclinados a atribuir a los pueblos salvajes una implacable crueldad con respecto a sus enemigos, quedaremos sorprendidos al averiguar que la consumación de un homicidio les impone, como consecuencia, la observación de determinadas prescripciones que forman parte de las costumbres tabú. Tales prescripciones pueden ser fácilmente agrupadas en cuatro categorías, según exijan: 1°, la reconciliación con el enemigo muerto; 2°, restricciones; 3°, actos de expiación o de purificación del matador; o 4°, determinadas prácticas ceremoniales. Lo incompleto de nuestras informaciones no nos permite fijar con exactitud si esas costumbres tabú son o no generales en los pueblos de que nos ocupamos, circunstancia, además, carente de interés para nuestros fines. De todos modos podemos admitir que se trata de costumbres harto extendidas, y no de fenómenos aislados.

[31] Tercera edición, segunda parte: "Taboo and the perils of the soul", 1911.

Las costumbres de *reconciliación* observadas en la isla de Timor después del retorno victorioso de una horda guerrera con las cabezas de los enemigos muertos son particularmente interesantes a causa de las severas restricciones impuestas, como más adelante veremos, a los jefes de la expedición. Al retorno triunfal de los guerreros se ofrecen sacrificios para apaciguar las almas de los enemigos, que si no, atraerían las desgracias sobre los vencedores, y se ejecuta una danza acompañada de un cántico en el que se llora al enemigo muerto y se implora su perdón: "No te encolerices contra nosotros porque tenemos aquí, con nosotros, tu cabeza. Si la suerte no nos hubiera sido favorable, serían probablemente nuestras cabezas las que se hallarían hoy expuestas en tu pueblo. Te hemos ofrecido sacrificios para apaciguarte y ahora tu espíritu debe hallarse contento y dejarnos en paz. ¿Por qué has sido nuestro enemigo? ¿No habríamos hecho mejor permaneciendo amigos? Tu sangre no hubiera sido vertida ni cortada tu cabeza"[32].

Idéntica costumbre se observa entre los palúes de las islas Célebes. Las gallas ofrecen en sacrificio a los espíritus, sus enemigos muertos, antes de entrar en su pueblo natal. (Según Pautitschke: Etnographie Nordostafrikas).

Otros pueblos han hallado el medio de convertir a sus enemigos muertos en amigos, guardianes y protectores. Este medio consiste en tratar con todo cariño las cabezas cortadas, costumbre de la que se vanaglorian determinadas tribus salvajes de Borneo. Cuando los dayaks de la costa de Sarawak traen consigo, al volver de una expedición, la cabeza de un enemigo, la tratan, durante meses enteros, con toda clase de amabilidades, dedicándole los nombres más dulces y cariñosos que el lenguaje posee, introduciéndole en la boca los mejores bocados de su

---

[32] Frazer, *l. c.*, pág. 166.

comida, golosinas y cigarros y, rogándole encarecidamente que olvide a sus antiguos amigos y conceda todo su amor a sus nuevos huéspedes, pues forma ahora parte de su casa. Se equivocaría aquel que en esta macabra costumbre, tan horrible para nosotros, viera una intención irónica[33].

Varios exploradores han señalado el duelo que ciertas tribus salvajes de América del Norte observan en honor del enemigo muerto y escalpado. A partir del día en que un choctaw ha muerto a un enemigo, comienza para él un período de duelo que se extiende a través de meses enteros y durante el cual se imponen graves restricciones. Lo mismo sucede entre los indios dakotas. Después de haber conmemorado con el luto a sus propios muertos —relata un observador—, los osagos llevan luto al enemigo, como si hubiera sido un amigo[34].

Antes de hablar de las restantes costumbres tabú referentes a los enemigos debemos precavernos contra una posible objeción. Las razones que dictan estas prescripciones de reconciliación, se nos dirá con Frazer y otros, son harto sencillas y no tienen nada que ver con la ambivalencia. Tales pueblos se hallan dominados por el temor supersticioso a los espíritus de los muertos, temor que la antigüedad clásica conoció también y que ha sido luego llevado a la escena por el gran dramaturgo inglés en las alucinaciones de Macbeth y de Ricardo III. De esta superstición se deducirán lógicamente todas las prescripciones de reconciliación, así como también las restricciones y las expiaciones de que más adelante trataremos. En favor de tal concepción testimoniarían, asimismo, las ceremonias que hemos reunido en el cuarto grupo, las cuales habrán de ser interpretadas como esfuerzos encami-

[33] Frazer, *Adonis, Attis, Osiris*, pág. 248, 1907. — Según Hugh Low, Sarawak, Londres, 1848.

[34] J. O. Dosay, citado en Frazer, *Taboo, etc.*, pág. 181.

nados a alejar a los espíritus de los muertos que persiguen a sus matadores[35]. Por último, los salvajes mismos confiesan su miedo a los espíritus de los enemigos muertos y atribuyen a él tales costumbres tabú.

Esta objeción parece, en efecto, naturalísima, y si fuera incontestable, podríamos ahorrarnos nuestra tentativa de explicación. Más tarde nos ocuparemos por extenso de ella, limitándonos aquí a ponerle la concepción que se desprende de las premisas que han servido de punto de partida a nuestras precedentes consideraciones sobre el tabú. De todas estas prescripciones extraemos la conclusión de que, en la actitud con respecto al enemigo, se manifiestan otros sentimientos distintos de los de simple hostilidad. Vemos en ellas manifestaciones de arrepentimiento, de homenaje al enemigo, y de remordimiento por haberlo matado. Se dirá que mucho antes de toda legislación recibida de manos de un dios, conocían ya estos salvajes el mandamiento de no matar y sabían que la violación de este mandamiento había de traer consigo un castigo.

Pero volvamos a las otras categorías de prescripciones tabú. Las *restricciones* impuestas al matador victorioso son muy frecuentes y la mayoría de las veces, muy rigurosas. En la isla de Timor el jefe de la expedición no puede volver a su casa directamente, sino que se le reserva una cabaña particular en la que pasa dos meses realizando diferentes prácticas de purificación. Durante este intervalo le está prohibido ver a su mujer y alimentarse por sí mismo, teniendo otra persona que darle de comer[36]. En algunas tribus dayak, los hombres

[35] Frazer, *Taboo, etc.*, página 169 y siguientes; pág. 174. "Tales ceremonias consisten en entrechocar los escudos, gritar, aullar y producir toda clase de ruidos con todos los instrumentos posibles".

[36] Frazer, *Taboo, etc.*, pág. 166. Según Mueller: *Reizen en Onderzockingen in den indischen Archipel*, Amsterdam, 1857.

que retornan de una expedición victoriosa han de permanecer aislados del resto de la población durante varios días, debiendo abstenerse de determinados alimentos, así como de tocar objetos de hierro y de ver a sus mujeres. En la isla de Logea, cerca de Nueva Guinea, los hombres que han matado a uno o varios enemigos se encierran durante una semana en su casa, evitan toda relación con sus mujeres y sus amigos, no tocan con sus manos la comida y se alimentan únicamente de vegetales preparados para ellos en recipientes especiales. Para justificar esta última restricción, se dice que no deben oler el vaho de la sangre de los muertos, pues si así lo hicieran, enfermarían y morirían. En la tribu toaripí o montumotú (Nueva Guinea), el hombre que ha matado a otro no puede acercarse a su mujer ni tocar los alimentos con sus dedos y recibe un alimento especial de manos de otras personas, durando este régimen hasta la luna nueva siguiente.

La obra de Frazer incluye una multitud de casos de restricciones impuestas al matador victorioso. No me es posible citarlos todos aquí, pero, indicaré algunos ejemplos más cuyo carácter tabú resalta con una evidencia particular y en los cuales aparece asociada la restricción con la expiación, la purificación y el ceremonial.

Entre los monumbos de la Nueva Guinea alemana, aquel que ha matado a un enemigo en un combate se hace "impuro" y su estado es designado con la misma palabra que sirve para designar el de la mujer después del parto o durante la menstruación. Por espacio de muchos días permanece confinado en la casa de reunión de los hombres, y los demás habitantes de su aldea se reúnen en derredor suyo y celebran su victoria con danzas y cánticos. No debe tocar a nadie, ni siquiera a su mujer o a sus hijos, pues si así lo hiciera se vería cubierto, en el acto, de úlceras y abscesos. Por último, es purificado por medio de abluciones y otras ceremonias.

Entre los natchez de América del Norte, los jóvenes guerreros que habían conquistado su primer "scalp", eran sometidos, durante seis meses, a determinadas privaciones. No podían acostarse con sus mujeres ni comer carne, y todo su alimento consistía en pescado y tortas de maíz. Cuando un choctaw había dado muerte y escalpado a un enemigo tenía que guardarle luto durante un mes y le estaba prohibido peinarse hasta transcurrir este plazo. Si le picaba la cabeza, no debía rascarse con la mano, sino sirviéndose de una varita.

Cuando un indio pima mataba a un apache, tenía que someterse a rigurosas ceremonias de purificación y de expiación. Durante un período de ayuno, que duraba diez y seis días, no podía probar la carne ni la sal, ni tampoco mirar al fuego o dirigir la palabra a alguien. Vivía solo en el bosque servido por una vieja que le traía un poco de alimento, se bañaba con frecuencia en el río más próximo y como señal de duelo, llevaba en la cabeza una pella de arcilla. Llegado el día décimoséptimo, se verificaba la ceremonia pública de la purificación solemne del homicida y de sus armas. Como los indios pima tomaban el tabú del homicidio mucho más en serio que sus enemigos y no aplazaban, como éstos, la expiación y la purificación hasta el final de la campaña, puede decirse que su moralidad y su piedad eran para ellos una causa de inferioridad militar. A pesar de su extraordinaria bravura constituyeron una ayuda muy poco eficaz para los americanos en sus luchas contra los apaches.

A pesar de todo el interés que presentaría un examen más profundo de los detalles y variaciones de las ceremonias de expiación y purificación prescritas después del asesinato de un enemigo, daré aquí por terminada mi exposición, por considerarla suficiente para el fin que persigo. Añadiré tan sólo, que en el aislamiento temporal o permanente al que en nuestros días es sometido el verdugo profesional, se nos muestra todavía una huella de tales instituciones. La condición del "hombre libre" en la sociedad medieval nos permite formarnos una idea muy aproximada del tabú de los salvajes[37].

En la explicación corriente de todas estas prescripciones de reconciliación, restricción, expiación y purificación aparecen combinados dos principios: la extensión del tabú del muerto a todo lo que ha entrado en contacto con él, y el temor al espíritu del muerto. Pero no se determina —y sería además empresa harto difícil de conseguir— cómo deben combinarse tales dos factores para explicar el ceremonial, ni si poseen un valor igual o si uno de ellos ha de ser considerado como primario y el otro como secundario. A tal opinión oponemos nosotros la nuestra, según la cual, todas estas prescripciones se desprenden de la ambivalencia de sentimientos con respecto al enemigo.

b) El tabú de los soberanos.

La actitud de los pueblos primitivos hacia sus jefes, reyes y sacerdotes se halla regida por dos principios que parecen completarse más que contradecirse. El súbdito debe preservarse de ellos y debe protegerlos[38]. Estos dos fines quedan cumplidos por medio de una multitud de prescripciones tabú. Sabemos ya por qué es necesario preservarse de los señores: son portadores de aquella fuerza mágica misteriosa y peligrosa que como una carga eléctrica, se comunica por contacto, y determina la muerte y la perdición de aquel que no se halla protegido por una carga equivalente. Por tanto, se evita todo contacto directo o indirecto con la peligrosa santidad y para aquellos casos en los que este contacto no puede ser eludido, se ha inventado un ceremonial destinado a alejar las consecuencias temidas. Así,

---

[37] A propósito de estos ejemplos, véase Frazer; *Taboo, etc.*, pág. 165-190. *Manslayers taboed.*

[38] Frazer, *Taboo*, pág. 132: "He must not only be guarded, he must also be guarded against".

los nubas del África oriental creen que morirán si penetran en la casa de su rey-sacerdote, pero que pueden escapar a este peligro si al entrar descubren su hombro izquierdo y obtienen que el rey lo toque con su mano. De este modo se llega al singular resultado de que el contacto del rey se convierte en un medio de curación y protección contra los males resultantes de dicho contacto mismo; mas habremos de observar que el contacto curativo es el iniciado por el rey y dependiente de su regia voluntad, mientras que el peligroso es el resultante de la iniciativa del súbdito. Así pues, la cualidad del contacto del rey se halla condicionada por la actitud del súbdito —activa o pasiva— con respecto a la regia persona.

Para hallar ejemplos del poder curativo del contacto real no necesitamos buscarlos entre los salvajes. En una época no muy lejana, ejercían este poder los reyes de Inglaterra para curar las escrófulas, que por tal razón eran llamadas "the king's evil" (la enfermedad real). Ni la reina Isabel ni ninguno de sus sucesores renunciaron a tal prerrogativa real, y se cuenta que Carlos I curó, en 1633, de una sola vez, cien enfermos. Posteriormente, bajo el reinado de su hijo Carlos II, el vencedor de la gran Revolución inglesa, alcanzó esta curación de las escrófulas por el contacto del rey, su más amplio florecimiento. Cuéntase, en efecto, que durante su reinado, Carlos II, curó a más de cien mil escrofulosos. La afluencia de enfermos era tan grande que varios de ellos murieron una vez, ahogados entre la multitud. El escéptico Guillermo III de Orange, rey de Inglaterra, después de la expulsión de los Estuardos, desconfiaba de la realidad de tal poder, y la única vez que consintió en ejercer la regia función curativa lo hizo diciendo a los enfermos: "Que Dios os dé mejor salud y os haga más razonables"[39].

---

[39] Frazer, *The magic art.*, I, pág. 368.

He aquí algunos testimonios del terrible efecto del contacto activo, aunque no intencionado con el rey o con algo que le pertenece: un jefe de Nueva Zelanda, hombre de elevado rango y de gran santidad, abandona un día en la calle los restos de su comida. Un esclavo joven, robusto y hambriento, que los ve al pasar, se apresura a comerlos, pero en cuanto ha acabado el último bocado, un asustado espectador le advierte el crimen que acaba de cometer y el esclavo, que era un guerrero fuerte y valeroso, cae por tierra ante el anuncio de su culpabilidad, es presa de terribles convulsiones y muere al anochecer del día siguiente[40]. Una mujer maorí ha comido algunas frutas y averigua luego, que procedían de un determinado lugar, sobre el que el tabú recaía. En el acto exclama que el espíritu del jefe al que ha infrigido tal ofensa, la hará morir. El hecho ocurrió por la tarde, y al mediodía siguiente había muerto[41]. El eslabón de un jefe maorí causó una vez la muerte de varias personas. El jefe lo había perdido, otros lo recogieron y se sirvieron de él para encender sus pipas; cuando averiguaron quién era el propietario del eslabón, murieron todos de miedo.

Nada tiene pues, de extraño, que se haya hecho sentir la necesidad de aislar a personas tan peligrosas como los jefes y los sacerdotes y rodearlas de una muralla que las hace inaccesibles a los demás. En nuestros actuales ceremoniales de corte podemos ver aún vestigios de esta muralla compuesta de prescripción tabú.

Pero la mayoría de estos tabú de los altos personajes, no se deja reducir a la necesidad de protegerse contra ellos. A la creación del tabú y al establecimiento de la etiqueta de corte,

---

[40] *Old New Zealand*, by a Pakeha Maori (Londres, 1884), citado en Frazer, *Taboo*, pág. 135.

[41] W. Brown, *New Zealand and is aborigines* (Londres, año 1845). Frazer, *ibid.*

ha contribuido aún otra necesidad: la de proteger a las personas privilegiadas contra los peligros que les amenazan.

La necesidad de proteger al rey contra todos los peligros imaginables emana de la enorme importancia del papel que desempeña en la vida de sus súbditos. Rigurosamente hablando, es su persona la que rige la marcha del mundo. Su pueblo debe estarle reconocido, no solamente por la lluvia y la luz del sol que hacen crecer los frutos de la tierra, sino también por el viento que trae los navíos a la costa y por el suelo firme que los hombres huellan bajo sus pies[42].

Estos reyezuelos salvajes poseen una plenitud de poder y una facultad de dispensar la felicidad, propias únicamente de dioses, y cuya realidad, sólo los más serviles cortesanos fingirían aceptar en fases más avanzadas de la civilización.

Existe una manifiesta contradicción entre esta omnipotencia de la persona real y la creencia según la cual precisaría ser protegida cuidadosamente contra los peligros que la amenazan, pero de estas contradicciones está llena la actitud de los salvajes con respecto a sus reyes. Estos pueblos creen necesario vigilar a sus reyes para que empleen convenientemente sus fuerzas, pero no están nada seguros de sus buenas intenciones ni de su lealtad. En la motivación de las prescripciones tabú referentes al rey, se transparenta cierta desconfianza: "La idea de que la monarquía primitiva es siempre la despótica —escribe Frazer— no queda confirmada por las monarquías de que veníamos hablando. Por el contrario, no vive en ellas, el monarca sino para sus súbditos; su vida no tiene valor más que mientras cumple las obligaciones de su cargo y regula el curso de su naturaleza, para el bien de su pueblo. A partir del momento en el que descuida o cesa de cumplir tales obligaciones se transforma en odio y

[42] Frazer, *Taboo*, "The burden of royalty".

desprecio, la atención, la fidelidad y la veneración religiosa de que gozaba, siendo expulsado vergonzosamente y pudiendo estimarse dichoso cuando consigue salvar su vida.

Adorado hoy como un Dios, puede ser muerto mañana como un criminal. Pero en este cambio de actitud no tenemos derecho a ver una prueba de inconstancia ni una contradicción. Por el contrario, permanece el pueblo lógico hasta el fin. Si su rey es su dios, piensan, debe mostrarse también su protector, y desde el momento en que no quiere protegerlos, debe ceder su puesto a otro más inclinado a hacerlo; pero mientras responde a lo que de él esperan, los cuidados que se le dedican son ilimitados y se le obliga a cuidarse a sí mismo con igual celo. Un tal rey vive como encerrado en un sistema de ceremonias y etiquetas, y preso en una red de costumbres e interdicciones que no tiene por objeto elevar su dignidad ni mucho menos aumentar su bienestar, sino únicamente impedirle cometer actos susceptibles de perturbar la armonía de la Naturaleza y provocar así su propia pérdida, la de su pueblo y la del mundo entero. Lejos de serle beneficiosas y agradables tales prescripciones, le privan de toda libertad, y pretendiendo proteger su vida, hacen de ella una carga y una tortura.

Uno de los ejemplos más impresionantes de un semejante encadenamiento y prisión de un monarca sagrado nos es ofrecido por la vida que llevaba en otros tiempos el mikado japonés. He aquí lo que sobre ella nos dice un relato de hace más de dos siglos[43]: "El mikado considera incompatible con su dignidad y su carácter sagrado el tocar el suelo con sus pies. De este modo, cuando tiene que ir a alguna parte, se hace llevar a hombros de sus servidores. Pero aún conviene menos que su persona sea expuesta al aire libre, y es rehusado al sol el honor de iluminar

[43] Kaempfer, *History of Japan*, citado por Frazer, *1. c.*, pág. 3.

su cabeza. Se atribuye a todas las partes de su cuerpo un carácter tan sagrado que no deben ser nunca cortados sus cabellos ni su barba, ni tampoco sus uñas. Mas, para que no padezca en absoluto de cuidados, se le lava por la noche, mientras duerme, y aquello que se quita a su cuerpo en este estado es considerado como un robo que no puede ser atentatorio a su dignidad ni a su santidad. En épocas pasadas debía permanecer todas las mañanas, durante algunas horas, sentado en su trono, con la corona imperial sobre su cabeza y sin mover los brazos, las piernas, la cabeza o los ojos, pues solamente así se pensaba que podía mantener la paz y la tranquilidad del imperio. Si por desgracia se volvía de un lado o del otro, o si su mirada no se dirigía durante un cierto tiempo sino sobre una única parte de su imperio, podía resultar, para el país, una guerra, un hambre, una peste, un incendio u otra calamidad que habría de devastarlo".

Algunos de los tabús a que son sometidos los reyes bárbaros recuerdan las restricciones impuestas a los homicidas. En Shark Point, cerca del cabo Padrón, en la Baja Guinea (Oeste Africano), un rey sacerdote, Kukulú, vive solo en un bosque. No puede tocar a ninguna mujer ni abandonar su casa ni siquiera levantarse de su trono, sobre el cual duerme sentado. Si se acostase, cesaría de soplar el viento, perturbando la navegación. Su función consiste en apaciguar las tempestades y cuidar, en general, del mantenimiento del estado normal de la atmósfera[44]. Cuanto más poderoso es un rey de Loango —dice Bastián—, más numerosos son los tabú que debe observar. El sucesor al trono es sometido a ellos desde la infancia, pero los tabús se acumulan en derredor suyo a medida que va avanzando en la vida, y cuando llega al trono se halla, literalmente, asfixiado bajo su número.

[44] A. Bastian, *Die deustch Expedition and der Loangokueste*, Jena 1874, en Frazer, *l. c.*, pág. 5.

El lugar de que disponemos no nos permite (ni tampoco lo exige nuestro fin) dar una descripción detallada de los tabús inherentes a la dignidad de rey o de sacerdote. Digamos tan sólo que las restricciones relativas al movimiento y al género de alimentación desempeñan entre estos tabús el papel principal. Para demostrar hasta qué punto son tenaces las costumbres enlazadas a estas personas privilegiadas, citaremos dos ejemplos de ceremonial tabú tomados de pueblos civilizados, esto es, que han alcanzado fases de cultura más elevadas.

El *Flamen Dialis*, el gran sacerdote de Júpiter en la Roma antigua tenía que observar un extraordinario número de tabús. No podía montar a caballo, ni ver un caballo, ni un hombre armado, ni llevar anillo ninguno que no estuviese roto, ni ningún nudo en su vestidura; no podía tocar la harina de trigo ni la masa fermentada, ni tampoco designar por su nombre ni la cabra, ni el perro, ni la carne cruda, ni las habas, ni la hiedra; sus cabellos no podían ser cortados sino por un hombre libre que utilizase para ello un cuchillo de bronce y debían ser enterrados, como igualmente las cortaduras de sus uñas, bajo un árbol sagrado; no podía tocar a los muertos y le estaba prohibido salir al aire libre con la cabeza descubierta. Su mujer, la Flaminica, se halla sometida, a su vez, a prescripciones particulares: en determinadas escaleras no podía subir más de los tres primeros peldaños y ciertos días de fiesta le estaba prohibido peinar su cabello; el cuero de su calzado no debía provenir de un animal muerto de muerte natural, sino de un animal sacrificado; el hecho de haber oído el trueno la hacía impura y su impureza duraba hasta después de haber ofrecido un sacrificio de expiación[45].

Los antiguos reyes de Irlanda se hallaban sometidos a una serie de singularísimas restricciones, cuya observancia constituía

[45] Frazer, *1. c.*, pág. 13.

una fuente de beneficios para el país, e inversamente, su trasgresión, una fuente de desgracias. La enumeración completa de estos tabú se halla en el *Book of Rights*, cuyos ejemplares manuscritos más antiguos datan de 1390 a 1418. Las prohibiciones son detalladísimas y recaen sobre ciertos actos en lugares y momentos determinados: en tal ciudad no debe el rey permanecer un cierto día de la semana; no debe franquear tal río a tal hora; no debe acampar más de nueve días en tal llanura, etcétera[46].

La severidad de las prescripciones tabú impuestas a los reyes-sacerdotes ha tenido en muchos pueblos salvajes una consecuencia muy importante desde el punto de vista histórico, y particularmente interesante desde nuestro propio punto de vista actual. La dignidad sacerdotal y real ha dejado de ser deseable. Así, en Combodscha, donde hay un rey del fuego y un rey del agua, se ha visto el pueblo forzado a imponer coactivamente la aceptación de estas dignidades. En Nine o Savage-Island, isla coralífera del océano Pacífico, la monarquía se ha extinguido prácticamente, pues nadie se mostraba dispuesto a asumir las funciones reales cargadas de responsabilidades y peligros. En ciertos países del Oeste africano, se celebra inmediatamente después de la muerte del rey, un consejo secreto, con el fin de designarle sucesor. Aquel sobre el que recae la elección es aprisionado, atado y vigilado en la casa del fetiche, hasta que se declara dispuesto a aceptar la corona. En ciertas ocasiones, el presunto sucesor al trono, halla el medio de sustraerse al honor que se le quiere imponer. Cuéntase, por ejemplo, de un jefe que tenía la costumbre de llevar sobre sí, día y noche, sus armas, con el fin de poder resistir, por la fuerza, a toda tentativa de entronizamiento[47]. Entre los negros de Sierra Leona era tan grande

---

[46] Frazer, *1. c.*, pág. 11.

[47] A. Bastián, *Die eutsche Expedition au der Loangokueste*; en Frazer, *1, c.*, pág. 18.

la resistencia a la aceptación de la dignidad real, que la mayor parte de las tribus quedaron obligadas a confiarla a extranjeros.

Frazer ve en estas circunstancias la causa del desdoblamiento progresivo de la realeza sacerdotal primitiva en un poder temporal y un poder espiritual. Agobiados bajo la carga de su santidad, han llegado los reyes a ser incapaces de ejercer efectivamente el poder y se han visto obligados a abandonar los cargos administrativos a personajes menos importantes, pero activos y enérgicos, y sin pretensión alguna a los honores de la dignidad real. De este modo es como se habían formado los soberanos temporales; mientras los reyes tabú continuaban ejerciendo la supremacía espiritual, que llegó a ser, de hecho, insignificante. La historia del Japón antiguo nos ofrece una exacta confirmación de esta manera de ver.

Ante este cuadro de las relaciones entre el hombre primitivo y sus soberanos surge en nosotros la esperanza de que el paso desde su descripción a su comprensión psicoanalítica no ha de sernos muy difícil. Tales relaciones son excesivamente complicadas y no carecen de contradicciones. Se concede a los soberanos grandes prerrogativas paralelas a las prescripciones tabú impuestas a los hombres vulgares. Son personajes privilegiados, tienen derecho a hacer lo que a los demás les está prohibido y a gozar de aquello que para los demás es inaccesible; pero la misma libertad que se les reconoce se halla limitada por otros tabú que no pesan sobre los individuos ordinarios. Tenemos, pues, aquí una posición, casi una contradicción, entre una mayor libertad y una mayor restricción relativas a las mismas personas. Por otro lado, se les atribuye un poder mágico extraordinario y se teme, por esta razón, todo contacto con su persona o con los objetos que le pertenecen, considerando, al mismo tiempo, dicho contacto como fuente posible de los más benéficos efectos, circunstancia que a primera vista se nos muestra como una nueva contradicción especialmente flagrante. Pero sabemos ya que sólo lo es en apariencia. El contacto del rey es benéfico cuando su iniciativa parte de la regia voluntad, con un propósito benévolo, y únicamente resulta peligroso cuando es provocado, independientemente de la voluntad del rey, por el hombre común, sin duda porque podría ocultar una intención agresiva. Otra contradicción menos fácil de explicar es la de que, no obstante atribuir al soberano un amplio poder sobre las fuerzas de la Naturaleza, se crea el pueblo obligado a protegerle, con particular solicitud, de los peligros que pudieran amenazarle, como si su poder, capaz de tantas cosas, fuera impotente para asegurar su propia protección. La desconfianza que los salvajes abrigan de que sus reyes empleen verdaderamente su poder en bien de su pueblo y para su propia conservación, desconfianza que los mueve a vigilarlos de continuo, constituye también un carácter singularísimo y desconcertante de las relaciones de estos pueblos primitivos con sus soberanos. A esta tutela del rey y a la protección de sus súbditos contra los peligros que de la persona real puedan emanar, responde simultáneamente la etiqueta tabú a la que es sometida la vida del monarca.

La explicación más natural de estas relaciones tan cumplidas y llenas de contradicciones entre los salvajes y sus soberanos, puede parecernos la siguiente: por razones dependientes de la superstición y de otras causas, manifiestan los salvajes en su actitud con respecto a sus reyes diversas tendencias, llevando cada una de ellas a su extremo, sin consideración a las restantes e independientemente de ellas, y de este hecho nacen todas las contradicciones señaladas que no repugnan al intelecto del salvaje más que al del hombre civilizado, las entrañadas por la religión o por los deberes de fidelidad a un soberano.

No debemos rechazar desde luego esta explicación, pero la técnica psicoanalítica habrá de permitirnos penetrar más profundamente en esta cuestión y nos aproximará al conocimiento de la naturaleza de tales relaciones tan diversas. Sometiendo al análisis la situación antes descrita, como si se tratase del cuadro sintomático de una neurosis, nos detendremos, al principio, en el exceso de inquieta solicitud que hallamos en el fondo del ceremonial tabú. Un tal exceso de cariño es un fenómeno corriente en la neurosis, sobre todo en la neurosis obsesiva, elegida por nosotros como término de comparación, y su origen ha llegado a hacérsenos perfectamente comprensible. Este exceso aparece siempre en aquellos casos en los que junto al cariño predominante existe una corriente contraria, inconsciente, de hostilidad, o sea, siempre que nos hallamos ante un caso típico de ambivalencia afectiva. La hostilidad queda, entonces, ahogada por un desmesurado incremento del cariño, el cual se manifiesta en forma de angustiosa solicitud y se hace obsesivo, pues de otro modo no sería capaz de cumplir su función de mantener reprimida la corriente contraria inconsciente. Todos los psicoanalíticos han comprobado con qué seguridad puede descomponerse siempre, de este modo, la ternura exageradamente apasionada e inquieta, aun en aquellas circunstancias que lo hacen más inverosímil, por ejemplo, en las relaciones entre madre e hijo o entre cónyuges muy unidos. Por lo que concierne al trato aplicado a las personas privilegiadas podemos admitir, en consecuencia, que junto a la veneración y divinización de que se las hace objeto, existe una intensa corriente contraria y que, por lo tanto, también se trata aquí, como esperábamos, de una ambivalencia afectiva. La desconfianza que se nos muestra como un factor incontestable de la motivación de los tabús impuestos a los reyes no sería sino una manifestación más directa de la misma hostilidad inconsciente. Dadas las variadas formas que afecta el desenlace de este conflicto en los diferentes pueblos, no nos sería difícil hallar ejemplos en los que la prueba de esta hostilidad se nos mostrase con particular evidencia. Frazer[48] nos relata que los salvajes *times* de Sierra

[48] *l, c.*, pág. 18, según Zweifel y Monstier, *Voyage aux sources du Niger*, 1880.

Leona se han reservado el derecho de moler a golpes al rey electo en la víspera de su coronación, y tan concienzudamente ejercen este derecho constitucional, que el desdichado soberano suele a veces no sobrevivir mucho tiempo a su advenimiento al trono. De este modo, los personajes importantes de la tribu tienen la costumbre de elevar a la dignidad real al hombre contra el que experimentan alguna enemistad. Pero incluso en estos casos clarísimos, la hostilidad, lejos de confesarse como tal, se disimula bajo las apariencias del ceremonial.

Otro rasgo de la actitud del hombre primitivo con respecto a sus soberanos recuerda un proceso muy frecuente en la neurosis y que aparece particularmente acentuado en la llamada “manía persecutoria”. Este rasgo en exagerar con exceso la importancia de una persona determinada y atribuirle un poder increíblemente ilimitado con el fin de poder echar sobre ella, con cierta justificación, la responsabilidad de todo lo desagradable y penoso que al enfermo sucede. A decir verdad, no proceden de otro modo los salvajes con respecto a su rey cuando habiéndole atribuido el poder de provocar o hacer cesar la lluvia, regular el brillo del sol, la dirección del viento, etc., le destronan o le matan porque la naturaleza ha defraudado su esperanza de una casa abundante o una buena cosecha. El cuadro que el paranóico reproduce en su manía de persecución es el de las relaciones entre el niño y su padre. El hijo atribuye, en efecto, a su padre, una parecida omnipotencia y puede comprobarse que su ulterior desconfianza con respecto a él se halla en proporción directa con el grado de poder que antes le ha atribuido. Cuando un paranóico reconoce a su perseguidor en una de las personas que le rodean, la promueve, con este hecho, a la categoría de padre, esto es, la sitúa en condiciones que le permiten hacerle responsable de todas las desgracias imaginarias de que es víctima. Esta segunda analogía entre el salvaje y el neurótico, nos muestra hasta qué punto la actitud del primero con respecto a su rey, puede constituir una derivación de la actitud infantil del hijo con respecto a su padre.

Pero los argumentos más poderosos en favor de nuestro punto de vista, fundado en una comparación entre las prescripciones tabú y los síntomas de las neurosis, nos son proporcionados por el ceremonial tabú mismo, cuyo importante papel en las funciones soberanas hemos indicado en los párrafos que anteceden. El doble sentido de este ceremonial y su origen en tendencias equivalentes se nos mostrará con toda evidencia si consentimos en admitir que se propone, desde un principio, producir los efectos por los que se manifiesta. Este ceremonial no sirve únicamente para distinguir a los reyes y elevarlos por encima de todos los demás mortales, sino que transforma su vida en un infierno, convirtiéndola en una carga insoportable, y les impone una servidumbre mucho más onerosa que la de sus súbditos. Nos aparece, pues, como la exacta pareja del acto obsesivo de la neurosis, en el que la tendencia reprimida y la represora hallan una satisfacción simultánea y común. El acto obsesivo es *aparentemente* un acto de defensa contra lo prohibido, pero podemos afirmar que no es, *en realidad*, sino la reproducción de lo prohibido. La "apariencia" se refiere a la vida psíquica consciente y la "realidad", a la vida inconsciente. De este modo, el ceremonial tabú de los reyes es, en apariencia, una expresión del más profundo respeto y un medio de procurar al rey la más completa seguridad, pero en realidad, es un castigo por dicha elevación y una venganza que los súbditos se toman del rey, por los honores que le han concedido. Sancho Panza tiene ocasión de experimentar por sí mismo, mientras es gobernador de su ínsula, hasta qué punto es exacta esta concepción del ceremonial. Es posible que si los reyes y los soberanos actuales quisieran hacernos sus confesiones, nos aportaran nuevas pruebas en favor de este punto de vista.

Mas, ¿por qué la actitud afectiva hacia el soberano comporta un elemento tan poderoso de hostilidad inconsciente? La interrogación es muy interesante, pero su solución iría más allá de los límites de este trabajo. A nuestra anterior alusión al complejo paternal de la infancia añadiremos ahora que el examen de la historia primitiva de la monarquía podría aportarnos una respuesta decisiva a esta interrogación. Según las explicaciones de Frazer, harto impresionantes, pero poco probatorias a juicio del mismo autor, los primeros reyes eran extranjeros, a los que después de un breve período de reinado, se sacrificaba a la divinidad en medio de solemnes fiestas[49]. En los mitos del cristianismo encontramos aún el eco de esta evolución de la realeza.

c) El tabú de los muertos.

Sabemos ya, que los muertos son poderosos soberanos; quizá nos asombre averiguar ahora, que son también considerados como enemigos.

Manteniendo nuestra comparación con el contagio podemos decir que el tabú de los muertos muestra en la mayor parte de los pueblos primitivos una particular virulencia. Este tabú se manifiesta, primeramente, en las consecuencias que el contacto con los muertos trae consigo y en el trato especial de que son objeto las personas afines al individuo fallecido. Entre los maoríes, aquellos que han tocado a un muerto o asistido a un entierro se hacen extraordinariamente "impuros" y son privados de toda comunicación con sus semejantes, quedando, por decirlo así, "boicoteados". Un hombre contaminado por el contacto de un muerto no puede entrar en una casa ni tocar a una persona o un objeto sin hacerlos impuros. No debe tampoco tocar el alimento con sus manos, cuya impureza las hace impropias

[49] Frazer, *The magic art and the evolution of kings*, 1911.

para todo uso. La comida es colocada a sus pies, en el suelo, y tiene que comer como buenamente pueda, utilizando tan sólo sus labios y sus dientes y con las manos cruzadas a la espalda. Algunas veces le está permitido hacerse dar de comer por otra persona, la cual debe cumplir este cometido con cuidado de no tocar al desdichado tabú, y queda sometida a restricciones no menos rigurosas. En todas las aldeas maoríes suele haber un individuo que vive abandonado y miserable, al margen de la sociedad y se mantiene a duras penas de escasas limosnas. Sólo éste puede aproximarse a una distancia igual a la longitud de un brazo a aquellos que han tributado a un muerto los últimos homenajes. Cuando el período de aislamiento llega a su fin y puede el hombre impuro comunicar de nuevo con sus semejantes, es destruida toda la vajilla de la que se ha servido durante el período peligroso, y desechados todos sus vestidos[50].

Las costumbres tabú impuestas a consecuencia del contacto material con un muerto son iguales en toda la Polinesia, toda la Melanesia y una parte de África. La más importante de estas costumbres consiste en la prohibición de tocar los alimentos y la necesidad consiguiente de hacerse dar de comer por otras personas. Debía anotarse el hecho de que en la Polinesia y quizá también en las islas de Hawái, quedan los reyes-sacerdotes sometidos a las mismas restricciones durante el ejercicio de sus funciones sagradas. En Tonga, la duración y el rigor de la prohibición varían con la fuerza tabú inherente al muerto y al individuo que se ha hallado en contacto con él. Aquel que toca el cadáver de un jefe se hace impuro por diez meses, pero si es jefe, a su vez, no dura su impureza sino tres, cuatro o cinco meses, según el rango del difunto. Sin embargo, cuando se trata del cadáver de un jefe supremo divinizado, la duración del tabú

---

[50] Frazer, *Taboo*, pág. 138 y siguientes.

es de diez meses, incluso para los más grandes jefes supervivientes. Los salvajes creen que aquellos que infringen estos tabús enferman y mueren, y su fe es tan firme que, según relata su observador, no se han atrevido jamás a intentar comprobarla[51].

Análogas en sus rasgos esenciales, pero mucho más interesantes para nosotros, son las restricciones tabú a que se hallan sujetas las personas cuyo contacto con el muerto debe comprenderse en el sentido figurado de la palabra, esto es, los familiares del difunto. Si en las prescripciones antes citadas no hemos visto sino la expresión típica de la virulencia y del poder de propagación del tabú, estas otras de que ahora vamos a ocuparnos nos permiten ya entrever los motivos de este, tanto los aparentes como los más profundos y verdaderos.

Entre los shuswap de la Columbia británica, los viudos y las viudas deben vivir aislados durante el período de luto, no deben tocar con sus manos, su cabeza ni su cuerpo, y todos los utensilios de que se sirven quedan sustraídos al uso de los demás. Ningún cazador se aproximará a la choza habitada por una de tales personas, pues esto le traería desgracia, y si la sombra de la persona que guarda un luto se proyectase sobre él, caería enfermo. Las personas que guardan luto duermen sobre haces de ramas espinosas y forman con ellas una cerca en derredor de su lecho. Esta última práctica tiene por objeto mantener alejado el espíritu del muerto. Más significativa aún es la costumbre de ciertas tribus norteamericanas según la cual debe la viuda llevar durante un cierto tiempo después de la muerte de su marido, un vestido en forma de pantalón y tejido de hierbas secas, con objeto de alejar de ella el espíritu del difunto. Estas costumbres nos autorizan a pensar que incluso en el sentido figurado, es concebido siempre el contacto como "material",

[51] W. Mariner, *The natives of the Tonga Island*, 1818.

pues suponen que el espíritu del muerto no se separara de sus familiares supervivientes y continúa flotando en derredor de ellos durante todo el período de luto.

Entre los agutainos, habitantes de Palabán, en las islas Filipinas, no debe la viuda abandonar su cabaña durante los siete u ocho días subsiguientes a la muerte del marido sino por la noche, cuando no se expone a encontrar a nadie. Aquél que la ve queda amenazado de muerte inmediata, y para evitarlo, advierte ella a todos su proximidad golpeando los árboles con un bastón de madera. Los árboles así golpeados se secan y mueren. Otra observación nos muestra en qué consiste el peligro inherente a las viudas. En el distrito de Mekeo, en la Nueva Guinea británica, pierde el viudo todos sus derechos civiles y vive durante algún tiempo al margen de la sociedad. No puede cultivar la tierra ni mostrarse en público, ni tampoco pisar la aldea ni la calle, y vaga como una fiera por entre las hierbas o los matorrales, con objeto de poderse ocultar fácilmente en cuanto vea a alguien, sobre todo si es a una mujer. Este detalle nos permite ver en la *tentación* el principal peligro inherente al viudo o a la viuda. El hombre que ha perdido a su mujer debe protegerse contra toda tentación de remplazarla, y la viuda debe luchar contra igual deseo, tanto más cuanto que no poseyendo dueño alguno es susceptible de despertar los deseos de otros hombres. Todo abandono de este género sería un acto contrario al sentido del luto y habría de despertar la cólera del espíritu[52].

Una de las costumbres tabú más singulares, pero también más instructivas entre las que se refieren al luto de los primitivos, consiste en la prohibición de pronunciar el nombre del muerto.

---

[52] La enferma cuyas "imposibilidades" he comparado antes a las impuestas por los tabús, confesaba que se indignaba siempre que encontraba en la calle a una persona de luto: "Tales personas —decía— no deberían salir a la calle".

Esta costumbre se halla en extremo difundida, presenta numerosas variantes y ha tenido importantísimas consecuencias.

Además de los pueblos australianos y los polinesios, en los cuales se han conservado inmejorablemente las costumbres tabú, observan también esta prohibición otros tan lejanos entre sí y tan diferentes como los samoyedos de Siberia y los todas de la India meridional, los mogoles de Tartaria y los tauregs del Sahara, los ainos del Japón y los akambas y los nandi del África central, los tinguanes de Filipinas y los habitantes de las islas de Nicobar, Madagascar y Borneo[53]. En algunos de estos pueblos no rige tal prohibición mas que durante el período del luto. Otros la conservan permanentemente. De todos modos, siempre va atenuándose con el transcurso del tiempo.

La prohibición de pronunciar el nombre del muerto es observada generalmente con extraordinario rigor. Ciertas tribus sudamericanas consideran que el pronunciar el nombre de un difunto ante sus familiares supervivientes es infligirles una grave ofensa y aplican al ofensor una pena no menos rigurosa que la señalada para el asesinato[54]. No es fácil comprender, a primera vista, la razón de la severidad de tal prohibición, pero los peligros enlazados al acto correlativo han hecho nacer una multitud de expedientes muy interesantes y significativos desde diversos puntos de vista. Los massai de África recurren al de cambiar el nombre del difunto inmediatamente después de su muerte, pudiendo designarle así sin temor, pues todas las prohibiciones no se refieren sino a su nombre anterior. Al obrar de esta forma, presuponen que el espíritu no conoce ni averiguará nunca su nuevo nombre. Las tribus australianas de Adelaida y Encounter-Bay llevan más lejos sus precauciones, pues todas

---

[53] Frazer, *l. c.*, pág. 353.

[54] Frazer, *l. c.*, pág. 352.

las personas de nombre igual o muy parecido al del difunto toman otro distinto. A veces siguen también esta conducta los parientes del muerto aunque sus nombres no recuerden en nada el del mismo. Así sucede, por ejemplo, en determinadas tribus de Victoria y de América del Norte. Entre los guaycurus del Paraguay daba el jefe nombres distintos a todos los miembros de la tribu en estas tristes ocasiones, y cada individuo respondía, en adelante, al que le había correspondido sin vacilación alguna, como si le hubiese llevado siempre[55]. Cuando el difunto llevaba un nombre idéntico al de un animal o un objeto, algunos de estos pueblos juzgaban necesario dar a dicho animal o dicho objeto, otro nuevo, con el fin de que nada pudiese recordarles en la conversación al fallecido. De esta costumbre resultaban continuas variaciones del vocabulario que dificultaban extraordinariamente la labor de los misioneros, sobre todo en aquellos pueblos en los que el tabú de los nombres poseía un carácter permanente. Durante los siete años que el misionero Dobrizhoffer pasó entre los abipones del Uruguay cambiaron por tres veces los nombres del jaguar, el cocodrilo, las espinas y el sacrificio de los animales[56]. Este horror a pronunciar un nombre que perteneció a un difunto se extiende como todo aquello en lo que el muerto intervino, proceso de represión que trae consigo la grave consecuencia de privar de tradición y de recuerdos históricos a estos pueblos, dificultando así enormemente la investigación de su historia primitiva. Algunos han adoptado, sin embargo, costumbres compensadoras. Una de ellas consiste en resucitar los nombres de los muertos después de un largo período de duelo, dándolos a los recién nacidos, a los cuales se considera entonces como rencarnaciones de aquéllos.

---

[55] Frazer, *l. c.*, pág. 357. (Tomado de un antiguo investigador español, 1731).
[56] Frazer, *l. c.*, pág. 360.

Estos tabús nominales se nos mostrarán menos singulares si pensamos que los salvajes ven en el nombre una parte esencial y una propiedad importantísima de la personalidad y que atribuyen un pleno valor objetivo a las palabras. Como en otra parte lo he demostrado, nuestros hijos proceden exactamente del mismo modo, pues no admiten nunca la existencia de la simple analogía verbal, exenta de toda significación, sino que deducen de ella, lógicamente la de una más profunda coincidencia entre los objetos que las palabras análogas designan. El mismo adulto civilizado, si analiza ciertas singularidades de su actitud con respecto a los nombres propios, comprobará sin dificultad que no se halla tan lejos como se cree, de enlazar a ellos un valor esencial, y hallará que el suyo se encuentra íntimamente fundido con su persona. Nada tiene de extraño, en estas condiciones, que la práctica psicoanalítica halle con tanta frecuencia ocasión de insistir en la importancia de los nombres en el pensamiento inconsciente[57]. Los neuróticos obsesivos se comportan con respecto a ellos del mismo modo que los salvajes, hecho que hubiésemos podido prever de antemano. Muestran, como en general todos los neuróticos, una total "sensibilidad de complejo" con respecto al enunciado o la percepción auditiva de determinadas palabras y nombres, y derivan de su actitud para con su propio nombre un gran número de rigurosas coerciones. Una de estas enfermas tabú por mí tratada, había tomado el partido de no escribir nunca su nombre por miedo a que cayese entre las manos de alguien, que de este modo entraría en posesión de una parte de su personalidad. En sus desesperados esfuerzos para defenderse contra las tentaciones de su propia imaginación se impuso la regla de "no entregar nada de su propia persona", a la que identificaba

---

[57] Stekel, Abraham.

en primer lugar, con su nombre, y en segundo, con su escritura. De este modo terminó por renunciar a escribir en absoluto.

Así, pues, no extrañamos ya que los salvajes vean en el hombre una parte de la persona y lo engloben en el tabú concerniente al difunto. Pero el hecho de pronunciar el nombre del muerto puede referirse también al contacto con el mismo. Por tanto, deberemos abordar, ahora, el problema, más amplio de por qué razón este contacto es objeto de un tabú tan riguroso.

Lo que primero, se nos ocurre, es atribuirlo al horror instintivo inspirado por el cadáver y sus alteraciones anatómicas. A esta razón podríamos añadir la deducida del duelo en el que la muerte de una persona sume a su familia y a los que le rodean. Sin embargo, el horror que inspira el cadáver no basta evidentemente para esclarecer todos los detalles de las prescripciones tabú y el luto no nos explica por qué la enunciación del nombre del muerto constituye una grave ofensa para los supervivientes. Aquellos que lloran a un muerto gustan de evocarle en sus conversaciones y procuran conservar vivo su recuerdo durante el mayor tiempo posible. Las particularidades de las costumbres tabú deben, pues, de obedecer a otras razones y responder a intenciones basadas en fines distintos, y precisamente los tabús nominales son los que nos revelan tales razones. Pero, aunque no existieran estos usos, los datos proporcionados por los salvajes que guardan un luto bastarían para proporcionarnos el esclarecimiento buscado.

Los salvajes no intentan disimular, en efecto, el *miedo* que les inspira el posible retorno del espíritu del difunto y recurren a multitud de ceremonias destinadas a mantenerlo a distancia y a expulsarle[58]. El acto de pronunciar el nombre de un muerto les parece constituir un conjuro cuyo efecto no puede ser otro que

[58] Frazer cita a este respecto las declaraciones de los tuaregs del Sahara; *l. c.*, pág. 353.

el de provocar la presencia del espíritu del mismo[59]. El temor a dicha presencia les hace evitar todo lo que pueda motivarla y adoptar las más diversas medidas para eludir sus efectos. Se disfrazan, para que el espíritu no pueda reconocerlos[60], deforman sus nombres o el del difunto y se enfurecen contra el extranjero sin escrúpulo que, pronunciando el nombre de un muerto, le hace surgir entre los vivos. Resulta imposible sustraerse a la conclusión de que sufren, para servirnos de la expresión de Wundt, del miedo que les inspira "el alma del difunto, convertida en demonio"[61].

Aceptando esta opinión nos agregaríamos a la concepción de Wundt que, como ya sabemos, explica el tabú por el temor a los demonios.

La hipótesis en la que se basa esta teoría, o sea, la de que la persona querida desaparecida se transforma desde el momento mismo de su muerte en un demonio, del cual no pueden esperar los supervivientes sino hostilidad y cuyas malas disposiciones intentan alejar por todos los medios posibles, resulta tan singular, que nos cuesta gran trabajo admitirla. Pero todos o casi todos los autores competentes están de acuerdo en atribuir a los primitivos esta creencia. Westermarck, que a nuestro juicio concede demasiada poca importancia al tabú, dice en un capítulo consagrado a la actitud con respecto a los muertos de su obra "Ursprung und Entwicklung der Moralbegriffe": "Los hechos que conozco, me autorizan a formular la conclusión general de que los muertos son considerados casi siempre, más como enemigos que como amigos, y que Jevons y Granth Allen se equivocan cuando afirman que antiguamente se creía que

---

[59] Conviene formular aquí la reserva siguiente: mientras subsiste aún algo de sus restos corporales. Frazer, *1. c.*, pág. 372.

[60] En las islas corporales, Frazer, *1. c.*, pág. 382.

[61] Wundt, *Religión und Mythus*, II, pág. 49.

los muertos no mostraban mala voluntad sino para con los extranjeros, velando, en cambio, con paternal solicitud, sobre sus descendientes y sobre los miembros de su clan"[62].

R. Kleinpaul ha intentado explicar en una obra muy sugestiva la actitud de los pueblos primitivos con respecto a sus muertos utilizando las supervivencias de la antigua creencia animista entre los pueblos civilizados[63]. Este autor llega también a la conclusión de que los muertos intentan atraer a los vivos con respecto a los cuales abrigan intenciones homicidas. Los muertos matan; nuestra *actual* representación de la muerte, bajo la forma de un esqueleto, muestra que la muerte misma no es sino un hombre muerto. El vivo no se sentía al abrigo de la persecución del muerto sino cuando se hallaba separado de él por una corriente de agua, razón a la cual obedeció la costumbre de enterrar a los muertos en islas o en el margen opuesto de un río. Una ulterior atenuación de esta creencia limitó la maldad de los espíritus a aquellos a los que se podía reconocer cierto derecho a la cólera y al rencor, esto es, a los de los hombres asesinados, que perseguían sin cesar a sus asesinos, o a los de aquellos que habían fallecido sin satisfacer un intenso deseo, por ejemplo, los prometidos muertos antes

---

[62] Westermarck, *1 c.*, tomo II, pág. 424. El texto de esta obra y las notas ajenas contienen numerosos testimonios, a veces muy característicos, en apoyo de este punto de vista. Así creían los maoríes, que los parientes más próximos y amados cambiaban de naturaleza después de su muerte y se convertían en enemigos mal intencionados de sus familiares supervivientes. Los negros australianos creen que los muertos son temibles durante mucho tiempo, y su miedo a ellos es tanto más grande cuanto más próximo era su parentesco. Los esquimales poseen el convencimiento de que los muertos no se apaciguan sino al cabo de muy largo tiempo, siendo de temer, al principio, como espíritus maléficos que vagan a través de la aldea, para sembrar en ella la enfermedad, la muere y otras calamidades (Boas).

[63] R. Kleinpaul, *Die Lebendigen und die Totem im Volksglauben, Religion und Sage*, 1898.

de la boda. Pero primitivamente —piensa Kleinpaul— todos los muertos eran vampiros y todos perseguían, llenos de cólera, a los vivos, sin pensar más que en perjudicarles y quitarles la vida. El cadáver es lo que ha proporcionado siempre la primera noción de un espíritu maléfico.

La hipótesis de que los muertos más queridos se transforman en demonios hace surgir, naturalmente, otra interrogación: la de cuáles fueron las razones que impelieron a los primitivos a atribuir a sus muertos una tal transformación afectiva, convirtiéndolos en demonios. Westermarck cree que no es difícil responder a esta interrogación[64]:

> Siendo la muerte la mayor desgracia que puede caer sobre el hombre, se piensa que los muertos han de hallarse descontentos de su suerte. Según la concepción de los pueblos primitivos, no se muere sino de muerte violenta, causada por la mano del hombre o por un sortilegio; así, pues, el alma tiene que hallarse llena de cólera y ávida de venganza. Se supone, además, que celosa de los vivos y queriendo volver a la sociedad de los antiguos parientes, intenta provocar su muerte haciéndoles enfermar, único medio que posee de realizar su deseo de unión... En el miedo instintivo que las almas de los muertos inspiran, miedo derivado, a su vez de la angustia que experimentamos ante la muerte, hemos de ver otra explicación de la maldad atribuida a los espíritus.

El estudio de las perturbaciones psiconeuróticas nos pone sobre las huellas de una explicación más amplia, que engloba la dada por Westermarck.

Cuando una mujer ha perdido a su marido o una hija a su madre sucede con frecuencia que los supervivientes pasan a

---

[64] *I, c.*, pág. 426.

ser presa de penosas dudas, a las que calificamos de "reproches obsesivos" y se preguntan si no habrán contribuido, por alguna negligencia o imprudencia, a la muerte de la persona amada. Ni el recuerdo de haber asistido al enfermo con la mayor solicitud ni los argumentos objetivos más convincentes contrarios a la penosa acusación bastan para poner fin al tormento del sujeto, tormento que constituye, quizá, una expresión patológica del duelo y va atenuándose con el tiempo. La investigación psicoanalítica de estos casos nos ha revelado las razones secretas de tal sufrimiento. Hemos descubierto, en efecto, que tales reproches obsesivos no carecen, hasta cierto punto, de justificación, siendo esta circunstancia la que les permite resistir victoriosamente todas las objeciones y todas las protestas. No quiere esto decir que la persona de que se trate sea realmente culpable de la muerte de su pariente o haya cometido alguna negligencia para con él, como el reproche obsesivo pretende. Significa, únicamente, que la muerte de este ha procurado la satisfacción de un deseo inconsciente del sujeto que, si hubiera sido suficientemente poderoso, hubiese provocado dicha muerte. Contra este deseo inconsciente es contra lo que el reproche reacciona después de la muerte del ser amado. En casi todos los casos de intensa fijación del sentimiento a una persona determinada, hallamos una tal hostilidad inconsciente disimulada detrás de un tierno amor. Trátase aquí del caso clásico y prototípico de ambivalencia de la afectividad humana. Esta ambivalencia es más o menos pronunciada según los individuos. Normalmente, no suele ser lo bastante fuerte para provocar los reproches obsesivos de que tratamos. Pero en los casos que alcanza un grado muy pronunciado se manifiesta precisamente en las relaciones del sujeto con las personas que le son más queridas y allí donde menos podía esperársele. La disposición de la neurosis obsesiva, que con tanta frecuencia nos ha servido ya de término de comparación en la discusión sobre la naturaleza del tabú, nos parece caracterizada por un grado particularmente pronunciado de esta ambivalencia afectiva individual.

Conocemos ahora el factor susceptible de proporcionarnos la explicación, tanto del pretendido demonismo de las almas de las personas muertas recientemente como de la necesidad en que los supervivientes se hallan de defenderse contra la hostilidad de dichas almas. Si admitimos que la vida afectiva de los primitivos es ambivalente en un grado semejante al que la investigación psicoanalítica nos fuerza a atribuir a la de los neuróticos obsesivos, se nos hará comprensible que después de una dolorosa pérdida surja en los primeros una reacción contra la hostilidad dada en su inconsciente, análoga a la que en los segundos se manifiesta por medio de los reproches obsesivos. Pero esta hostilidad penosamente sentida en lo inconsciente como satisfacción producida por la muerte del ser amado alcanza en el primitivo un destino diferente, pues queda exteriorizada y atribuida al muerto mismo. Este proceso de defensa, muy frecuente tanto en la vida psíquica normal como en la patológica, es el que conocemos con el nombre de proyección. El superviviente se niega a haber experimentado nunca un sentimiento hostil con respecto a la persona querida muerta y piensa que es el alma de esta la que ahora abriga este sentimiento contra él. El carácter de penalidad y de remordimiento que esta reacción afectiva presenta se manifestará, a pesar de la defensa, por medio de la proyección, en forma de privaciones y restricciones que el sujeto se impondrá, disfrazándolas, en parte, bajo la forma de medidas de protección contra el demonio hostil.

Comprobamos, así una vez más, que el tabú ha nacido en el terreno de una ambivalencia afectiva. También el tabú de los muertos procede de una oposición entre el dolor consciente y la satisfacción inconsciente ocasionados por la muerte. Dado este origen de la cólera de los espíritus, se comprende que sean los supervivientes más próximos al difunto y aquellos a los que éste quiso más, los que deban temer, sobre todo, su rencor.

Las prescripciones tabú presentan aquí, como los síntomas de la neurosis, una doble significación: por un lado y con las restricciones que imponen al sujeto, constituyen una manifestación de su dolor ante la muerte de un ser amado, pero por otro, dejan transparentar aquello mismo que querrían encubrir, o sea, la hostilidad hacia el muerto, hostilidad a la que dan ahora un carácter de legítima defensa. Hemos visto que determinadas prohibiciones tabú se explican por el temor de la tentación. La indefensión del muerto podría incitar al sujeto a satisfacer el sentimiento de hostilidad que con respecto a él abriga, y la prohibición se halla destinada precisamente a oponerse a tal tentación.

Westermarck tiene, sin embargo, razón cuando afirma que el salvaje no hace diferencia alguna entre la muerte violenta y la muerte natural. Para el pensamiento inconsciente la muerte natural es también un producto de la violencia: Son en este caso los malos deseos los que matan (véase nuestro capítulo tercero). Aquéllos que se interesan por el origen y la significación de los sueños referentes a la muerte de parientes próximos y queridos (padres, hermanos y hermanas) hallarán que el soñador, el niño y el salvaje se conducen de una manera absolutamente idéntica con respecto al muerto, en virtud de la ambivalencia afectiva que les es común.

En los párrafos que anteceden nos hemos declarado opuestos a una concepción de Wundt, según la cual, no sería el tabú sino la expresión del temor que los demonios inspiran, y sin embargo, acabamos de hacer nuestra la explicación que refiere el tabú de los muertos al temor que inspira el alma de los mismos convertida en demonio. Esto pudiera parecer una contradicción, pero nada nos será más fácil que resolverla. Hemos aceptado la concepción de los demonios, pero sin ver en ella un elemento psicológico irreductible, pues penetrando más allá de este elemento, concebimos a los demonios como proyecciones de los sentimientos hostiles que los supervivientes abrigan hacia los muertos.

Una vez firmemente establecido este punto de vista pretendemos que tales sentimientos de carácter doble, esto es, a la vez cariñosos y hostiles, intenten manifestarse y exteriorizarse simultáneamente en el momento de la muerte, bajo la forma de dolor y de satisfacción. El conflicto entre esos dos sentimientos opuestos se hace inevitable y como uno de ellos, la hostilidad, es en gran parte, inconsciente, no puede el conflicto resolverse por una sustracción de las dos intensidades con aceptación consciente de la diferencia, como en aquellos casos en los que perdonamos a una persona amada una injusticia de la que no se ha hecho culpable para con nosotros. El proceso termina, más bien, con la intervención de un mecanismo psíquico particular, designado habitualmente en el psicoanálisis con el nombre de *proyección.* La hostilidad de la que no sabemos ni queremos saber nada es proyectada desde la percepción interna al mundo exterior, o sea, desligada de la persona misma que la experimenta y atribuida a otra. No somos ya nosotros los supervivientes los que nos sentimos satisfechos de vernos desembarazados de aquel que ya no existe, por lo contrario, lloramos su muerte. En cambio, él se ha convertido en un demonio maléfico, al que regocijaría nuestra desgracia y que intenta hacernos perecer. Así, pues, tenemos que defendernos contra él. De este modo vemos que los supervivientes no se libran de una opresión interior sino cambiándola por una coerción de origen externo.

Sin duda, esta proyección, merced a la cual se transformaba al difunto en un maléfico enemigo, puede hallar su justificación en el recuerdo de determinadas manifestaciones hostiles que realmente se han tenido que reprocharle, por ejemplo, su severidad, su tiranía o su injusticia, o cualquiera de los muchos actos de este género que forman el segundo plano de todas las relaciones humanas, incluso de las más cariñosas. Pero, sería adoptar una explicación excesivamente simplista ver en este factor una razón suficiente para justificar la creación de demonios por el proceso de la proyección. Las faltas de que se han hecho culpables durante su vida aquellos que ya no existen pueden explicar, ciertamente, hasta un determinado punto, la hostilidad de los supervivientes, pero no la hostilidad atribuida a los muertos, y además, estaría muy mal escogido el momento de la muerte para hacer revivir el recuerdo de todos los reproches que creemos tener derecho a dirigirles. No podemos, pues, dejar de ver en la hostilidad inconsciente el motivo constante y decisivo de la actitud de que nos ocupamos. Estos sentimientos hostiles con respecto a los parientes más próximos y queridos podían muy bien permanecer latentes mientras dichos parientes se hallaban en vida, esto es, no revelarse a la consciencia directa o indirectamente por una formación sustitutiva cualquiera. Pero esta situación no puede subsistir después de la muerte de las personas a la vez amadas y odiadas, y el conflicto toma entonces, necesariamente, un carácter agudo. El dolor nacido de un incremento de ternura se rebela, por un lado, cada vez más, contra la hostilidad latente y no puede, por otro, admitir que tal hostilidad engendre un sentimiento de satisfacción. De este modo queda constituida la represión de la hostilidad inconsciente por medio de la proyección y surge el ceremonial en el que se exterioriza el temor del castigo por parte de los demonios. Luego, a medida que el sujeto se aleja del momento de la muerte, pierde el conflicto cada vez más su intensidad inicial, llegando así la debilitación e incluso el olvido de los tabús relativos a los muertos.

4

Después de haber explorado de este modo el terreno en el que han nacido los tabús relativos a los muertos, vamos a enlazar a los resultados obtenidos, algunas observaciones que pueden presentar gran importancia, para la inteligencia del tabú en general.

La proyección de la hostilidad inconsciente sobre los demonios que caracteriza al tabú de los muertos, no es sino uno de los numerosos procesos del mismo género a los que hemos de atribuir una gran influencia sobre la formación de la vida psíquica primitiva. En el caso que nos interesa, la proyección sirve para resolver un conflicto afectivo, misión que desempeña igualmente en un gran número de situaciones psíquicas conducentes a la neurosis. Pero la proyección no es únicamente un medio de defensa. La observamos así mismo en casos en los que no existe conflicto. La proyección al exterior de percepciones interiores es un mecanismo primitivo al que se hallan también sometidas nuestras percepciones sensoriales y que desempeña, por tanto, un papel capital en nuestro modo de representación del mundo exterior. En condiciones todavía insuficientemente elucidadas, nuestras percepciones interiores de procesos afectivos e intelectuales son, como las percepciones sensoriales, proyectadas de dentro afuera y utilizadas para la conformación del mundo exterior en lugar de permanecer localizadas en nuestro mundo interior. Desde el punto de vista genético se explica esto, quizá, por el hecho de que primitivamente, la función de la atención no era ejercida sobre el mundo interior y no recibía de los procesos endopsíquicos otros datos que los correspondientes a los desarrollos de placer y displacer. Sólo después de la formación de un lenguaje abstracto es cuando los hombres han llegado a ser capaces de enlazar los restos sensoriales de las representaciones verbales, a procesos internos, y entonces, es cuando han comenzado a percibir, poco a poco, estos últimos. Hasta este momento habían construido, los hombres primitivos, su imagen del mundo, proyectando al exterior sus percepciones internas, imagen que nuestro mayor conocimiento de la vida interior nos permite ahora traducir al lenguaje psicológico.

La proyección al exterior de las tendencias perversas del individuo y su atribución a demonios forman parte de un sistema del que hablaremos en el capítulo siguiente y al que se puede dar el nombre de "concepción animista del mundo". Al realizar esta labor, habremos de fijar los caracteres psicológicos de este sistema y buscar puntos de apoyo, para su explicación, en el análisis de los sistemas que volvemos a hallar en las neurosis. Por ahora nos limitaremos a indicar que el proceso conocido con el nombre de "elaboración secundaria" del contenido de los sueños, constituye el prototipo de la formación de todos estos sistemas. Además, no debemos olvidar que a partir del momento de la formación del sistema, hallamos dos distintas derivaciones para todo acto sometido al juicio de la conciencia: una derivación sistemática y una derivación real, pero inconsciente[65].

Wundt[66] hace observar que "entre los actos que los mitos de todos los pueblos atribuyen a los demonios, predominan los *maléficos*, resultando evidente, por lo tanto, que en las creencias de los pueblos son los demonios maléficos más antiguos que los benéficos". Es muy posible que la idea del demonio emane, en general, de las relaciones entre los muertos y los supervivientes. La ambivalencia inherente a estas relaciones se manifiesta en el curso ulterior del desarrollo humano por dos corrientes opuestas, pero procedentes de la misma fuente. El temor a los demonios y a los aparecidos y el culto a los antepasados[67]. En la influencia ejercida por el duelo sobre la

[65] Las creaciones proyectivas de los primitivos se enlazan con las personificaciones por medio de las cuales exterioriza el poeta bajo la forma de individualidades autónomas, las tendencias opuestas que luchan en su alma.

[66] *Mythus und Religión*, tomo II, pág. 129.

[67] La investigación psicoanalítica de personas neuróticas que padecen o han padecido en su infancia el temor a los aparecidos nos descubre con frecuencia y sin gran dificultad, que tales aparecidos, tan temidos, no eran otros que los

formación de la creencia en los demonios tenemos una prueba incontestable de que los mismos son concebidos siempre como los espíritus de personas muertas *recientemente*. El duelo tiene que desempeñar una misión psíquica definida, que consiste en desligar de los muertos los recuerdos y esperanzas de los supervivientes. Obtenido este resultado se atenúa el dolor y con él, el remordimiento, los reproches, y por lo tanto, el temor al demonio. Entonces, aquellos mismos espíritus que han sido temidos como demonios, se convierten en objeto de sentimientos más amistosos, siendo venerados como antepasados, cuyo socorro se invoca en toda ocasión.

Si seguimos la evolución de las relaciones entre los supervivientes y los muertos comprobaremos que su ambivalencia disminuye considerablemente con el tiempo. Actualmente, es fácil reprimir sin gran esfuerzo psíquico, la inconsciente hostilidad, aún subsistente, hacia los muertos. Allí donde anteriormente existía una lucha entre el odio satisfecho y el dolorido cariño, se eleva hoy, como una formación cicatricial, la piedad: *De mortuis nihil nisi bene*. Sólo los neuróticos perturban todavía el dolor que les causa la pérdida de un pariente próximo con accesos de reproches obsesivos en los cuales descubre el psicoanálisis, las huellas de la ambivalencia afectiva de otros tiempos. Cuáles han sido los caminos seguidos por esta evolución y qué intervención han podido tener en ella determinadas transformaciones constitucionales, y una mejora real de las relaciones familiares, son cuestiones que no podemos *elucidar* dentro de los límites del presente trabajo. Pero sí nos es *dado* admitir ya como un hecho cierto que *en la vida psíquica del primitivo desempeña la ambivalencia un papel infinitamente mayor que en*

---

padres. Véase sobre este tema el trabajo de P. Haeberlin titulado *Sexualgespenster* (*Sexualprobleme*, febrero, 1912).

la del hombre civilizado de nuestros días. La disminución de esta ambivalencia ha tenido por corolario la desaparición progresiva del tabú, que no es sino un síntoma de transacción entre las dos tendencias en conflicto. Por lo que concierne a los neuróticos, los cuales se ven obligados a reproducir esta lucha y el tabú que de ella resulta, diríamos que han nacido con una constitución arcaica, representativa de un resto atávico, cuya compensación, impuesta por las conveniencias de la vida civilizada, les fuerza a un enorme gasto de energía psíquica.

Habremos de recordar aquí las confusas y oscuras indicaciones que Wundt ha dado (véanse las páginas que preceden) sobre la doble significación de la palabra tabú: sagrado e impuro. A su juicio, la palabra tabú no significaba primitivamente ni lo sagrado ni lo impuro sino, sencillamente, lo demoníaco, aquello con lo que no se debía entrar en contacto. De este modo hace resaltar un importante carácter común a ambas nociones, lo cual probaría que entre lo impuro y lo sagrado existió al principio una coincidencia, que sólo más tarde cedió el paso a una diferenciación.

En oposición a esta teoría de Wundt nos autorizan a deducir nuestras anteriores consideraciones que la palabra tabú presentó desde un principio la doble significación antes citada, sirviendo para designar una cierta ambivalencia y todo aquello que de tal ambivalencia se deducía o a ella se enlazaba. La misma palabra tabú es una palabra ambivalente y creemos que si su sentido hubiera sido acertadamente establecido, se habría podido deducir de él sin dificultad, aquello que sólo después de largas investigaciones hemos llegado a obtener, esto es, que la prohibición tabú debe ser concebida como resultado de una ambivalencia afectiva. El estudio de los idiomas más antiguos nos ha demostrado la existencia de muchas palabras de este género, que servían para expresar simultáneamente dos nociones opuestas, siendo ambivalentes en cierto sentido, aunque no en el mismo que la palabra tabú[68]. Ciertas modificaciones fonéticas impresas a estas palabras primitivas de doble sentido han servido más tarde para crear una expresión verbal particular para cada uno de los sentidos opuestos que en ellas aparecían reunidos.

La palabra tabú ha corrido una suerte distinta: paralelamente a la importancia de la ambivalencia que designaba fue disminuyendo su valor, y acabó por desaparecer completamente del vocabulario. Espero poder demostrar más adelante que los destinos de esta noción se enlazan a una gran transformación histórica y que la palabra tabú, utilizada al principio para designar relaciones humanas perfectamente definidas y caracterizadas por una gran ambivalencia efectiva, ha sido extendida ulteriormente a la designación de otras relaciones análogas.

Si no nos equivocamos, el análisis de la naturaleza del tabú es muy apropiado para proyectar una cierta luz sobre la naturaleza y el origen de la conciencia moral. Sin violentar las nociones puede hablarse de una conciencia tabú y de un remordimiento tabú, resultantes de la trasgresión de un tabú. La conciencia tabú constituye, probablemente, la forma más antigua de la conciencia moral.

La conciencia moral es la percepción interna de la repulsa de determinados deseos. Pero su particular característica es que esta repulsa no tiene necesidad de invocar razones ningunas y posee una plena seguridad de sí misma. Este carácter resalta con más claridad aún en la consciencia de la culpabilidad, esto es, en la percepción y la condena de actos que hemos llevado a cabo bajo la influencia de determinados deseos. Una motivación de esta condena parece absolutamente superflua. Todo

---

[68] Véase mi crítica de la obra de M. Abel: "Gegnsinn der Urworte", en el *Jahbuch fuer psychoanalyt, und psychopathol. Forachungen*, tomo I, 1910.

aquél que posee una conciencia moral debe hallar en sí mismo la justificación de dicha condena y debe verse impulsado por una fuerza interior a reprocharse y reprochar a los demás determinados actos. Pero esto es, precisamente, lo que caracteriza la actitud del salvaje con respecto al tabú, el cual no es sino un mandamiento de su conciencia moral cuya trasgresión es seguida por un espantoso sentimiento de culpabilidad, tan natural como desconocido en su origen.

Así, pues, también la conciencia moral nace de una ambivalencia afectiva inherente a determinadas relaciones humanas y tiene por condición aquella misma que hemos asignado al tabú y a la neurosis obsesiva, o sea, lo de que uno de los dos términos de la oposición permanezca inconsciente y quede mantenido en estado de represión por el otro, obsesivamente dominante. Esta conclusión queda confirmada por un gran número de datos que el análisis de las neurosis nos ha proporcionado. Hemos hallado, efectivamente, en primer lugar, que el neurótico obsesivo sufre de escrúpulos morbosos que aparecen como síntomas de la reacción por la que el enfermo se rebela contra la tentación que le espía en lo inconsciente, y que a medida que la enfermedad se agrava se amplifican hasta agobiarle bajo el peso de una falta que considera inexpiable. Puede incluso arriesgarse la afirmación de que si no nos fuera posible descubrir el origen de la conciencia moral por el estudio de la neurosis obsesiva, habríamos de renunciar para siempre a toda esperanza de descubrirlo. Ahora bien; en el individuo neurótico nos es posible descubrir este origen, y por lo tanto, habremos de esperar que llegaremos un día a este mismo resultado por lo que a los pueblos concierne.

En segundo lugar comprobamos que la conciencia moral presenta una gran afinidad con la angustia, hasta el punto de que podemos describirla sin vacilar como una "conciencia angustiante". Ahora bien, sabemos que la angustia nace en lo inconsciente. La psicología de las neurosis nos ha demostrado que cuando ha tenido efecto una represión de deseos, queda transformada en angustia la libido de los mismos. A propósito de esto recordaremos que en la conciencia moral hay también algo desconocido e inconsciente, esto es; las razones de la represión y de la repulsa de determinados deseos. Este inconsciente desconocido es lo que determina el carácter angustioso de la conciencia moral.

Dado que el tabú se manifiesta principalmente por prohibiciones, podríamos suponer, sin necesidad de buscar confirmación alguna en la investigación de las neurosis, que tenía su base en deseos positivos. No vemos, en efecto, qué necesidad habría de prohibir lo que nadie desea realizar; aquello que se halla severamente prohibido tiene que ser objeto de un deseo. Si aplicamos este razonamiento a nuestros primitivos habremos de concluir que se hallan, literalmente, perseguidos por la tentación de matar a sus reyes y a sus sacerdotes, cometer incestos o maltratar a sus muertos. Esto resulta poco verosímil y se nos mostrará totalmente absurdo cuando lo apliquemos a los casos en los que nosotros mismos creemos oír distintamente la voz de la conciencia. En estos casos, afirmamos desde luego, con una inquebrantable seguridad, que no experimentamos la menor tentación de transgredir mandamientos como el de "no matarás", y que la sola idea de una trasgresión semejante nos inspira horror.

Si concedemos a este testimonio de nuestra conciencia la importancia a que aspira, todo mandamiento —tanto la prohibición tabú como nuestras prescripciones morales— resultará superfluo, se nos hará inexplicable el hecho mismo de la conciencia moral y desaparecerá toda relación entre la moral, el tabú y la neurosis. De este modo, nos hallaremos en la situación de aquellos que rehúsan aplicar a la solución del problema los puntos de vista del psicoanálisis.

Pero teniendo en cuenta uno de los hechos que nuestras investigaciones psicoanalíticas de los sueños de personas sanas nos han revelado, o sea, que la tentación de matar es más fuerte en nosotros de lo que creemos y que se manifiesta por efectos psíquicos, aun cuando escape a nuestra conciencia, y habiendo reconocido que las prohibiciones obsesivas de determinados neuróticos no son sino precauciones y castigos que los enfermos se infligen a sí mismos porque sienten con una acrecentada energía la tentación de matar, podremos volver a aceptar de nuevo la proposición antes formulada esto es; la de que siempre que exista una prohibición ha debido de ser motivada por un deseo, y admitiremos que esta tendencia a matar existe realmente en lo inconsciente, y que el tabú, como el mandamiento moral, lejos de ser superfluo, se explica y se justifica, por una actitud ambivalente con respecto al impulso al homicidio.

El carácter fundamental de esta actitud ambivalente, o sea, el de que el deseo positivo es inconsciente, nos hace entrever nuevas perspectivas y nuevas posibilidades de explicación. Los procesos psíquicos de lo inconsciente lejos de ser por completo idénticos a los de nuestra vida consciente, gozan de determinadas libertades harto apreciables, rehusadas a estos últimos. Un impulso inconsciente no ha nacido necesariamente allí donde vemos que se manifiesta, sino que puede provenir de una fuente por completo distinta, haber recaído al principio, sobre otras personas y otras relaciones, y no hallarse en el lugar en el que comprobamos su presencia, sino merced a mecanismos de *desplazamiento*. Dada la indestructibilidad y la incorregibilidad de los procesos inconscientes pueden, además, haberse transportado desde una época a la que se hallan adaptados hasta otra época y otras circunstancias ulteriores en las cuales parecen singulares y fuera de lugar sus manifestaciones. No son éstas sino ligerísimas indicaciones, pero su aplicación a cada paso dado demostrará toda la importancia que entrañan, por la luz que logran proyectar sobre la historia del desarrollo de la civilización.

Antes de dar por terminadas estas consideraciones dejaremos consignada una observación a título de preparación a ulteriores investigaciones. Sin dejar de afirmar la identidad de naturaleza de la prohibición tabú y del mandamiento moral, comprobamos que existe, entre una y otra, una diferencia psicológica. Si el mandamiento moral no afecta ya a la forma del tabú, ello obedece únicamente a un cambio sobrevenido en las condiciones y particularidades de la ambivalencia.

Hasta el momento nos hemos dejado guiar en la consideración psicoanalítica de los fenómenos tabú, por las analogías que existen entre estos fenómenos y las manifestaciones de la neurosis obsesiva. No debemos olvidar, sin embargo, que el tabú no es una neurosis, sino una formación social. Habremos pues, de indicar en qué consiste la diferencia que los separa.

De nuevo tomaré aquí como punto de partida un hecho aislado y único. La trasgresión de un tabú tiene por sanción un castigo, casi siempre una grave enfermedad o la muerte. Sólo aquel que se ha hecho culpable de tal trasgresión es amenazado por este castigo. En la neurosis obsesiva suceden las cosas de muy distinto modo. Cuando el enfermo se halla a punto de llevar a cabo algo que le está prohibido, teme el castigo, pero no para sí mismo sino para otra persona sobre la que el enfermo no nos da dato alguno preciso, pero que el análisis revela ser una de aquellas que le son más próximas y queridas. La neurosis se comporta, pues, con esta ocasión, de un modo altruista, y el primitivo, de un modo egoísta. Únicamente cuando la trasgresión de un tabú no es automáticamente seguida de un modo espontáneo por el castigo del culpable, es cuando los salvajes sienten despertarse en ellos el sentimiento colectivo de que los amenaza un peligro y se apresuran a aplicar por sí mismos el castigo que no se ha producido espontáneamente.

No nos será difícil explicar el mecanismo de tal solidaridad. No obedece sino al temor, al ejemplo contagioso, al impulso a la imitación, y por tanto, a la naturaleza infecciosa del tabú. Cuando un individuo ha conseguido satisfacer un deseo reprimido, todos los demás miembros de la colectividad deben de experimentar la tentación de hacer otro tanto; para reprimir esta tentación, es necesario castigar la audacia de aquel cuya satisfacción se envidia y sucede, además, con frecuencia, que el castigo mismo, proporciona a los que la imponen la ocasión de cometer a su vez, bajo el encubrimiento de la expiación, el mismo acto impuro. Es éste, uno de los principios fundamentales del orden penal humano y se deriva, naturalmente, de la identidad de los deseos reprimidos en el criminal y en aquéllos que se hallan encargados de vengar a la sociedad ultrajada.

El psicoanálisis confirma aquí la opinión de las personas piadosas que pretenden que todos somos grandes pecadores. ¿Cómo explicaremos ahora esta inesperada nobleza del neurótico que no teme nada por sí mismo y lo teme todo por la persona amada? El examen analítico muestra que esta nobleza no es de naturaleza primaria. Al principio de su enfermedad el enfermo teme, lo mismo que el salvaje, la amenaza del castigo por sí mismo, tiembla, pues, por su propia vida, y sólo más tarde es cuando el temor de la muerte aparece desplazado sobre otra persona. Este proceso es un tanto complicado, pero podemos abarcar todas sus fases. Como base de la prohibición hallamos generalmente un mal deseo, un deseo de muerte formulado contra una persona amada. Este deseo es reprimido por una prohibición, pero ésta queda enlazada a un determinado acto que, a consecuencia de un desplazamiento, se sustituye al primitivo, orientado contra la persona amada, y queda amenazado con la pena de muerte. Pero el proceso pasa por un desarrollo ulterior, a consecuencia del cual, el deseo de muerte formulado contra la persona amada es reemplazado por el temor de verla morir. Así, pues, al dar prueba de un cariñoso altruismo no hace el neurótico sino *compensar* su actitud verdadera, que es un brutal egoísmo. Si damos el nombre de sociales a aquellos sentimientos referentes a otras personas en los que no se mezcla elemento sexual alguno, podemos decir que la desaparición de estos factores sociales constituye un rasgo fundamental de la neurosis, rasgo que en una fase ulterior queda encubierto por una especie de supercompensación.

Sin extendernos sobre el origen de estas tendencias sociales y sobre sus relaciones con las demás tendencias fundamentales del hombre, queremos hacer resaltar, apoyándonos en un ejemplo, el segundo carácter fundamental de la neurosis. En sus manifestaciones exteriores presenta el tabú máxima semejanza con el *délire du toucher* de los neuróticos. Ahora bien, en este delirio se trata regularmente de la prohibición de contactos sexuales, y el psicoanálisis ha demostrado de un modo general que las tendencias que en las neurosis sufren una derivación y un desplazamiento son de origen sexual. En el tabú, el contacto prohibido no tiene, según toda evidencia, una significación únicamente sexual; lo que está prohibido es el hecho de afirmar, imponer o hacer valer la propia persona. Con la prohibición de tocar al jefe o los objetos con los cuales se halla él mismo en contacto, se intenta inhibir un impulso manifestado en otras ocasiones por la vejatoria vigilancia del jefe e incluso por los malos tratos corporales que les son infligidos antes de su coronación. Vemos, pues, que el predominio de las tendencias sexuales sobre las tendencias sociales constituye un rasgo característico de la neurosis, pero, estas mismas tendencias sociales no han nacido sino de la mezcla de elementos egoístas con elementos eróticos.

Nuestra comparación entre el tabú y la neurosis obsesiva revela ya las relaciones existentes entre las diversas formas de neurosis y las formaciones sociales y al mismo tiempo, la importancia que presenta el estudio de la psicología de las neurosis para la inteligencia del desarrollo de la civilización.

Las neurosis presentan, por una parte, sorprendentes y profundas analogías con las grandes producciones sociales del arte, la religión y la filosofía, y por otra, se nos muestran como deformaciones de dichas producciones. Podríamos casi decir que una histeria es una obra de arte deformada, que una neurosis obsesiva es una religión deformada y que una manía paranoica es un sistema filosófico deformado. Tales deformaciones se explican en último análisis por el hecho de que las neurosis son formaciones asociales que intentan realizar con medios particulares, lo que la sociedad realiza por medio del esfuerzo colectivo. Analizando las tendencias que constituyen la base de las neurosis, hallamos que las tendencias sexuales desempeñan un papel decisivo, mientras que las formaciones sociales a que antes hemos aludido reposan sobre tendencias nacidas de una reunión de factores egoístas y factores eróticos. La necesidad sexual es impotente para unir a los hombres, como lo hacen las exigencias de la conservación. La satisfacción sexual es, ante todo, una cuestión privada e individual.

Desde el punto de vista genético, la naturaleza social de la neurosis se deriva de su tendencia original a huir de la realidad que no ofrece satisfacciones, para refugiarse en un mundo imaginario, lleno de atractivas promesas. En este mundo real del que el neurótico huye, reina la sociedad humana con todas las instituciones creadas por el trabajo colectivo, y volviendo la espalda a esta realidad, se excluye, por sí mismo, al neurótico de la comunidad humana.

III
Animismo, magia y omnipotencia de las ideas

1

Todos los trabajos encaminados a aplicar a las ciencias morales los puntos de vista del psicoanálisis han de adolecer, inevitablemente, de una cierta insuficiencia. Por tanto, no aspiran sino a estimular a los especialistas y a sugerirles ideas que puedan utilizar en sus investigaciones. Tal insuficiencia ha de hacerse notar, particularmente, en un capítulo destinado a tratar de aquel inmenso dominio que designamos con el nombre de "animismo"[69].

En el sentido estricto de la palabra, el animismo es la teoría de las representaciones del alma; en el sentido amplio, la teoría de los seres espirituales en general. Distínguense, además, el "animatismo", o sea, la doctrina de la vivificación de la Naturaleza que se nos muestra inanimada. A esta doctrina se enlazan, por último, el animalismo y el manismo. El término "animismo" que servía antiguamente para designar un sistema filosófico determinado, parece haber recibido su significación actual de E. B. Tylor[70].

Lo que ha provocado la creación de todos estos términos es el conocimiento que hemos adquirido de la forma singularísima en que los pueblos primitivos, desaparecidos o aún existentes,

---

[69] La necesidad de condensar los materiales nos obliga a renunciar a una bibliografía más o menos detallada. Me limitaré, pues, a recordar las conocidas obras de Herbert Spencer., J. G. Frazer, A. Lang, E. A. Tylor y W. Wundt, de las cuales he tomado todas las informaciones sobre el animismo y la magia. La personalidad del autor se afirma en la selección de los materiales y en las opiniones que los mismos le sugieren.

[70] E. B. Tylor, *Primitive culture*, tomo I, pág. 425, segunda edición 1903. — W. Wundt, *Mythus und Religion*, tomo II, página 173, 1906.

concebían o conciben el mundo y la Naturaleza. Tales pueblos primitivos pueblan el mundo de un infinito número de seres espirituales, benéficos o maléficos, a los cuales atribuyen la causación de todos los fenómenos naturales y por los que creen animados no sólo el reino vegetal y el animal, sino también el mineral, en apariencia inerte. Un tercer elemento, y quizá el más importante de esta primitiva "filosofía de la naturaleza", nos parece ya menos singular, pues aunque hemos limitado extraordinariamente la existencia de los espíritus y nos explicamos los procesos naturales, por la acción de fuerzas físicas impersonales no nos es aún muy ajeno. Los primitivos creen, en efecto, en una igual "animación" de los seres humanos, suponiendo que las personas contienen almas que pueden abandonar su residencia y transmigrar a otros hombres. Estas almas constituyen la fuente de las actividades espirituales y son, hasta cierto punto, independientes de los cuerpos. La representación primitiva de las almas las suponía muy semejantes a los individuos, y sólo después de una larga evolución han quedado despojadas de todo elemento material, adquiriendo un alto grado de "espiritualización"[71].

La mayoría de los autores se inclina a admitir que estas representaciones de las almas constituyen el nódulo primitivo del sistema animista, que los espíritus no corresponden sino a las almas que han llegado a hacerse independientes y que también las almas de los animales, de las plantas y de las cosas fueron concebidas a semejanza de las almas humanas.

¿Cómo llegaron los hombres primitivos a las concepciones fundamentales singularmente dualistas en las que reposa el sistema animista? Se supone que fue por la observación de los fenómenos del reposo (con el sueño) y de la muerte, y por el esfuerzo realizado para explicar tales estados tan familiares a

---

[71] Wundt, *1. c.*, capítulo IV, *Dic Seelenyorstellungen.*

todo individuo. El punto de partida de esta teoría debió de ser, principalmente, el problema de la muerte. La persistencia de la vida, o sea, la inmortalidad, era para el primitivo lo natural y lógico. La representación de la muerte es muy posterior. No ha sido aceptada sino después de muchas vacilaciones y, aun hoy en día, carece para nosotros de todo sentido.

El problema de cuál ha podido ser la participación de otras observaciones y experiencias tales como las relativas a las imágenes oníricas, a las sombras y a las imágenes reflejadas por los espejos, etc., en la elaboración de las teorías animistas, ha provocado numerosas discusiones, que no han dado aún resultado positivo alguno[72].

La formación de las representaciones de las almas como reacción del primitivo a los fenómenos exteriores que se ofrecían a su reflexión y la ulterior transferencia de dichas representaciones a los objetos del mundo exterior, parece perfectamente natural y nada enigmática. Refiriéndose al hecho de que en los pueblos más diversos y en las épocas más diferentes hallamos una coincidencia de estas representaciones, dice Wundt que las mismas "son el producto psicológico necesario de la consciencia creadora de los mitos, y que el animismo primitivo debe ser considerado como la expresión espiritual del *estado natural de la humanidad*, en la medida en que este estado es accesible a nuestra observación[73]. En la Natural History de Hume, encontramos ya una justificación de la animación de lo inanimado: *There is an universal tendency among mankind to conceive all beings like themselves and to transfer to every object*

---

[72] Véase sobre este tema, además de los trabajos de Wundt y de H. Spencer, los artículos correspondientes de la *Enciclopedia Británica*, 1911 (Animismo, Mitología, etc).

[73] *1. c.*, pág. 154.

those qualities with which they are familiarly acquainted and of which they are intimately conscious"[74].

El animismo es un sistema intelectual. —No explica únicamente tales o cuáles fenómenos particulares, sino que permite concebir el mundo como una totalidad. Si hemos de dar fe a los investigadores, la humanidad habría conocido sucesivamente, a través de los tiempos, tres de estos sistemas intelectuales, tres grandes concepciones del universo: la concepción *animista* (mitológica), la *religiosa* y la *científica*. De todos estos sistemas es quizá el "animismo" el más lógico y completo. Ahora bien, esta primera concepción humana del universo es una teoría psicológica. Sería ir más allá de nuestros límites demostrar lo que de ellas subsiste aún en la vida actual, bien bajo la forma degradada de superstición, bien como fondo vivo de nuestro idioma, de nuestras creencias y de nuestra filosofía.

En esta sucesión de las tres concepciones del mundo se funda la afirmación de que el animismo, sin ser todavía una religión, implica ya, las condiciones preliminares de todas las religiones que ulteriormente hubieron de surgir. Es también evidente que el mito reposa sobre elementos animistas. Pero las relaciones entre el mito y el animismo no han sido aún suficientemente elucidadas.

2

Nuestra labor psicoanalítica elegirá un diferente punto de partida. —Sería erróneo suponer que los hombres se vieron impulsados a la creación de sus primeros sistemas cósmicos por una pura curiosidad intelectual, por la sola ansia de saber. La necesidad práctica de someter al mundo debió de participar, indudablemente, en estos esfuerzos. Así, pues, no nos sorprende

---

[74] Citado por Tylor, *Primitive culture*, I pág. 476.

averiguar que el sistema animista aparece acompañado de una serie de indicaciones sobre la forma en que debemos comportarnos para dominar a los hombres, a los animales y las cosas, o mejor dicho; a los espíritus de los hombres, de los animales y de las cosas. Este sistema de indicaciones, conocido con el nombre de *"hechicería y magia"*, es considerado por S. Reinach[75] como la estrategia del animismo. Por mi parte, prefiero compararlo a su técnica, como hacen Hubert y Mauss[76].

¿Puede establecerse una distinción de principio entre la hechicería y la magia? Desde luego, si hacemos abstracción, un poco arbitrariamente, de las vacilaciones del lenguaje usual. La hechicería se nos muestra entonces, esencialmente, como el arte de influir sobre los espíritus, tratándolos como en condiciones idénticas se trataría a una persona humana, esto es; apaciguándolos y atrayéndolos o intimidándolos, despojándolos de su poder y sometiéndolos a nuestra voluntad, todo ello, por medio de procedimientos cuya eficacia se haya comprobado en las relaciones humanas. La magia es algo diferente, pues en el fondo, hace abstracción de los espíritus y no se sirve del método psicológico corriente, sino de procedimientos especiales. No es difícil descubrir que la magia constituye la parte más primitiva e importante de la técnica animista, pues entre los medios utilizados para influir sobre los espíritus, hallamos procedimientos mágicos[77] y, además, la encontramos aplicada en casos en los que aún no parece haber tenido efecto la espiritualización de la Naturaleza.

La magia responde a fines muy diversos tales como los de someter los fenómenos de la Naturaleza a la voluntad del hom-

[75] *Cultes, mythes et religions*, tomo II, pág. XV, 1909.

[76] *Année sociologique*, VII. 1904.

[77] Asustar a un espíritu por medio de ruidos y gritos es un procedimiento de hechicería pura; en cambio, ejercer presión sobre él, por el conocimiento de su nombre, es un acto mágico.

bre, protegerlo de sus enemigos y de todo género de peligros, y darle el poder de perjudicar a los que le son hostiles. Pero el principio sobre el que reposa la acción mágica, o mejor dicho, el principio de la magia es tan evidente, que ha sido reconocido por todos los autores y podemos expresarlo de un modo claro y conciso utilizando la fórmula de E. B. Tylor (aunque prescindiendo de la valoración que dicha fórmula implica): "Mistaking an ideal connexion for a real one". (Tomar, por error, una relación ideal por una relación real"). Vamos a demostrar esta circunstancia en dos grupos de actos mágicos.

Uno de los procedimientos mágicos más generalmente utilizados para perjudicar a un enemigo consiste en fabricar su efigie con materiales de cualquier naturaleza y sin que la semejanza sea requisito indispensable, pudiéndose también "decretar" que un objeto cualquiera constituirá tal efigie. Todo lo que a la misma se inflija recaerá sobre la persona cuya representación constituye, y bastará herir una parte de la primera para que enferme el órgano correspondiente de la segunda. Esta misma técnica mágica puede emplearse también con fines benéficos y piadosos, tales como el de proteger a un dios contra los malos demonios. Así escribe Frazer[78]: "Todas las noches, cuando Ra, el dios del sol (entre los antiguos egipcios), volvía a su residencia en el inflamado occidente, tenía que sostener una encarnizada lucha contra un ejército de demonios, conducidos por Apepi, su mortal enemigo. Ra luchaba contra ellos toda la noche, y a veces las potencias de las tinieblas conseguían ensombrecer el cielo con negras nubes y debilitar la luz del sol, incluso durante el día. Con el fin de ayudar al dios, se celebraba cotidianamente, en su templo de Tebas, la siguiente ceremonia: se fabricaba con cera una imagen de Apepi, al que se daba la forma de un horri-

[78] *The magic art*, II, pág. 67.

ble cocodrilo o de una serpiente de innumerables anillos y se escribía encima con tinta verde el nombre del maléfico espíritu. Colocada esta figura en una vaina de papiro, sobre la cual se trazaba la misma inscripción, era envuelta en negros cabellos y después escupía encima el sacerdote, la cortaba con un cuchillo de sílex, la arrojaba al suelo y la pisaba con su pie izquierdo. Por último, terminaba la ceremonia quemando la figura en una hoguera alimentada con determinadas plantas. Destruido Apepi, todos los demonios de su séquito sufrían sucesivamente la misma suerte. Este servicio divino, que iba acompañado de ciertos discursos rituales, se celebraba ordinariamente por la mañana, al mediodía y por la noche; pero podía ser repetido en cualquier momento del día, cuando rugía la tormenta, llovía a torrentes o se mostraba el cielo oscurecido por negras nubes.

Los perversos enemigos de Ra experimentaban los efectos del castigo infligido a sus imágenes del mismo modo que si tal castigo les hubiese sido aplicado directamente. Huían, y el dios del sol triunfaba de nuevo."[79]

Los actos mágicos fundados en estos mismos principios y motivados por iguales representaciones, son innumerables. Citaré dos de ellos que han desempeñado siempre un papel importante en los pueblos primitivos y se conservan aún, en parte, en el mito y el culto de pueblos más avanzados. Tratáse de las prácticas mágicas destinadas a provocar la lluvia y a lograr una buena cosecha. Se provoca la lluvia por medios mágicos, imitándola y reproduciendo artificialmente las nubes y la tempestad. Diríase que los que ruegan, "juegan a la lluvia". Los ainos japoneses, por ejemplo, creen provocar la lluvia vertiendo agua

[79] La prohibición bíblica de reproducir las imágenes de los seres vivientes no fue dictada por un prejuicio contra las artes plásticas, sino con el fin de desviar a los hombres de la magia, de la cual abominaba la religión hebrea. Frazer, *l. c.*, pág. 87, nota.

a través de un cedazo y paseando procesionalmente por el pueblo, una gran artesa provista de vela y remos, como si fuese un barco. La fertilidad de la tierra queda mágicamente asegurada ofreciéndole el espectáculo de relaciones sexuales. Así, para no citar sino un ejemplo entre mil, en determinadas regiones de las islas de Java cuando se aproxima el momento de la floración del arroz los labradores y las labradoras van por las noches a los campos con el fin de estimular, mediante su ejemplo, la fecundidad del suelo y garantizar una buena cosecha[80]. Por el contrario, las relaciones sexuales incestuosas son temidas y malditas a consecuencia de su nefasta influencia sobre la fertilidad del suelo y la abundancia de la cosecha[81].

En este primer grupo pueden incluirse, igualmente, determinadas prescripciones negativas, o sea, medidas mágicas de precaución. Cuando una parte de los habitantes de un pueblo dayak va a la caza del jabalí, aquellos que permanecen en el pueblo no deben tocar con sus manos el aceite ni el agua, pues la inobservancia de esta precaución ablandaría los dedos de los cazadores, los cuales dejarían escapar así fácilmente su presa[82]. Asímismo, cuando un cazador gilyak sigue en el bosque la pista de una pieza, está prohibido a los hijos que deja en casa trazar dibujos sobre la madera o la arena, pues si lo hicieran, los senderos del bosque se confundirían como las líneas del dibujo y el cazador no encontraría ya su camino para volver al hogar[83]. El hecho de que la distancia no signifique obstáculo ninguno para la eficacia de actos mágicos como los últimamente citados y otros muchos, siendo considerada, por tanto, la telepatía,

---

[80] *The Magic art*, II, pág. 98.

[81] En el *Edipo Rey*, de Sófocles, hallamos un eco de esta creencia.

[82] *The Magic art*, I, pág. 120.

[83] *L. c.*, pág. 122.

como un fenómeno natural, no nos plantea, como carácter peculiar de la magia, problema ninguno.

No podemos, en efecto, dudar de que el factor al que se atribuye máxima eficacia en todos estos actos mágicos es la *analogía* entre el acto realizado y el fenómeno cuya producción se desea. Por tal razón, denomina Frazer a esta clase de magia, magia *imitativa* u *homeopática*. Si queremos que llueva, habremos de hacer algo que imite la lluvia o la recuerde. En una fase de civilización más avanzada, se reemplazará este procedimiento mágico por procesiones en derredor de un templo y rogativas a los santos en él venerados, y más adelante aún, se renunciará igualmente a esta técnica religiosa, para investigar por medio de qué acciones sobre la atmósfera misma resultará posible provocar la lluvia.

En un segundo grupo de actos mágicos el principio de la semejanza es reemplazado por otro que los ejemplos siguientes nos revelarán sin dificultad.

Para perjudicar a un enemigo se puede utilizar aún otro procedimiento; consistente en procurarse algunos cabellos suyos, limaduras de sus uñas o incluso jirones de sus vestidos y someterlos a manejos hostiles o vejatorios. La posesión de estos objetos equivale al dominio de la persona de que provienen, la cual experimenta todos los efectos del mal que se inflige a los mismos. Según los primitivos, constituye el nombre una parte esencial de la personalidad. Así, pues, el conocimiento del nombre de una persona o de un espíritu procura ya un cierto poder sobre ellos. De aquí todas las singulares precauciones y restricciones que deben observarse en el uso de los nombres y de las que ya hemos enumerado algunas en el capítulo dedicado al tabú. En estos casos, queda reemplazada la analogía por la *sustitución de la parte al todo*.

El canibalismo de los primitivos presenta una análoga motivación sublimada. Absorbiendo, por la ingesta, partes del cuerpo de una persona, se apropia el caníbal las facultades de que la misma se hallaba dotada, creencia a la que obedecen también las diferentes precauciones y restricciones a las que el régimen alimenticio queda sometido entre los primitivos. Una mujer en cinta se abstendrá de comer la carne de determinados animales cuyos caracteres indeseables, por ejemplo, la cobardía, podrían transmitirse al hijo que lleva en su seno. La eficacia del acto mágico no queda disminuida en modo alguno por la separación sobrevenida entre el todo y la parte, ni tampoco porque el contacto entre la persona y un objeto dado no haya sido sino instantáneo. Así, podemos perseguir, a través de milenios enteros la creencia de la relación mágica entre la herida y el arma que la produjo. Cuando un melanesio consigue apoderarse del arco cuya flecha le ha herido, lo deposita cuidadosamente en un sitio fresco, creyendo disminuir con ello la inflamación de la llaga. Pero si el arco queda entre las manos de los enemigos, éstos lo depositarán seguramente en lugar inmediato al fuego con el fin de agravar dicha inflamación. En su "Historia Natural" (XXVIII), aconseja Plinio que cuando nos arrepentimos de haber causado mal a alguien, debemos escupir en la mano que ha causado el mal, acto que calmará inmediatamente el dolor de la víctima. Francisco Bacon menciona en su Natural History, la creencia muy extendida, de que para curar una herida basta engrasar el arma que la produjo. Algunos labradores ingleses siguen aún, hoy en día, tal receta, y cuando se han herido con una hoz procuran conservar ésta en un perfecto estado de limpieza, con lo cual creen evitar la supuración de la herida. En junio de 1912, contaba un periódico local inglés, que una mujer llamada Matilde Henry, de Norwich, se había introducido en un talón un clavo de hierro y que sin dejar que le examinaran el pie, ni siquiera quitarse la media, mandó a su hija que metiera el clavo en aceite, esperando librarse así de toda complicación. A los pocos días moría del tétanos por no haber desinfectado la herida.

Los ejemplos de este último grupo son ejemplos de magia *contagiosa*, a la que Frazer distingue de la magia *imitativa*. Lo que confiere eficacia a la magia contagiosa no es ya la analogía, sino la relación en el espacio, esto es, la contigüidad, y su representación o su recuerdo. Mas como la analogía y la contigüidad son los dos principios esenciales de los procesos de asociación, resulta que todo el absurdo de las prescripciones mágicas queda explicado por el régimen de la asociación de ideas. Vemos, pues, cuán verdadera es la definición que Taylor ha dado de la magia, definición que ya citamos antes: "Mistaking an ideal connexion for a real one". Frazer la define proximamente en los mismos términos: "Men mistook the order of their ideas for the order of nature, and hence imagined that the control which they have, or seem to have, over their throughts, permitted them to exercise a corresponding control over things"[84].

Extrañaremos, pues, al principio, ver que ciertos autores rechazan, por insatisfactoria, esta luminosa explicación de la magia[85]. Pero reflexionando un poco, hallamos justificada su objeción de que la teoría que sitúa la asociación en la base de la magia explica únicamente los caminos por ella seguidos sin informarnos sobre lo que constituye su esencia misma, esto es, sobre las razones que impulsan al hombre primitivo a reemplazar las leyes naturales por leyes psicológicas. La intervención de un factor dinámico se nos hace aquí indispensable, pero mientras que la investigación de este factor induce en error a los críticos de la teoría de Frazer, nos resulta, en cambio, difícil

[84] *The magic art*, I, pág. 420 y ss.

[85] Cf. el artículo *Magic* (N. W. T.) en la 11a edición de la *Enciclopedia británica*.

dar una explicación satisfactoria de la magia, profundizando en la teoría de la asociación.

Consideremos, en primer lugar, el caso más simple e importante de la magia imitativa. Según Frazer, puede ésta ser practicada aisladamente, mientras que la magia contagiosa presupone siempre la imitativa[86]. Los motivos que impulsan al ejercicio de la magia resultan fácilmente reconocibles. No son otra cosa que los deseos humanos. Habremos únicamente de admitir que el hombre primitivo tiene una desmesurada confianza en el poder de sus deseos. En el fondo, todo lo que intenta obtener por medios mágicos, no debe suceder sino porque él lo quiere. De este modo, no tropezamos, al principio, sino con el deseo.

Con respecto al niño, que se encuentra en condiciones psíquicas análogas, pero no posee aún las mismas aptitudes motoras, hemos admitido antes que comienza por procurar a sus deseos una satisfacción verdaderamente alucinatoria, haciendo nacer la situación satisfactoria por medio de excitaciones centrífugas de sus órganos sensoriales[87]. El adulto primitivo encuentra ante sí otro camino. A su deseo se enlaza un impulso motor, la voluntad, y esta voluntad, que entrando luego al servicio del deseo será lo bastante fuerte para cambiar la faz de la tierra, es utilizada para lograr la satisfacción por una especie de alucinación motora. Esta *representación* del deseo satisfecho puede ser comparada al *juego* de los niños que remplaza a éstos, a la técnica puramente sensorial de la satisfacción. Si el juego y la representación imitativa bastan al niño y al primitivo, no es por su sobriedad y modestia (en el sentido actual de estas palabras) ni por una resignación procedente de la consciencia de su impotencia real. Trátase de una secuela naturalísima del

---

[86] *I. c.*, pág. 54.

[87] *Formulierungen über die zwei Prinzipien des psychschen Geshehens*, en *Jahrbuch. f. Psychoanal. Forch*, III, 1912, página 2.

exagerado valor que atribuyen a su deseo, a la voluntad que de él depende y a los caminos que han emprendido. Con el tiempo, se desplaza el acento psíquico desde los motivos del acto mágico hasta sus medios e incluso hasta el acto mismo.

Sería, quizá, más exacto decir que son precisamente dichos medios los que revelan por vez primera, al primitivo, el exagerado valor que enlaza a sus actos psíquicos. Parece, entonces, como si fuese el acto mágico lo que impone la realización de lo deseado por su analogía con ello. En la fase animista del pensamiento no existe aún ocasión de evidenciar objetivamente la situación real, cosa que se hace ya posible en fases ulteriores, en las que continúan practicándose los mismos procedimientos, pero comienza ya a surgir el fenómeno psíquico de la duda como manifestación de una tendencia a la represión. Entonces admiten ya los hombres que de nada sirve invocar a los espíritus si no se tiene la fe, y que la fuerza mágica de la oración permanece ineficaz si no es dictada por una piedad verdadera[88].

La posibilidad de una magia contagiosa basada en la asociación por contigüidad nos muestra que la valoración psíquica del deseo y de la voluntad se ha extendido a todos los actos psíquicos subordinados a esta última. Resulta de esto una sobrestimación general de todos los procesos psíquicos: las cosas se borran ante sus representaciones y se supone que todos los cambios impresos a éstas alcanzan necesariamente a aquéllas, y que las relaciones existentes entre las segundas deben existir igualmente entre las primeras. Como el pensamiento no conoce las distancias y reúne en el mismo acto de consciencia las cosas más alejadas en el espacio y en el tiempo, también el mundo mágico franqueará telepáticamente las

---

[88] El rey Claudio en *Hamlet* (III, 4): "My words fly up, my thoughts remain below. Words without thougts never to heaven go."

distancias espaciales y tratará las relaciones pasadas como si fuesen actuales. La imagen refleja del mundo interior se superpone, en la época animista, a la imagen que actualmente nos formamos del mundo exterior y la oculta a los ojos del sujeto.

Haremos resaltar, así mismo, el hecho de que los dos principios de la asociación, la semejanza y la contigüidad, encuentran su síntesis en una unidad superior: el contacto. La asociación por contigüidad equivale a un contacto directo. La asociación por analogía es un contacto en el sentido figurado de la palabra. La posibilidad de designar con la misma palabra tales dos clases de asociación, indica ya la identidad del proceso psíquico. Esta misma extensión de la noción de contacto se nos reveló antes en el análisis del tabú[89].

3

Esta expresión "omnipotencia de las ideas", la debo a un enfermo muy inteligente que padecía de representaciones obsesivas y que, una vez curado, merced al psicoanálisis, dio pruebas de clara inteligencia y buen sentido. Forjó esta expresión para explicar todos aquellos singulares e inquietantes fenómenos que parecían perseguirle, y con él, a todos aquellos que sufrían de su misma enfermedad. Bastábale pensar en una persona para encontrarla en el acto, como si la hubiera invocado. Si un día se le ocurría solicitar noticias de un individuo al que había perdido de vista hacía algún tiempo era para averiguar que acababa de morir, de manera que podía creer que dicha persona había atraído telepáticamente su atención, y cuando sin mal deseo ninguno maldecía de una persona cualquiera, vivía a partir de aquel momento en el perpetuo temor de averiguar la muerte de dicha persona y sucumbir bajo el peso de la responsabilidad contraída.

[89] Véase el capítulo precedente.

Con respecto a la mayor parte de estos casos pudo explicarme por sí mismo, en el curso del tratamiento, cómo se había producido la engañosa apariencia y lo que él había añadido, por su parte, para dar más fuerza a sus supersticiosos temores[90]. Todos los enfermos obsesivos son supersticiosos como éste, y casi siempre, en contra de sus más arraigadas convicciones.

La conversación de la "omnipotencia de las ideas" se nos muestra en la neurosis obsesiva con mayor claridad que en ninguna otra, por ser aquella en la que los resultados de esta primitiva manera de pensar logran aproximarse más a la consciencia. Sin embargo, no podemos ver en la "omnipotencia de las ideas" el carácter distintivo de esta neurosis, pues el examen analítico nos lo revela también en las demás. En todas ellas, es la realidad intelectual y no la exterior, lo que rige la formación de síntomas. Los neuróticos viven en un mundo especial en el que, para emplear una expresión de que ya me he servido en otras ocasiones, sólo la "valuta neurótica" se cotiza. Quiero decir con esto que los neuróticos no atribuyen eficacia sino a lo intensamente pensado y representado afectivamente, considerando como cosa secundaria su coincidencia con la realidad. El histérico reproduce en sus accesos y fija por sus síntomas, sucesos que no se han desarrollado sino en su imaginación, aunque en último análisis se refieran a sucesos reales o construídos con materiales de este género. Así, pues, interpretaríamos equivocadamente el sentimiento de culpabilidad que pesa sobre el neurótico si lo quisiéramos explicar por faltas reales. Un neurótico puede sentirse agobiado por un sentimiento de culpabilidad que sólo encontraríamos justificado en un asesino varias veces reincidente, y haber sido siempre, sin embargo, el

[90] Parece como si hallásemos siempre "siniestras" aquellas impresiones que tienden a confirmar la "omnipotencia de las ideas" y el pensamiento animista en general, del cual nos ha desviado ya nuestro juicio.

hombre más respetuoso y escrupuloso para con sus semejantes. Mas no obstante, posee dicho sentimiento una base real. Fúndase, en efecto, en los intensos y frecuentes deseos de muerte que el sujeto abriga en lo inconsciente contra sus semejantes. No carece, pues, de fundamento en cuanto no tenemos en cuenta los hechos reales sino las intenciones inconscientes. La omnipotencia de las ideas, o sea, el predominio concedido a los procesos psíquicos sobre los hechos de la vida real, muestra así, la ilimitada influencia sobre la vida afectiva de los neuróticos y sobre todo aquello que de la misma depende. Al someterle al tratamiento psicoanalítico, que convierte en consciente a lo inconsciente, observaremos que no le es posible creer en la absoluta libertad de las ideas y que teme siempre manifestar sus malos deseos, como si la exteriorización de los mismos hubiera de traer consigo, fatalmente, su cumplimiento. Esta actitud y las supersticiones que dominan su vida, nos muestran cuán próximo se halla al salvaje que cree poder transformar el mundo exterior sólo con sus ideas.

Los actos obsesivos primarios de estos neuróticos son propiamente de naturaleza mágica. Cuando no actos de hechicería, son siempre actos de contra-hechicería, destinados a alejar las amenazas de desgracia que atormentan al sujeto al principio de su enfermedad. Siempre que me ha sido posible penetrar en el misterio he comprobado que la desgracia que el enfermo esperaba no era sino la muerte. Según Schopenhauer, el problema de la muerte se alza en el umbral de toda filosofía. Sabemos ya, que la creencia en el alma y en el demonio, característica del animismo, se ha formado bajo la influencia de las impresiones que la muerte produce en el hombre. Es difícil saber si estos primeros actos obsesivos o de defensa se hallan sometidos al principio de la analogía y del contraste, pues dadas las condiciones de la neurosis, aparecen generalmente deformados, por su desplazamiento, sobre una minucia, sobre un acto por completo insignificante[91]. También las fórmulas de defensa de la neurosis obsesiva hallan su pareja en las fórmulas de la hechicería y de la magia. La historia de la evolución de los actos obsesivos puede describirse en la forma siguiente: tales actos, al principio muy lejanos a lo sexual, comienzan por constituir una especie de conjuro destinado a alejar los malos deseos y acaban siendo una sustitución del acto sexual prohibido, imitándolo con la mayor fidelidad posible.

Si aceptamos la evolución antes descrita de las concepciones humanas del mundo, según la cual, la fase *animista* fue sustituida por la *religiosa* y ésta, a su vez, por la *científica*, nos será también fácil seguir la evolución de la "omnipotencia de las ideas" a través de estas fases. En la fase animista se atribuye el hombre a sí mismo la omnipotencia; en la religiosa la cede a los dioses sin renunciar de todos modos, seriamente, a ella, pues se reserva el poder de influir sobre los dioses, de manera a hacerles actuar conforme a sus deseos. En la concepción científica del mundo no existe ya lugar para la omnipotencia del hombre, el cual ha reconocido su pequeñez y se ha resignado a la muerte y sometido a todas las demás necesidades naturales. En nuestra confianza en el poder de la inteligencia humana, que cuenta ya con las leyes de la realidad, hallamos todavía huellas de la antigua fe en la omnipotencia.

Remontando el curso de la historia del desarrollo de las tendencias libidinosas desde las formas que las mismas afectan en la edad adulta hasta sus primeros comienzos en el niño, establecimos en un principio, una importante distinción que dejamos expuesta en nuestros "Tres ensayos sobre una teoría sexual" (1905)[92]. Las manifestaciones de los instintos

---

[91] Más adelante tendremos ocasión de mostrar la existencia de un motivo de este desplazamiento sobre un acto insignificante.

[92] Véase el tomo II de estas *Obras completas*. N. del T.

sexuales pueden ser reconocidas desde un principio, pero en sus más tempranos comienzos no se hallan aún orientadas hacia ningún objeto exterior. Cada uno de los componentes instintivos de la sexualidad labora por su cuenta en busca del placer sin preocuparse de los demás, y halla su satisfacción en el propio cuerpo del individuo. Es ésta, la fase del *autoerotismo* a la cual sucede la de la *elección del objeto*.

Un estudio más detenido ha hecho resaltar la utilidad e incluso la necesidad de intercalar entre estas dos fases, una tercera, o si se prefiere, de descomponer en dos la primera, o sea la del autoerotismo. En esta fase intermedia, cuya importancia se impone cada vez más a la investigación, las tendencias sexuales antes independientes unas de otras aparecen reunidas en una unidad y han hallado su objeto, el cual no es, de todos modos, un objeto exterior ajeno al individuo, sino su propio Yo, constituido ya en esta época. Teniendo en cuenta ciertas fijaciones patológicas de este estado, que más tarde observamos, hemos dado a esta nueva fase el nombre de *narcisismo*. El sujeto se comporta como si estuviese enamorado de sí mismo y los instintos del Yo y los deseos libidinosos no se revelan aún a nuestro análisis con una diferenciación suficiente.

Aunque no nos hallemos todavía en situación de dar una característica suficientemente precisa de esta fase narcisista en la que los instintos sexuales, hasta entonces disociados, aparecen fundidos en una unidad y toman como objeto al Yo, no dejamos de presentir que tal organización narcisista no habrá ya de desaparecer nunca por completo. El hombre permanece hasta cierto punto narcisista, aun después de haber hallado para su libido objetos exteriores, pero los revestimientos de objeto que lleva a cabo son como emanaciones de la libido que reviste su Yo y pueden volver a él en todo momento. Los estados conocidos con el nombre de estados amorosos, tan interesantes desde el punto de vista psicológico y que constituyen como el prototipo normal de la psicosis, corresponden al grado más elevado de tales emanaciones, con relación al nivel del amor egoísta.

Nada parece más natural que enlazar al narcisismo, como su característica esencial, el alto valor —exagerado desde nuestro punto de vista— que el primitivo y el neurótico atribuyen a los actos psíquicos. Diremos, pues, que en el primitivo se halla el pensamiento aún fuertemente sexualizado. A esta circunstancia se debe tanto la creencia en la omnipotencia de las ideas como la convicción de la posibilidad de dominar el mundo, convicción que no queda destruida por las innumerables experiencias cotidianas susceptibles de advertir al hombre del lugar exacto que ocupa en él. El neurótico nos muestra, por un lado, que una parte muy considerable de esta actitud primitiva perdura en él como constitucional, y por otro, que la represión sexual por la que ha pasado ha determinado una nueva sexualización de sus procesos intelectuales. Los efectos psíquicos tienen que ser los mismos en ambos casos de sobrecarga libidinosa del pensamiento, esto es, tanto en la primitiva como en la regresiva, y estos efectos son el narcisismo intelectual y la omnipotencia de las ideas[93].

Si aceptamos que la omnipotencia de las ideas constituye un testimonio en favor del narcisismo, podemos intentar establecer un paralelo entre el desarrollo de la concepción humana del mundo y el de la libido individual. Hallamos entonces que, tanto temporalmente como por su contenido corresponden, la fase animista al narcisismo, la fase religiosa al estadio de objetivización caracterizado por la fijación de la libido a los padres, y la fase científica a aquel estado de madurez en el que

[93] "It es almos tan axiom with writers on this subject, that a sort of solipsim or berkleianism (as Professor Sully terms it as he finds in the child) operates in the savage to make him refuse to recognise death as a fact". Marett, *Preanimistic religión*, XI, 1900, pág. 178.

el individuo renuncia al principio del placer y subordinándose a la realidad, busca su objeto en el mundo exterior[94].

El arte es el único dominio en el que la "omnipotencia de las ideas" se ha mantenido hasta nuestros días. Sólo en el arte sucede aún que un hombre atormentado por los deseos cree algo semejante a una satisfacción y que este juego provoque —merced a la ilusión artística— efectos afectivos, como si se tratase de algo real. Con razón se habla de la magia del arte y se compara al artista a un hechicero. Pero esta comparación es, quizá, aún más significativa de lo que parece. El arte, que no comenzó en modo alguno siendo "el arte por el arte", se hallaba al principio al servicio de tendencias hoy extinguidas en su mayoría y podemos suponer que entre dichas tendencias existía un cierto número de intenciones mágicas[95].

4

El primero de los sistemas cósmicos edificados por la humanidad, o sea el animismo fue, como ya hemos visto, un sistema psicológico. En su cimentación no precisó para nada de la ciencia, pues la ciencia no interviene sino cuando nos hemos

---

[94] Nos limitaremos a indicar aquí, que el narcisismo primitivo del niño es decisivo para el desarrollo de su carácter y excluye la hipótesis de un primitivo sentimiento infantil de inferioridad.

[95] S. Renach, *L'art et la magie, en Cultes, mythes et religions*, I, págs. 125 a 136. Piensa Reinach que los pintores primitivos que grabaron o pintaron imágenes de animales en las paredes de las cavernas de Francia, no se proponían procurar un placer, sino exorcizar. Por esta razón, dice, se encuentran tales dibujos en las partes más obscuras e inaccesibles de las cavernas y no reproducen jamás la imagen de animales peligrosos. "Les modernes parlent souvent, par hyperbole, de la magie du pinceu ou du ciseau d'un grand artiste et, en général, de la magie de I'art. Entendeu au sens propre, qui est celui d'une contrainte mystique exercée par la volonté de I'homme sur dautres volontés ou sur les choses, cette expresión n'est plus admisible; mais nous avons vu qu'elle était autrefois rigoureusement vraie, du moins dans I'opinión des artistas" (pág. 132).

dado cuenta de que no conocemos el mundo y tenemos, por lo tanto, que buscar los caminos susceptibles de conducirnos a tal conocimiento. Mas, para el hombre primitivo era el animismo una concepción inmediata y natural. Sabía que las cosas de que el mundo se compone eran semejantes al hombre, esto es, a su propia consciencia de sí mismo. No debe, pues, sorprendernos, hallar que el hombre primitivo transfiere al mundo exterior la estructura de su propia psiquis[96], y habremos de emprender la tentativa de volver a situar en el alma humana aquello que el animismo nos enseña sobre la naturaleza de las cosas.

La técnica del animismo, o sea la magia, nos revela clara y precisamente la intención de imponer a los objetos de la realidad exterior, las leyes de la vida psíquica, proceso en el que no tienen que desempeñar todavía papel ninguno los espíritus, los cuales pueden, en cambio, ser también objeto de procedimientos mágicos. Los principios sobre los que la magia reposa, son pues, más primitivos y antiguos que la teoría de los espíritus, nódulos del animismo. Nuestra concepción psicoanalítica coincide en este punto con una teoría de R. R. Marett, que admite una fase *preanimista* del animismo, fase que aparece perfectamente caracterizada con el nombre de *animatismo* (una especie de hilozoísmo universal): poco más es lo que puede decirse sobre el preanimismo, pues no se ha encontrado aún pueblo ninguno al que falte la creencia en los espíritus[97].

Mientras que la magia utiliza aún en su totalidad la omnipotencia de las ideas, el animismo cede una parte de esta omnipotencia a los espíritus, abriendo así el camino a la religión. ¿Pero qué es lo que hubo de impulsar al primitivo a esta primera renunciación? No puede pensarse que fuera el descubrimiento

[96] Reconocida por medio de la percepción endopsíquica.

[97] R. R. Marett, *Preanimistic religión*, en *Folklore*, XI, 2, London, 1900. — Cf. Wundt, *Mythus und Religion*, II, pág. 171 y ss.

de la inexactitud, de sus principios, pues conservó la técnica mágica. Los espíritus y los demonios no son, como en otro lugar lo indicamos, sino las proyecciones de sus tendencias afectivas[98]; el primitivo personifica estas tendencias y puebla el mundo con las encarnaciones así creadas. De este modo vuelve a hallar en el exterior, sus propios procesos psíquicos.

No vamos a emprender aquí la tarea de resolver el problema de los orígenes de la tendencia a proyectar al exterior determinados procesos psíquicos. Sin embargo, admitiremos que esta tendencia queda acentuada cuando la proyección implica la ventaja de un alivio psíquico. Esta ventaja es indudable en los casos de conflicto entre las tendencias que aspiran a la omnipotencia. El proceso patológico de la paranoia utiliza realmente el mecanismo de la proyección para resolver estos conflictos surgidos en la vida psíquica. Ahora bien; el caso tipo de los conflictos de este género es el que surge entre los dos términos de una oposición, esto es, el de la actitud ambivalente antes minuciosamente analizado por nosotros al examinar la situación de las personas que lloran la muerte de un pariente querido. Este caso nos parece particularmente apropiado para motivar la creación de formaciones proyectivas. Nos hallamos aquí de acuerdo con la opinión de aquellos autores que consideran a los espíritus maléficos como los primeramente nacidos y hacen remontar la creencia en el alma, a las impresiones que la muerte provoca en los supervivientes. No situamos, sin embargo, en primer término, como dichos autores lo hacen, el problema intelectual que la muerte plantea a los vivos, sino que vemos en el conflicto afectivo que tal situación crea a los supervivientes, la fuerza que impulsa al hombre a reflexionar e investigar.

---

[98] Admitimos que en esta narcisista primitiva, no existe aún distinción entre las fijaciones libidinosas y las que provienen de otras fuentes de excitación.

La primera creación teórica de los hombres, esto es, la de los espíritus, provendría, pues, de la misma fuente que las primeras restricciones morales a las que los mismos se someten, o sea, las prescripciones tabú. Pero la identidad de origen no implica en ningún modo una simultaneidad de aparición. Si la situación de los supervivientes con respecto a los muertos fue realmente lo que hizo reflexionar al hombre y le obligó a ceder a los espíritus una parte de su omnipotencia y sacrificar una parte de su libertad de acción, podemos decir que estas formaciones sociales representan un primer reconocimiento de la *Avadxu* que se opone al narcisismo humano. El primitivo se inclinaría ante la fatalidad de la muerte con el mismo gesto por el que parece negarla.

Prosiguiendo el análisis de nuestras hipótesis, podríamos preguntarnos cuáles son los elementos esenciales de nuestra propia estructura psicológica que retornan y se reflejan en las formaciones proyectivas de las almas y de los espíritus. No puede negarse que la representación primitiva del alma coincide en sus rasgos esenciales con la ulterior del alma inmaterial, considerando, como ésta, que las personas y las cosas se hallan compuestas de dos elementos diferentes, entre los cuales aparecen distribuidas las diversas cualidades y modificaciones de la totalidad. Esta dualidad primitiva —para servirnos de la expresión de Herbert Spencer[99] — es ya idéntica a aquel dualismo que se manifiesta en la corriente diferenciación de cuerpo y alma y cuyas indestructibles expresiones verbales reconocemos en la descripción del furioso o del demente, como hombre que está "fuera de sí" o que "no está en sí"[100].

Lo que así proyectamos, idénticamente al primitivo, en la realidad exterior no puede ser sino nuestro conocimiento

[99] *Principios de Sociología*, tomo 1°.

[100] H. Spencer, *l. c.*, pág. 179.

de que junto a un estado en el que una cosa es percibida por los sentidos y la conciencia, esto es, junto a un estado en el que una cosa dada se halla *presente*, existe otro en el que esta misma cosa no es sino *latente*, aunque susceptible de volver a hacerse presente. Dicho de otro modo, lo que proyectamos es nuestro conocimiento de la coexistencia de la percepción y el recuerdo o, generalizando, de la existencia de procesos psíquicos *inconscientes* a más de los *conscientes*[101]. Podría decirse que el "espíritu" de una persona o de una cosa se reduce en último análisis a la propiedad que las mismas poseen de constituirse en objeto de un recuerdo o de una representación cuando se hallan sustraídos a la percepción directa.

Ni en la representación primitiva del "alma" ni tampoco en la moderna podemos esperar hallar aquella precisa delimitación que la ciencia actual establece entre las actividades psíquicas inconscientes y consciente. El alma animista reúne, más bien, las propiedades de ambas instancias. Su fluidez, su movilidad y su facultad de abandonar un cuerpo y tomar posesión de un modo permanente o pasajero de otro distinto, son caracteres que recuerdan la naturaleza de la conciencia. Pero la forma en que se mantiene oculta detrás de las manifestaciones de la personalidad hace pensar en lo inconsciente. Hoy en día no atribuimos ya la inmutabilidad y la indestructibilidad a los procesos conscientes sino a los inconscientes, y consideramos a éstos últimos como los verdaderos sustentadores de la actividad psíquica.

Hemos dicho antes que el animismo es un sistema intelectual y la primera teoría completa del mundo, y queremos, ahora, deducir algunas consecuencias de la concepción psicoanalítica de tal sistema. Nuestra experiencia cotidiana es muy apropiada

[101] Cf. mi memoria *A note on the Unconscious in Psichoanalysis*, en *Proceedings of the Society for Psychical Research*, part. LXVI, vol. XXVI, Londres, 1912.

para recordarnos a cada instante sus principales particulares. Soñamos durante la noche y hemos aprendido a interpretar nuestros sueños. Sin renegar de su naturaleza, pueden los sueños mostrarse confusos e incoherentes, pero pueden también imitar el orden de las impresiones de la vida real, deduciendo un suceso de otro y estableciendo una correlación entre diferentes partes de su contenido, aunque nunca hasta el punto de no presentar algún absurdo o alguna incoherencia. Sometiendo un sueño a la interpretación averiguamos que la disposición inconstante e irregular de sus partes constitutivas no presenta importancia ninguna para su comprensión. Lo esencial en el sueño son las ideas latentes, y estas ideas poseen siempre un sentido, son coherentes y se hallan dispuestas conforme a un cierto origen. Pero su orden y su disposición difieren totalmente de los del contenido manifiesto, por nosotros recordado. La conexión de las ideas latentes ha desaparecido o ha sido sustituida por otra distinta en el contenido manifiesto. Además de la condensación de los elementos oníricos, ha tenido efecto, casi siempre, una nueva ordenación de los mismos, más o menos independiente de la primitiva. Por último, aquello que la elaboración onírica ha hecho de las ideas latentes ha pasado por un nuevo proceso —el llamado *"elaboración secundaria"*— dirigido a desterrar la incoherencia resultante de la elaboración onírica y sustituirla por un nuevo sentido. Este nuevo sentido, establecido por la elaboración secundaria, no es ya el sentido de las ideas latentes.

La elaboración secundaria del producto de la elaboración onírica constituye un excelente ejemplo de la naturaleza y las exigencias de un sistema. Una función intelectual que nos es inherente exige de todos aquellos objetos de nuestra percepción o nuestro pensamiento de los que llega a apoderarse, un mínimo de unidad, de coherencia y de inteligibilidad, y no teme establecer relaciones inexactas cuando por circunstancias especiales, no consigue aprehender las verdaderas. Esta formación de sistemas se nos muestra no sólo en los sueños sino también en las fobias y las ideas, y en determinadas formas de la demencia. En la paranoia, constituye el rasgo más evidente y dominante del cuadro patológico. Tampoco en las demás formas de neuropsicosis puede quedar desatendido. En todos estos casos, nos es fácil demostrar que ha tenido efecto una *nueva ordenación* de los materiales psíquicos, correspondiente a un nuevo fin, y a veces forzada, aunque comprensible si nos colocamos en el punto de vista del sistema. Lo que mejor caracteriza entonces a este último es que cada uno de sus elementos deja transparentar por lo menos dos motivaciones, una de las cuales reposa en los principios que constituyen la base del sistema (y puede, por tanto, presentar todos los caracteres de la locura), y otra, oculta, que debe ser considerada como la única eficaz y real.

He aquí, a título de ilustración, un ejemplo tomado de la neurosis: en el capítulo sobre el tabú he mencionado, de pasada, a una enferma cuyas interdicciones obsesivas presentaban una singularísima semejanza con el tabú de los maoríes. La neurosis de esta mujer se hallaba orientada contra su marido y culminaba en la repulsa del deseo inconsciente de la muerte del mismo. Sin embargo, en su fobia, manifiesta y sistemática, no piensa la paciente para nada en su marido, el cual aparece eliminado de sus cuidados y preocupaciones conscientes. Lo que la paciente teme es oír hablar de la muerte en general. Un día oyó a su marido encargar que mandasen afilar sus navajas de afeitar a una determinada tienda. Impulsada por una singular inquietud, fue la paciente a ver el lugar en el que dicha tienda se hallaba situada, y a la vuelta de su viaje de exploración, exigió de su marido que se desprendiese para siempre de aquellas navajas, pues había descubierto, que al lado de la tienda en la que iban a ser afiladas, existía una funeraria. De este modo, creó su intención un enlace indisoluble entre las navajas de afeitar y la idea de la muerte. Esta es la motivación sistemática de la prohibición. Pero podemos estar seguros de que aun sin el descubrimiento de la macabra vecindad, hubiera vuelto la enferma a su casa en la misma disposición de ánimo. Para ello, le hubiera bastado encontrar en su camino un entierro, una persona de luto o ver una corona fúnebre. La red de las condiciones se hallaba suficientemente extendida para que la presa cayera en ella, fuese como fuese. Sólo del sujeto dependía aprovechar o no las ocasiones que habían de presentarse. Sin temor a equivocarnos, podemos admitir que en otros casos cerraba los ojos ante tales ocasiones, y entonces decía que "el día había sido bueno". Asimismo, adivinamos fácilmente la causa real de la prohibición relativa a las navajas de afeitar. Tratábase de un acto de defensa contra el placer que la paciente experimentaba ante el pensamiento de que al servirse de las navajas recientemente afiladas, podía su marido cortarse fácilmente el cuello.

Exactamente del mismo modo podemos reconstruir y detallar una perturbación de la deambulación, una abasia o una agorafobia, en los casos en que uno de estos síntomas ha conseguido sustituir a un deseo inconsciente y a la defensa contra el mismo. Todas las demás fantasías inconscientes o reminiscencias eficaces del enfermo utilizan entonces, tal exutorio, para imponerse, a título de manifestaciones sintomáticas, y entrar en el cuadro formado por la perturbación de la deambulación, afectando relaciones aparentemente racionales con los demás elementos. Sería, pues, una empresa vana y absurda querer deducir, por ejemplo, la estructura sintomática y los detalles de una agorafobia del principio fundamental de la misma. La coherencia y el rigor de las relaciones no son sino aparentes. Una observación más penetrante descubrirá en ellas, como en la formación de la fachada de un sueño, las mayores inconsecuencias y arbitrariedades. Los detalles de tal fobia sistemática toman su motivación real de razones ocultas que pueden no tener nada que ver con la perturbación de la deambulación. A esta circunstancia se debe también, que las manifestaciones de altas fobias difieran tan profunda y radicalmente de una persona a otra.

Volviendo al sistema que aquí nos interesa más particularmente, o sea, al del animismo, podemos concluir, por lo que de otros sistemas psicológicos sabemos, que tampoco entre los primitivos es la "superstición" la motivación única o necesaria de las prohibiciones y costumbres tabú. Habremos, pues, de investigar los motivos ocultos que en el fondo puedan constituir su base real. Bajo el reinado de un sistema animista, toda prescripción y toda actividad tienen que presentar una justificación sistemática que denominaremos "supersticiosa"; pero la "superstición" es, como la "angustia", el "sueño" o el "demonio", una de aquellas construcciones provisorias que caen por tierra ante la investigación psicoanalítica. Desplazando estas construcciones colocadas a manera de pantalla entre los hechos y el conocimiento, comprobamos que la vida psíquica y la cultura de los salvajes se hallan aún muy lejos de haber sido estimadas en su verdadero valor.

Si consideramos la represión de tendencias como una medida del nivel de cultura, nos veremos obligados a reconocer que incluso bajo el sistema animista ha habido progresos y desarrollos que han sido tratados con un injustificado desprecio por atribuirles una motivación supersticiosa. Cuando oímos referir que los guerreros de una tribu salvaje se imponen, antes de entrar en campaña, la más rigurosa castidad y pureza[102], nos inclinamos en el acto a juzgar que si se desembarazan de sus impurezas es para hacerse menos vulnerables a la influencia mágica de sus enemigos, y que por lo tanto, su abstinencia no es motivada sino por razones supersticiosas. Pero el hecho de

[102] Frazer, *Taboo and the perils of the soul*, pág. 152.

la represión de determinadas tendencias queda subsistente y comprenderemos mejor estos casos admitiendo que si el guerrero se impone todas estas restricciones es por una razón de equilibrio, pues sabe que se hallará pronto en situación de ofrecerse la más completa satisfacción de sus tendencias crueles y hostiles, satisfacción que le estaba prohibido buscar en tiempo ordinario. Lo mismo sucede con los numerosos casos de restricción sexual que nos imponemos mientras nos hallamos consagrados a trabajos que traen consigo una cierta responsabilidad[103]. Por mucho que se dé a estas prohibiciones una explicación extraída de las relaciones mágicas no deja de saltar a la vista su razón fundamental. Trátase de realizar una economía de fuerzas por medio de la renuncia a la satisfacción de determinadas tendencias, y si queremos admitir a todo precio la racionalización mágica de la prohibición, no debemos echar a un lado tampoco su raíz higiénica. Cuando los hombres de una tribu salvaje son convocados para la caza, la pesca, la guerra o la cosecha de plantas preciosas, sus mujeres, que permanecen en el hogar, quedan sometidas durante la expedición, a numerosas y graves restricciones, a las que los mismos salvajes atribuyen una favorable acción a distancia sobre el resultado de la expedición. Pero no es necesaria gran clarividencia para darse cuenta de que esta acción a distancia no es otra que la ejercida sobre el pensamiento de los ausentes y que detrás de todos estos disfraces se disimula un excelente conocimiento psicológico, o sea, el de que los hombres no trabajarán con todas sus energías sino hallándose completamente seguros de la conducta de sus mujeres, que permanecen solas y sin que nadie las vigile en el hogar. A veces oímos expresar directamente y sin ninguna motivación psicológica la idea de

[103] Frazer, *l. c.*, pág. 200.

que la infidelidad de la mujer puede anular por completo el trabajo responsable del hombre ausente.

Las innumerables prescripciones tabú a las que son sometidas las mujeres de los salvajes durante la menstruación aparecen motivadas por el temor supersticioso a la sangre, y es ésta, desde luego, una razón real. Pero sería injusto no tener en cuenta las intenciones estéticas o higiénicas a cuyo servicio resulta hallarse este temor, intenciones que han debido disimularse en todos los casos bajo disfraces mágicos.

Advertimos perfectamente que con estas tentativas de explicación nos exponemos al reproche de atribuir al salvaje actual una sutileza psíquica que traspasa los límites de lo verosímil. Pienso, sin embargo, que con la psicología de los pueblos que han permanecido en la fase animista podría sucedernos lo que con la vida anímica infantil, cuya riqueza y sutileza no han sido justamente estimadas durante mucho tiempo, por la falta de comprensión de los adultos.

Voy a mencionar aún un grupo de prescripciones tabú inexplicables hasta el presente, y lo hago porque tales prescripciones aportan una confirmación resplandeciente de la interpretación psicoanalítica. En muchos pueblos salvajes, se halla prohibido conservar en la casa, en determinadas circunstancias, armas cortantes e instrumentos puntiagudos[104]. Frazer cita una superstición alemana, según la cual, no se debe colocar o mantener un cuchillo con el filo de la hoja dirigida hacia arriba, pues Dios y los ángeles podrían herirse. ¿Cómo no ver en este tabú una alusión a ciertos actos sintomáticos que podríamos hallarnos tentados de cometer con ayuda del arma cortante y bajo la influencia de malas inclinaciones inconscientes?

[104] Frazer, *l. c.*, pág. 237.

IV
El retorno infantil del totemismo

Del psicoanálisis, que ha sido el primero en descubrir la constante determinación de los actos y productos psíquicos, no es de temer que se vea tentado de retraer a una sola fuente un fenómeno tan complicado como la religión. Cuando, por deber o por necesidad, se ve obligado a mostrarse unilateral y a no hacer resaltar sino una sola fuente de esta institución no pretende afirmar que tal fuente sea única ni que ocupe el primer lugar entre las demás. Sólo una síntesis de los resultados obtenidos en las diferentes ramas de la investigación podrá decidir la importancia relativa que debe ser atribuida en la génesis de la religión al mecanismo que a continuación vamos a intentar describir. Pero tal labor sobrepasaría tanto los medios de que el investigador psicoanalítico dispone como el fin que persigue.

1

En el primer capítulo de esta obra establecimos la noción del totemismo. Hemos visto que el totemismo es un sistema que en algunos pueblos primitivos de Australia, América y África reemplaza a la religión y constituye la base de la organización social. Sabemos que en 1869 atrajo el escocés Mac Lennan, por vez primera, la atención general sobre los fenómenos del totemismo, considerados hasta entonces como simples curiosidades, expresando la opinión de que muchos usos y costumbres existentes en diferentes sociedades antiguas y modernas debían ser considerados como supervivencias de una época totémica. Desde esta fecha, ha reconocido la ciencia la importancia del totemismo en toda su amplitud. Como una de las últimas opiniones formuladas sobre esta cuestión, citaré la que Wundt expresa en sus "Elementos de la psicología de los pueblos" (1912): "Teniendo en cuenta todos estos hechos, podemos admitir, sin temor a apartarnos demasiado de la verdad, que la cultura totémica ha constituido en todas partes, una fase preliminar del desarrollo ulterior y un estadio de transición entre la humanidad primitiva y la época de los héroes y de los dioses" (pág.139).

El fin que en el presente ensayo perseguimos, nos obliga a estudiar más detenidamente los caracteres del totemismo. Por razones que más tarde comprenderá el lector, prefiero seguir aquí la exposición desarrollada por S. Reinach, que en 1900, formuló el siguiente "Código del totemismo" en doce artículos, especie de catecismo de la religión totemista[105]:

1. —Ciertos animales no deben ser muertos ni comidos. Los hombres mantienen en cautividad, individuos de estas especies animales y los rodean de cuidados.

2. —Un animal muerto accidentalmente hace llevar luto a la tribu y es enterrado con iguales honores que un miembro de la misma.

3. —La prohibición alimenticia no recae, algunas veces, sino sobre una cierta parte del cuerpo del animal.

4. —Cuando se impone la necesidad de matar a un animal habitualmente respetado, se excusa la tribu cerca de él y se intenta atenuar, por medio de toda clase de artificios y expedientes, la violación del tabú, esto es, el asesinato.

5. —Cuando el animal es sacrificado ritualmente, es solemnemente llorado.

6. —En ciertas ocasiones solemnes y en determinadas ceremonias religiosas, se revisten los individuos con la piel

[105] *Revue scientifique*, octubre 1900. Reproducida en la obra en cuatro volúmenes, del mismo autor: *Cultes, mythes et religions*, 1909, tomo I, pág. 17 y ss.

de determinados animales. Entre los pueblos que viven aún bajo el régimen del totemismo, se utiliza para estos usos la piel del tótem.

7. —Existen tribus e individuos que se dan el nombre de los animales tótem.

8. —Muchas tribus se sirven de imágenes de animales como símbolos heráldicos y ornan con ellas sus armas de caza o de guerra. Los hombres se dibujan o tatúan en sus cuerpos las imágenes de estos animales.

9. —Cuando el tótem es un animal peligroso y temido, se admite que respeta a los miembros del clan que lleva su nombre.

10. —El animal tótem defiende y protege a los miembros del clan.

11. —El animal tótem predice el porvenir a sus fieles y les sirve de guía.

12. —Los miembros de una tribu totemista creen, con frecuencia, hallarse enlazados al animal totem, por un origen común.

Para apreciar en su valor este catecismo de la religión totémica es necesario saber que Reinach ha incluido en él todos los signos y todos los fenómenos de supervivencia en los que se basan los autores para afirmar la existencia en un momento dado, del sistema totémico. La actitud particular del autor con respecto al problema se manifiesta en que prescinde, hasta cierto punto, de los rasgos esenciales del totemismo. Más adelante veremos, en efecto, que las dos proposiciones fundamentales del catecismo totémico relega una a último término y omite la otra por completo.

Para formarnos una idea exacta de los caracteres del totemismo nos dirigiremos a un autor que ha consagrado a este tema una obra en cuatro volúmenes, en los cuales nos ofrece una completísima colección de observaciones y una detenida y profunda discusión de los problemas que las mismas plantean. Aunque nuestra investigación psicoanalítica nos haya conducido a resultados distintos de los suyos, no olvidaremos nunca lo mucho que a Frazer debemos, ni el placer y las enseñanzas que la lectura de su obra fundamental, "Totemism and Exogamy", nos ha proporcionado[106].

Un tótem, escribía Frazer en su primer trabajo ("Totemism", Edimburgo, 1887) reproducido luego en el primer volumen de su gran obra "Totemism and Exogamy", es un

[106] Creemos conveniente advertir de antemano, a nuestros lectores, las dificultades con las que se ha de luchar cuando se intenta obtener una certidumbre en estas materias. En primer lugar, las personas que recogen las observaciones no son las mismas que las elaboran y las discuten, pues las primeras son viajeros y misioneros y las segundas, sabios que no han visto, quizá jamás, los objetos de sus investigaciones. No es fácil, además, entenderse con los salvajes. Muchos observadores no se hallan familiarizados con los idiomas de los mismos y se ven obligados a recurrir a intérpretes o a servirse del idioma auxiliar (Pidgin-English). Por otro lado, los salvajes no son muy comunicativos cuando se trata de las cuestiones más intímas de su cultura y no se confían sino a los extranjeros que han vivido mucho tiempo entre ellos. Fundándose en diversas razones (véase Frazer: *The beginnings of religion and totemism among the australian aborigines*, en Fortnightly Review, 1905: *Totemism and Exogamy*, I, página 159), dan con frecuencia informaciones falsas y erróneas. No hay que olvidar tampoco, que los pueblos primitivos, lejos de ser pueblos jóvenes, son tan viejos como los más civilizados, y no debe esperarse que sus ideas e instituciones primitivas se hayan conservado intactas y sin la menor deformación, hasta nuestros días. Es, por lo tanto, de suponer que en los primitivos se han producido profundos cambios en todas direcciones, siendo, así, imposible, determinar lo que en sus estados y opiniones actuales representa una petrificación de un pasado primitivo y lo que no es sino una deformación y una modificación de tal pasado. De aquí, las interminables discusiones surgidas entre los autores sobre lo que en las particularidades de una cultura primitiva debe ser considerado como primario y lo que no es sino una formación secundaria. La determinación del estado primitivo permanece siendo, de este modo, una cuestión de construcción. Por último, no es fácil "infundirse" en la mentalidad del primitivo. Nuestro concepto del mismo es siempre tan erróneo como el que nos formamos de la vida infantil, pues nos inclinamos a interpretar sus actos y sentimientos conforme a nuestras propias constelaciones psíquicas.

objeto material al que el salvaje testimonia un supersticioso respeto porque cree que entre su propia persona y cada uno de los objetos de dicha especie, existe una particularísima relación. Esta relación entre un hombre y su tótem es siempre recíproca. El tótem protege al hombre y el hombre manifiesta su respeto hacia el tótem en diferentes modos, por ejemplo, no matándole cuando es un animal, o no cogiéndole cuando es una planta. El tótem se distingue del fetiche en que no es nunca un objeto único, como este último, sino una especie animal o vegetal, con menos frecuencia, una clase de objetos artificialmente fabricados.

Pueden distinguirse, por lo menos, tres variedades de tótem:

1. —El tótem de la tribu, que se transmite hereditariamente de generación en generación.

2. —El tótem particular a un sexo, esto es, perteneciente a todos los miembros varones o hembras de una tribu dada, con exclusión de los miembros del sexo opuesto.

3. —El tótem individual, que pertenece a una sola persona y no se transmite a sus descendientes.

Las dos últimas variedades presentan una importancia insignificante comparadas con el tótem de la tribu. Aparecieron muy posteriormente a éste y no son sino formaciones accesorias.

El tótem de la tribu (o del clan) es venerado por un grupo de hombres y mujeres que llevan su nombre, se consideran como descendientes de un antepasado común y se hallan estrechamente ligados unos a otros por deberes comunes y por la creencia en el tótem común.

El totemismo es un sistema a la vez religioso y social. Desde el punto de vista religioso consiste en las relaciones de respeto y de mutua consideración entre el hombre y el tótem. Desde el punto de vista social, en obligaciones de los miembros del clan entre sí y con respecto a otras tribus. En el curso del desarrollo ulterior del totemismo, muestran estos dos aspectos una tendencia a separarse uno de otro. El sistema social sobrevive con frecuencia al religioso, e inversamente, hallamos restos del totemismo en la religión de países en los cuales ha desaparecido ya el sistema social fundado en el totemismo. Dada nuestra ignorancia de los orígenes del totemismo no podemos determinar con certidumbre la modalidad de las relaciones primitivamente existentes entre tales dos sectores, religioso y social. Es, sin embargo, muy verosímil que se hallasen al principio inseparablemente ligados uno al otro. Dicho en otros términos, cuanto más nos remontamos en el curso del desarrollo totémico, más claramente comprobamos que los miembros de la tribu se consideran pertenecientes a la misma especie que el tótem y que su actitud con respecto al mismo no difiere en nada de la que observan con respecto a los demás miembros de su tribu.

En su descripción especial del totemismo como sistema religioso nos enseña Frazer que los miembros de una tribu se nombran según el tótem y *creen también, en general, que descienden de él*. De esta creencia resulta que no cazan al animal tótem, no lo matan ni lo comen, y se abstienen de todo otro uso del tótem cuando el mismo no es un animal. La prohibición de matar y comer el tótem no es el único tabú que a él se refiere. A veces está también prohibido tocarle, incluso mirarle, o pronunciar su nombre. La trasgresión de estas prohibiciones del tabú, protectoras del tótem es castigada, automáticamente, con graves enfermedades o con la muerte[107].

El clan sustenta y mantiene en cautividad, con gran frecuencia, individuos de la raza tótem[108]. Un animal tótem es llorado y enterrado como un miembro del clan cuando es encontrado

[107] Véase el capítulo sobre el tabú.

[108] Como actualmente los lobos enjaulados en la escalera del Capitolio, en Roma, y los osos en el foso de Berna.

muerto. En aquellas ocasiones en que se ven forzados a matar un animal tótem, lo hacen observando un ritual de excusa y ceremonias de expiación.

La tribu espera de su tótem protección y respeto. Cuando el mismo es un animal peligroso (animal de presa o serpiente venenosa), se le supone incapaz de perjudicar a sus camaradas humanos, y cuando esta creencia queda contradicha, es la víctima expulsada de la tribu. Los juramentos —piensa Frazer— eran, al principio, ordalías, y así, se sometía a la decisión del tótem la resolución de cuestiones delicadas, tales como las de descendencia o autenticidad. El tótem auxilia a los hombres en las enfermedades y dispensa al clan, presagios y advertencias. La aparición de un animal tótem cerca de una casa era considerada, con frecuencia, como el anuncio de una muerte, suponiéndose que el tótem venía a buscar a su pariente[109].

En muchas circunstancias importantes el miembro del clan procura acentuar su parentesco con el tótem, haciéndose exteriormente semejante a él, esto es, cubriéndose con la piel del animal o haciéndose tatuar en el cuerpo la imagen del mismo, etc. En los sucesos solemnes tales como el nacimiento, la iniciación de los adolescentes y los entierros se exterioriza en palabras y actos esta identificación con el tótem. Para ciertos fines mágicos y religiosos se bailan danzas, en el curso de las cuales, todos los miembros de la tribu se cubren con la piel de su tótem e imitan los ademanes que le caracterizan. Hay, en fin, ceremonias en el curso de las cuales es solemnemente sacrificado el animal[110].

El lado social del totemismo se expresa sobre todo en un determinado mandamiento, rigurosísimo, y en una amplia restricción. Los miembros de un clan totémico se consideran

---

[109] Como la "dama blanca" de ciertas familias nobles.

[110] *L. c.*, pág. 45. Véanse, más adelante, las consideraciones sobre el sacrificio.

como hermanos y hermanas, obligados a ayudarse y protegerse recíprocamente. Cuando un miembro del clan es muerto por un extranjero, toda la tribu de que el asesino forma parte es responsable de su acto criminal, y el clan a que pertenecía la víctima exige solidariamente la expiación de la sangre vertida. Los lazos totémicos son más fuertes que los de familia en el sentido que actualmente les atribuimos y no coinciden con ellos, pues el tótem se transmite generalmente por línea materna, siendo muy probable que la herencia paterna no existiese, al principio, en absoluto.

La restricción tabú correlativa consiste en que los miembros del mismo clan totémico no deben contraer matrimonio entre sí y deben abstenerse, en general, de todo contacto sexual. Nos hallamos aquí en presencia de la *exogamia*, el famoso y enigmático corolario del totemismo. A ella hemos consagrado ya todo el primer capítulo de la presente obra y, por lo tanto, nos limitaremos a recordar: 1°, que es un efecto del pronunciado horror que el incesto inspira al salvaje; 2°, que se nos hizo comprensible como prevención contra el incesto en los matrimonios de grupos y 3°, que primitivamente se hallaba encaminada a preservar del incesto a la generación joven, y sólo después de un cierto desarrollo, llegó a constituir también una traba para las generaciones anteriores[111].

A esta exposición del totemismo, debida a Frazer y una de las primeras en la literatura sobre este tema, añadiremos algunos extractos de otra más reciente. En sus "Elementos de psicología de los pueblos", publicados en 1912, escribe Wundt[112]: "El animal tótem es considerado como el animal antepasado del grupo correspondiente. *Tótem* es, pues, por

[111] Véase el capítulo I.

[112] Página 116.

un lado, una designación de grupo, y por otro, un nombre patronímico, presentando también, en esta última acepción, una significación mitológica. Todas estas significaciones del concepto de tótem están, sin embargo, muy lejos de hallarse rigurosamente delimitadas. En ciertos casos, retroceden a último término algunas de ellas, convirtiéndose entonces, los tótem, en una simple nomenclatura de las divisiones del clan, mientras que en otros, pasa en cambio, a primer término, la representación relativa a la descendencia o a la significación ritual del tótem... La noción del tótem sirve de base *a la subdivisión interior y a la organización del clan*. Estas normas y su profundo arraigo en las creencias y los sentimientos de los miembros del clan hicieron que el animal tótem no fuera considerado al principio, únicamente, como el nombre de un grupo de miembros de una tribu, sino casi siempre, también como el antepasado de dichos miembros... De este modo, llegaron tales animales antepasados a ser objeto de un culto... Este culto, se exteriorizaba en determinadas ceremonias y solemnidades, pero sobre todo, en la actitud individual con respecto al tótem. El carácter totémico no era privativo de un animal único, sino de todos los pertenecientes a una especie determinada. Salvo en ciertas circunstancias excepcionales estaba rigurosamente prohibido comer de la carne del animal tótem. Esta interdicción presenta una importante contrapartida en el hecho de que en determinadas ocasiones solemnes, y observando un cierto ceremonial, era muerto y comido el animal tótem..." "...El aspecto social más importante de esta divisa totémica de la tribu, consiste en las normas morales que de ella resultan con respecto a las relaciones de los grupos entre sí. Las más importantes de estas normas son las que se refieren a las relaciones matrimoniales. Así, resulta que dicha división de la tribu implica un importante fenómeno que aparece por vez primera en la época tótemista: la exogamia."

Haciendo abstracción de todas las modificaciones y atenuaciones ulteriores, podemos considerar como característicos del totemismo primitivo, los siguientes rasgos esenciales: *los tótem no eran, primitivamente, sino animales y se los consideraba como los antepasados de las tribus respectivas. El tótem no se transmitía sino por línea materna. Estaba prohibido matarlo* (*o comer de él,* cosa que para el hombre primitivo significaba lo mismo). Por último, *los miembros de una división totémica se veían rigurosamente prohibido todo contacto sexual con los del sexo opuesto, pertenecientes al mismo tótem*[113].

Extrañamos, pues, que en el "código del totemismo" formulado por Reinach, aparezca omitido uno de los dos tabús capitales, la exogamia, y no se mencione el otro, el carácter ancestral del animal tótem, sino de pasada. Pero si hemos referido a otras, esta exposición de Reinach, autor que por otra parte ha contribuido muy meritoriamente al esclarecimiento de estas cuestiones, ha sido, sobre todo, para preparar a nuestros lectores a las divergencias de opinión que habremos de encontrar en los autores a los que acudiremos ahora en demanda de aclaraciones.

---

[113] Coinciden estas conclusiones con las expuestas por Frazer en su obra *The origin of totemism*, en *Fortnigtlyf Review*, 1889. "Thus totemism has commonly been treated as a primitive system both of religión and of society. As a system of religión it embraces the mystic union of the savage with his totem; as a system of society it comprises the relation in which men and women of the same totem stand to each other and to the members of other totemic groups. And corresponding to these two sides of the system are two rough and ready tests or canons of totemism: first the rule a man may not kill or eat his totem animal or plant; and second, the rule that he may not marry or cohabit with a woman of the same totem" (pág. 101). A continuación de esto, añade Frazer lo siguiente, que nos introduce ya de lleno en las discusiones surgidas sobre el totemismo: "Whether the two sides — the religious and the social — have always coexisted or are essentially independent, is a question which has been variously answered".

2

Conforme se fue haciendo más evidente que el totemismo representaba una fase normal de toda cultura, fue también imponiéndose la necesidad de llegar a su inteligencia y elucidar el enigma de su naturaleza. Todo es enigmático en el totemismo, pero hemos de ver sus problemas capitales en los relativos a los orígenes de la genealogía totémica, a la motivación de la exogamia y del tabú del incesto por ella representado, y a las relaciones entre la genealogía y la exogamia; esto es, entre la organización totémica y la prohibición del incesto. Nuestra inteligencia de la singular institución totémica habrá de ser, a la vez, histórica y psicológica, y esclarecer tanto las condiciones en las que se ha desarrollado, como las necesidades psíquicas del hombre de las que constituye una expresión.

Habrá de extrañar a nuestros lectores averiguar que para contestar a estas interrogaciones se han situado los investigadores en puntos de vista muy diferentes, y que sus resultados muestran grandes divergencias. De este modo, todo lo que pudiera afirmarse sobre el totemismo y la exogamia es aún inseguro. El mismo cuadro que antes hemos desarrollado, guiándonos por un trabajo de Frazer publicado en 1887, tiene el inconveniente de expresar un arbitrario prejuicio de dicho autor y seguramente sería hoy rectificado por el mismo, que no tuvo nunca reparo en modificar sus conclusiones cuando un nuevo conocimiento lo exigía[114].

Parece natural admitir que, si lográsemos aproximarnos más a los orígenes del totemismo y de la exogamia, no nos sería ya nada difícil penetrar en la esencia de ambas instituciones. Mas

---

[114] A propósito de estas rectificaciones, escribe Frazer las bellas palabras que siguen: "That my conclusions on these difficult questions are final, I am not so foolish as to pretend. I have changed my views repeatedly, and I am resolved to change them again with every change of the evidence, for like a chameleon the

para juzgar acertadamente nuestra situación ante estas materias, habremos de conservar siempre presente la observación de Andrew Lang de que tampoco los pueblos primitivos han conservado las formas originales de dichas instituciones ni las condiciones de su formación, de manera que nos vemos obligados a suplir con hipótesis las lagunas que la observación directa ha de presentar necesariamente[115]. Entre las tentativas de explicación desarrolladas hasta ahora hay alguna que el psicólogo tiene que rechazar desde el primer momento como inadecuadas por ser demasiado racionalistas y no tener en cuenta el lado efectivo de la materia, o parecer basadas en premisas aún no confirmadas por la observación. Otras, por último, se apoyan en materiales que podrían ser interpretados más justificadamente, en un distinto sentido. No es, en general, difícil refutar las diferentes opiniones expuestas, pues como siempre sucede, muestran los autores un mayor acierto en las críticas de que se hacen objeto unos a otros, que en la parte positiva de sus trabajos. El resultado final de sus consideraciones sobre cada uno de los puntos tratados suele ser, en la mayoría de ellos, un *non liquet*. Así, pues, no extrañaremos comprobar que, en las obras más recientes sobre estas materias, de las que sólo habremos de citar aquí una pequeña parte, se manifiesta una tendencia cada día mayor, a declarar imposible la solución general de los problemas totémicos. (Véase, por ejemplo, el estudio de B. Goldenweiser en el Journal of Amer. Folklore, XXIII, 1910; trabajo resumido en el Britannica Year Book,

---

candid enquirer should shift his colours with the shifting colours of the groud he treads". (Prólogo al primer volumen de *Totemism and Exogamy*).

[115] "By the nature of the case, as the origin of totemism lies far beyond our powers of historical examination or of experiment, we must have recourse as regards this matter to conjecture". (A. Lang, *Secret of the totem*, pág. 27). "Nowhere do we see absolutely primitive man, and a totemic system in the making" (pág. 29).

1913). En la mención de tales hipótesis contradictorias habré de permitirme prescindir de su orden cronológico.

a) El origen del totemismo.

El problema de los orígenes del totemismo puede ser formulado también en la forma siguiente: ¿cómo llegaron los hombres primitivos a denominarse (y denominar a sus tribus) con los nombres de animales, plantas y objetos inanimados?[116].

El escocés Mac Lennan[117], al que debe la ciencia el descubrimiento del totemismo y de la exogamia, se abstuvo de pronunciarse sobre los crímenes del totemismo. Según una comunicación de A. Lang[118], se inclinó durante mucho tiempo a referir el totemismo a las costumbres del tatuaje. Las teorías enunciadas hasta ahora, sobre los orígenes del totemismo, pueden dividirse en tres grupos: a) las teorías nominalistas; b) las teorías sociológicas; y c) las teorías psicológicas.

a) Las teorías nominalistas.

El contenido de estas teorías justifica, como lo verá el que siguiere leyendo, su clasificación bajo tal título.

Garcilaso de la Vega, descendiente de los Incas del Perú, que escribió en el siglo XVII la historia de su pueblo, retrajo lo que sabía de los fenómenos totémicos, a la necesidad de las tribus de distinguirse unas de otras, por sus nombres[119]. Dos siglos más tarde volvemos a hallar la misma opinión en la "Etnología" de A. K. Klane, autor que ve el origen del tótem

---

[116] Al principio, probablemente, sólo con nombres de animales.

[117] *The Worship of animals and plants, en Fortnigtly Review*, años 1869-1870. *Primitive Marriage*, 1865. Estos dos trabajos se hallan reproducidos en los *Studies in Ancient History*, 1876, segunda edición, 1886.

[118] *The Secret of the totem*, 1905, pág. 54.

[119] Según A. Lang, *Secret of the totem*, pág. 34.

en las armas heráldicas adoptadas por los individuos, familias y tribus para distinguirse entre sí[120].

Max Müller ha expresado también este punto de vista en sus "Contributions to the Science of Mythology"[121]. Según él, un tótem, sería: 1°, una insignia del clan; 2°, un nombre del clan; 3°, el nombre de un antecesor del clan; y 4°, el nombre de un objeto venerado por el clan. En 1889, escribía J. Pikler: "Los hombres reconocieron la necesidad de dar a cada colectividad y a cada individuo un nombre permanente, fijado por la escritura... El totemismo no nació, pues, de una necesidad religiosa, sino de una necesidad prosaica y práctica. El nódulo del totemismo, esto es, la denominación, constituye una consecuencia de la técnica de la escritura primitiva. El carácter del tótem es también el de los signos gráficos, fáciles de reproducir. Pero una vez que los salvajes se dieron el nombre de un animal, dedujeron de ello la idea de un parentesco con el mismo[122].

Herbert Spencer[123] atribuía, igualmente, a la denominación, el papel decisivo en la formación del totemismo. Según él habría habido ciertos individuos que por presentar determinadas cualidades, recibieron nombre de animales, y adquirieron de este modo, títulos honoríficos o sobrenombres que transmitieron después a su descendencia. A causa de la indeterminación de los idiomas primitivos, las generaciones ulteriores habrían interpretado estos nombres como un testimonio de su descendencia de dichos animales, quedando así transformado el totemismo, a consecuencia de una errónea interpretación, en un culto a los antepasados.

---

[120] *Ibídem.*

[121] Según A. Lang.

[122] Pikler y Somló, *Der Ursprung des Totemismus*, 1901.

[123] *The origin of animal worship*, en *Fortnightly Review*, 1870. *Prinzipien der Soziologie*, I, 169 a 176.

Lord Averbury (más conocido con el nombre de sir John Lubbock) explica exactamente del mismo modo, aunque sin insistir en el error de interpretación, el origen del totemismo. Si queremos explicar el culto de los animales —dice— no debemos olvidar la frecuencia con que los hombres suelen tomar nombres zoológicos. Los hijos o los partidarios de un hombre que haya recibido el nombre de "oso" o de "león", convirtieron, naturalmente, este nombre, en nombre de familia o de tribu, resultando así, que el animal mismo llegó luego a ser objeto de un cierto respeto y hasta de un culto.

Contra esta teoría que deduce los nombres totémicos de los individuales, formula Fison una objeción, al parecer, irrefutable[124]. Invocando las informaciones que sobre Australia poseemos, muestra que el tótem es siempre una designación de un grupo de hombres y nunca la de un individuo. Si el tótem hubiese sido primitivamente el nombre de un individuo no habría podido transmitirse jamás a los hijos, dado el régimen de sucesión materna.

Todas estas teorías que acabamos de citar son, además, manifiestamente insuficientes. Explican por qué las tribus primitivas llevan nombres de animales, mas no, en cambio, la importancia que esta denominación ha adquirido para ellas, o sea, el sistema totémico. La teoría más notable de este grupo es la desarrollada por Lang en sus obras "Social origins" (1903) y "The secret of the totem" (1905). Esta teoría considera también la denominación como el nódulo del problema, pero hace intervenir a dos interesantes factores psicológicos y pretende resolver así, de un modo definitivo, el enigma del totemismo.

---

[124] *Kamilaron and Kurmia*, pág. 165. (según A. Lang, *Secret of the totem*), Fison y Howitt (1880).

Según Lang, importa poco de qué modo llegaron los clanes a darse nombres de animales. Basta con admitir que hubo un día en el que advirtieron que llevaban tales nombres, sin que supieran determinar la causa. *El origen de los mismos había sido olvidado*. Entonces, habrían intentado obtener una explicación especulativa de su denominación, y dada la importancia que atribuían a los nombres, tenían que llegar necesariamente a todas las ideas contenidas en el sistema totémico. Los nombres no eran, para los primitivos, como tampoco lo son para los salvajes de nuestros días, e incluso para nuestros niños[125], algo convencional e indiferente, sino atributos significativos y esenciales. El nombre de un individuo es una de las partes esenciales de su persona y quizás, incluso, de su alma. El hecho de llevar el mismo nombre que un animal dado, debió de inclinar al primitivo a admitir un importante y misterioso enlace entre su persona y la especie animal cuyo nombre llevaba. ¿Y qué otro enlace hubiera podido concebir sino la consanguinidad? Pero admitido éste, fundándolo en la identidad de nombre, todas las prescripciones totémicas, incluso la exogamia, habían de derivarse de él como consecuencia directa del tabú de consanguinidad.

"No more than these three things —a group animal name of unknown origin; belief in a trascendental connection between all bearers, human and bestial, of the same name; and belief in the blood superstition— was needed to give rise to all the totemic creeds and practices, including exogamy." (*Secret of the totem*, página 126).

La explicación de Lang es, por decirlo así, de dos tiempos. La primera parte de su teoría deduce el sistema totémico, con una necesidad psicológica, de la existencia del nombre toté-

[125] Cf. el capítulo I.

mico, partiendo de la hipótesis del olvido del origen de dicho nombre. La segunda procura descubrir tal origen y, como pronto veremos, es de naturaleza muy diferente.

Esta segunda parte no se aleja, en efecto, gran cosa de las demás teorías nominalistas. La necesidad práctica de distinguirse obligó, según ella, a las tribus a atribuirse denominaciones diferentes y cada una de ellas se atuvo, preferentemente, a aquella que las demás le daban. Este *naming from without* constituye la característica de la teoría de Lang. El hecho de que fueran nombres de animales los adoptados no tiene por qué extrañarnos, tanto menos cuanto que tales denominaciones zoológicas no podían ser consideradas por los hombres primitivos, como un baldón o una burla. Lang cita, además, numerosos casos de épocas históricas más próximas en los que los nombres dados a título de burla fueron gustosamente aceptados por los interesados (los *geusen*, los *whigs*, los *tories*). La hipótesis de que el origen del nombre totémico fue olvidado en el curso de los tiempos, enlaza esta segunda parte de la teoría de Lang a la primera, precedentemente expuesta.

b) Las teorías sociológicas.

S. Reinach, que ha investigado con éxito las supervivencias del sistema totémico en el culto y las costumbres de períodos posteriores, pero que ha dejado pasar inadvertido desde el principio el carácter ancestral del animal tótem, afirma en una de sus obras que el tótem no es, a su juicio, sino "una hipertrofia del instinto social"[126].

Tal es también la idea en que se basa la obra de E. Durkheim (1912) titulada "Les formes élémentaires de la vie religieuse. Le systéme totémique en Australie". El tótem no sería, según

[126] *L. c.*, tomo I, pág. 41.

Durkheim, sino el representante visible de la religión social de estos pueblos y encarnaría a la colectividad, la cual sería el verdadero objeto del culto.

Otros autores han buscado argumentos más concretos en apoyo de esta tesis que atribuye a las tendencias sociales un papel predominante en la formación de las instituciones totémicas. Así, A. C. Haddon supone que toda tribu primitiva se alimentaba, al principio, de una sola especie de animales o plantas, e incluso comerciaba, quizá, con ella, utilizándola como medio de cambio contra productos proporcionados por otras tribus. Era, pues, natural, que esta tribu acabase por ser conocida para los demás, bajo el nombre del animal que desempeñaba en su vida tan importante papel. Al mismo tiempo, debió de nacer en ella una familiaridad particular con el animal de referencia y una especie de interés hacia él, fundado únicamente en la más elemental y más urgente de las necesidades humanas, o sea, en el hambre[127].

A esta teoría, la más racionalista de todas las relativas al totemismo, se ha objetado que el régimen de alimentación que supone no ha sido comprobado en ninguna parte entre los primitivos y no ha existido probablemente jamás. Los salvajes son omnívoros y tanto más, cuanto más bajo es su nivel de cultura. Por otro lado, no se comprende cómo este régimen exclusivo hubiera podido dar origen a una actitud casi religiosa con respecto al tótem, y culminante en una abstención absoluta del alimento preferido.

La primera de las tres teorías que Frazer ha formulado sobre el origen del totemismo es una teoría psicológica. Más adelante hablaremos de ella.

---

[127] *Addres to the anthropological section of the British Association*, Belfast, 1902, Frazer, *l. c.*, tomo IV, pág. 50 y ss.

La segunda, de la que vamos ahora a ocuparnos, le fue sugerido por un importante trabajo de dos investigadores, sobre los indígenas de la Australia Central[128].

Spencer y Guillen describían en su obra toda una serie de singularísimas instituciones, costumbres y creencias observadas en un grupo de tribus conocidas con el nombre de nación arunta, y Frazer se adhirió a su conclusión, según la cual, debían ser consideradas tales singularidades como rasgos de un estado primario, resultando así, susceptibles de informarnos sobre el sentido primero y auténtico del totemismo.

Las particularidades observadas en la tribu arunta (una parte de la nación arunta) son las siguientes:

1. —Los arunta presentan la división en clanes totémicos, pero el tótem no es transmitido por herencia sino determinado individualmente (ya veremos en qué forma).

2. —Los clanes totémicos no son exógamos y las restricciones matrimoniales se hallan fundadas en esta minuciosísima división en clases matrimoniales que nada tienen que ver con el tótem.

3. —La función del clan totémico consiste en la realización de una ceremonia, cuyo fin es el de provocar, por medios esencialmente mágicos, la multiplicación del objeto totémico comestible (esta ceremonia se llama "intichiuma").

4. —Los arunta sustentan una teoría singular sobre la concepción y la resurrección. Pretenden que los espíritus de los muertos pertenecientes al mismo tótem esperan su resurrección reunidos en ciertos lugares de su territorio y se introducen en el cuerpo de las mujeres que pasan por dichos lugares. Al nacer un niño, indica la madre el lugar en el que

[128] *The native tribe of Central Australia*, por Baldwin Spencer and H. J. Gillen, Londres, 1891.

cree haberlo concebido, y el tótem del niño es determinado conforme a esta indicación.

Admiten, además, que los espíritus, tanto los de los muertos como los de los resucitados, se hallan ligados a ciertos amuletos de piedra de una forma particular (llamados "churinga"), que se hallan en dichos lugares.

Dos hechos parecen haber sugerido a Frazer la opinión de que las instituciones de los arunta representan la forma más antigua del totemismo. En primer lugar, la existencia de ciertos mitos que afirman que los antecesores de los arunta se alimentaron regularmente de su tótem y no se casaron jamás sino con mujeres pertenecientes al mismo tótem que ellos. En segundo, la importancia aparentemente secundaria que los arunta atribuyen al acto sexual en su teoría de la concepción. Estos hombres, que no han reconocido que la fecundación es consecuencia de las relaciones sexuales, pueden ser considerados, justificadamente, como los más primitivos entre todos los actualmente existentes.

Tomando como base de su opinión sobre el totemismo la ceremonia *intichiuma*, creyó ver Frazer el sistema totémico a una luz completamente nueva, bajo el aspecto de una organización puramente práctica destinada a combatir las necesidades más naturales del hombre (véase la opinión de Haddon anteriormente expuesta)[129]. El sistema totémico se le apareció, simplemente, como una "cooperative magic" en gran escala. Los primitivos formaban, por decirlo así, una asociación mágica de producción y consumo. Cada clan totémico se encargaba de asegurar la abundancia de cierto artículo alimenticio. Cuando el tótem no era ya un animal comestible sino un animal feroz o

[129] "There is nothing vague or mystical about it, nothing of that metaphysical haze wich some writers love to conjure up over the humble beginnings of human speculation but which is utterly foreign to the simple, sensuous and concrete modes, of the savage" (*Totemism and Exogamy*, I, pág. 117).

una fuerza natural, la lluvia, el viento, etcétera, se encargaba el clan correspondiente de ocuparse de este orden de fenómenos, para alejar sus efectos perjudiciales. Cada uno de los clanes ejercía sus funciones en beneficio de todos los demás. Como el clan no debía comer de su tótem o sólo podía probarlo en determinadas ocasiones, se dedicaba a provisionar de él a los demás, que le proporcionaban, a cambio, aquello de que se habían encargado, conforme a su deber totémico social. A la luz de esta teoría, fundada en la ceremonia "intichiuma", supuso Frazer que, deslumbrados por la prohibición de comer del animal tótem, habían dejado inadvertido, hasta entonces los investigadores, el aspecto social del problema, esto es, el mandamiento de velar por que los demás no carecieran del tótem comestible.

Frazer admitió la tradición arunta de que todos los clanes totémicos se alimentaron originariamente de su tótem, sin restricción alguna. Pero después tropezó con grandes dificultades para la comprensión del desarrollo ulterior, en el que el clan se contentaba con procurar a los demás el tótem, renunciando por su parte a alimentarse de él. Supuso entonces, que tal restricción no fue dictada por un respeto de orden religioso, sino que obedeció, quizá, a la observación de que ningún animal se alimentaba con la carne de los de su misma especie. De esta observación habrían deducido los primitivos que la infracción de tal costumbre podía debilitar su identificación con el tótem y disminuir el poder que deseaban adquirir y conservar sobre él. Tal restricción podía también explicarse por el deseo de hacerse propicio al animal tótem, respetándolo. De todos modos, no se hacía Frazer ilusiones sobre las dificultades con las que tal teoría tropezaba[130], como tampoco se atrevió a pronunciarse sobre la forma en que la costumbre de contraer matrimonio

---

[130] *L. c.*, pág. 120.

dentro de la tribu, afirmada por la mencionada leyenda arunta, hubo de transformarse después, en la exogamia.

La teoría de Frazer, fundada en el "intichiuma" presupone y admite la naturaleza primitiva de las instituciones aruntas. Ahora bien; parece imposible mantener esta afirmación ante las objeciones que le han sido opuestas por Durkheim[131] y Lang[132]. Los arunta se presentan, por el contrario, como la más desarrollada de las tribus australianas, y parecen hallarse más bien en una fase de disolución que en el principio del totemismo. Los mitos, que tan profunda impresión hicieron a Frazer, por proclamar, contrariamente a las instituciones hoy en vigor, la libertad de comer del tótem y contraer matrimonio en el interior del clan totémico, deben ser consideradas como fantasías optativas proyectadas en el pasado, esto es, como un mito análogo al de la edad de oro.

c) Las teorías psicológicas.

La primera teoría formulada por Frazer, antes de conocer las observaciones de Spencer y Gillen, es de carácter psicológico y se basa en la creencia en el "alma exterior"[133]. El tótem representaría un refugio en el que el alma sería depositada para sustraerla a los peligros que pudieran amenazarla. Cuando el primitivo había confiado su alma a su tótem, se hacía invulnerable y se guardaba, naturalmente, de causar el menor daño al portador de la misma, pero como no sabía cuál de los individuos de la especie animal totémica era tal portador, tomaba el partido de respetar a la especie entera. Más tarde renunció Frazer, por sí mismo, a enlazar el sistema totémico a la creencia en las almas.

---

[131] *L'Année Sociologique* tomos I, V y VIII. Véase más particularmente el ensayo titulado "Sobre el totemismo", tomo V, año 1902.

[132] *Social origins* y *Secret of the totem*.

[133] *The Golden bough*, II, pág. 332.

Cuando llegaron a su conocimiento las observaciones de Spencer y Gillen, formuló una segunda teoría —la sociológica antes analizada—, pero tampoco ésta consiguió satisfacerle definitivamente, pues reconoció que el motivo atribuido en ella al totemismo, era demasiado racionalista y suponía una organización social en exceso complicada, para ser primitiva[134]. Las asociaciones cooperativas mágicas se le mostraron entonces, más bien, como frutos tardíos que como gérmenes del totemismo y buscó, por lo tanto, detrás de ellas, un factor más sencillo, una superstición primitiva de la que fuese posible derivar el totemismo, hallándolo en la singularísima teoría de los arunta sobre la concepción.

Los arunta suprimen, como ya indicamos, toda relación entre la concepción y el acto sexual. Cuando una mujer se siente fecundada es que en el momento en que experimenta dicha sensación ha habido un espíritu que aspiraba a la resurrección y que ha abandonado su residencia para introducirse en el cuerpo de dicha mujer, la cual le dará a luz como hijo suyo. Tal hijo tendrá el tótem de los espíritus que esperan su resurrección en la misma residencia de aquél que en él ha encarnado. Esta teoría no puede, desde luego, explicar el totemismo, puesto que supone ya la existencia del tótem, pero si retrocedemos un poco más y admitimos que la mujer creía desde un principio que el animal, la planta, la piedra o el objeto que ocupaba su pensamiento en el instante en que se sintió fecundada había penetrado realmente en ella para nacer después en forma humana, quedará realmente justificada, por esta creencia de la madre, la identidad del hombre con su tótem, y todas las prohibiciones totémicas, con exclusión

[134] "It is unlikely that a community of savages should deliberately parcel out the realm of nature into provinces, assign each province to a particular band of magicians, and bid all the bands to work their magic and weave their spells for the common good". (*Totemism and Exogamy*, pág. 57).

de la exogamia, podrán ser deducidas de ella. En estas condiciones, es natural que el hombre se niegue a comer el animal o la planta tótem, pues ello significaría comerse a sí mismo. Pero de cuando en cuando, se sentirá dispuesto a consumir ceremoniosamente un poco de su tótem, con el fin de reforzar de este modo su identidad con él, identidad que constituye la parte esencial del totemismo. Las observaciones de W. H. R. Rivers sobre los naturales de las islas de Banko, parecen demostrar, en efecto, la identificación directa del hombre con su tótem, basada en una análoga teoría de la concepción[135].

La última fuente del totemismo consistiría, pues, en la ignorancia en que se encuentran los salvajes de la forma en la que los hombres y los animales procrean y perpetúan su especie, y, sobre todo, del papel que el macho desempeña en la fecundación. Esta ignorancia ha podido ser favorecida por el largo intervalo que separa el acto de la fecundación, del nacimiento del niño (o del momento en que la madre advierte los primeros movimientos del feto). El totemismo sería así, una creación del espíritu femenino y no del masculino, y tendría su fuente en los "antojos" de la mujer encinta. "Todo lo que ha impresionado la imaginación de una mujer en aquel misterioso momento de su vida en el que sintió que era madre, ha podido ser, en efecto, fácilmente identificado por ella, con el niño que llevaba en su seno. Estas ilusiones materiales, tan naturales y, según parece, tan universales pueden muy bien haber sido la raíz del totemismo"[136].

La objeción principal que puede oponerse a esta tercera teoría de Frazer es la misma que fue formulada contra su segunda teoría, o sea contra la sociológica. Los arunta parecen hallarse muy lejos de los comienzos del totemismo. Su negación de la

---

[135] *Totesmism and exogamy*, II, pág. 89, y IV, pág. 59.
[136] *L. c.*, IV, pág. 63.

paternidad no parece reposar en una ignorancia primitiva. En muchos casos, conocen incluso la herencia por línea paterna. Diríase, más bien, que han sacrificado la paternidad a una especie de especulación destinada a asegurar el culto a los espíritus de los antepasados[137]. Haciendo del mito de la inmaculada concepción una teoría general, no han dado mayor prueba de ignorancia de las condiciones de la procreación, que los pueblos de la antigüedad en la época del nacimiento de los mitos cristianos.

El holandés G. A. Wilcken ha propuesto otra explicación del origen del totemismo enlazándolo con la creencia en la transmigración de las almas. "El animal al que según la creencia general, pasaban las almas de los muertos, se convertía así, en un pariente por consanguinidad, esto es, en un antepasado, y era venerado como tal". Sin embargo, es más bien la creencia en la transmigración de las almas la que podría explicarse por el totemismo, y no éste por ella[138].

Otra teoría del totemismo ha sido formulada por varios excelentes etnólogos americanos, tales como Fr. Boas, Hill-Tout y otros. Apoyándose en observaciones realizadas en tribus totémicas americanas, afirma esta teoría, que el tótem tiene su origen en un espíritu tutelar concedido en un sueño a un antepasado de la tribu y transmitido por éste a su posteridad. Pero ya indicamos anteriormente las dificultades que se oponen a la explicación de los orígenes del totemismo por la transmisión hereditaria e individual. Además, las observaciones realizadas en Australia no justifican en ningún modo tal relación de origen entre el tótem y un espíritu tutelar[139].

---

137 "Esta creencia constituye una filosofía que se halla muy lejos de ser primitiva". (A. Lang, *Secret of the totem*, pág. 192)

138 Frazer, *Totemism and Exogamy*, IV, pág. 45 y ss.

139 Frazer, *l. c.*, pág. 48.

La teoría psicológica más reciente, esto es, la de Wundt, considera como decisivos los dos hechos siguientes: el de que el objeto totémico más primitivo y difundido sea el animal y el de que los animales totémicos más extendidos sean aquellos a los que se atribuye un alma[140]. Ciertos animales, como las serpientes, los pájaros, los lagartos y los ratones, parecen muy apropiados, por su gran movilidad, su poder de volar y otras propiedades que inspiran sorpresa u horror, para constituirse en portadores de las almas que han abandonado los cuerpos. El animal totémico sería pues, un producto de los avatares zoológicos del alma humana. Así, pues, el totemismo, según Wundt, se enlazaría directamente con la creencia en las almas, esto es, con el animismo.

b) y c) El origen de la exogamia y sus relaciones con el totemismo.

Aun habiendo citado con algún detalle las teorías relativas al totemismo, temo no haber dado una idea suficiente de ellas a causa de las abreviaciones a las que me he visto obligado a recurrir. Mas por lo que concierne a las cuestiones de que ahora vamos a ocuparnos, creo poder permitirme, en interés del lector mismo, ser aún más conciso, pues las discusiones surgidas sobre la exogamia de los pueblos totémicos son particularmente numerosas, complicadas y hasta confusas, y para el fin que en el presente estudio perseguimos ha de bastarnos recoger algunas líneas directivas de las mismas, remitiendo, por lo demás, a aquellos que deseen formarse una idea más profunda de la cuestión, a las obras especiales que ya hemos tenido frecuente ocasión de citar.

La actitud de un autor ante los problemas enlazados con la exogamia depende, naturalmente, hasta cierto punto, de sus simpatías por una de las diversas teorías totémicas. Algunas

140 Wundt, *Elemente der Woelgerpsychologie*, pág. 190.

de las explicaciones expuestas carecen de toda relación con la exogamia, como si se tratase de dos instituciones por completo diferentes. De este modo, nos hallamos ante dos concepciones, una de las cuales se ajusta a las apariencias primitivas y ve en la exogamia una parte especial del sistema totémico, mientras que la otra, niega tal enlace y no cree sino en una coincidencia accidental de estos dos rasgos de las civilizaciones primitivas. En sus trabajos más recientes, ha adoptado Frazer, sin reservas, este último punto de vista.

"Debo rogar al lector —dice— que tenga siempre presente el hecho de que las dos instituciones, el totemismo y la exogamia, son fundamentalmente distintas por su origen y su naturaleza, aunque se entrecrucen y se mezclen accidentalmente, en un gran número de tribus." (Totemism and Exogamy, I, prefacio, página XII).

Este autor nos pone directamente en guardia contra el punto de vista opuesto, en el que ve una fuente de dificultades y de interpretaciones erróneas. Contrariamente a Frazer, han hallado otros autores el medio de ver en la exogamia una consecuencia necesaria de las ideas fundamentales del totemismo. Durkheim[141] expone en sus trabajos que el tabú enlazado al tótem debía implicar, necesariamente, la prohibición del contacto sexual con las mujeres pertenecientes al mismo tótem. El tótem es de la misma sangre que el hombre, y, por lo tanto, el tabú de la sangre tiene que prohibir necesariamente (refiriéndose en particular a la desfloración y a la menstruación) las relaciones sexuales con una mujer del mismo tótem[142]. A. Lang, de acuerdo con Durkheim en este punto, llega incluso a opinar que no es necesario invocar el tabú de la sangre para

[141] *L'Année Sociologique*, 1898-1904.

[142] Véase la crítica de las ideas de Durkheim en la obra de Frazer, *Totemism and Exogamy*, IV, pág. 101.

motivar la prohibición de las relaciones sexuales con mujeres de la misma tribu[143]. El tabú totémico general que prohíbe, por ejemplo, sentarse a la sombra del árbol tabú, bastaría para ello. Como más adelante veremos, sustenta aún este mismo autor otra teoría diferente sobre los orígenes de la exogamia, dejando, por cierto, en la obscuridad, la relación que puede unir a esta segunda teoría con la precedentemente expuesta. Por lo que concierne a la sucesión en el tiempo, opina la mayoría de los autores que el totemismo es anterior a la exogamia[144].

Entre las teorías que tienden a explicar la exogamia independientemente del totemismo, no recogeremos sino aquellas que representan las diferentes actitudes de los autores con respecto al problema del incesto.

Mac Lennan[145] ha explicado muy ingeniosamente la exogamia por la supervivencia de costumbres que parecen revelar la existencia, en una época más antigua, del rapto de mujeres. Admitía este autor, que en las épocas más primitivas existía la costumbre general de procurarse mujeres robándolas a tribus extranjeras y que, poco a poco, se fue haciendo cada vez más excepcional el matrimonio con mujeres de la propia tribu, acabando por quedar prohibido[146]. En su obra busca la razón de la exogamia en la penuria de mujeres de que estas tribus primitivas sufrían, a consecuencia de la costumbre que en ellas reinaban de matar a la mayoría de los nacidos de sexo femenino, inmediatamente después de su nacimiento. No hemos de ocuparnos aquí de comprobar si los hechos reales confirman

---

[143] *Secret of the totem*, pág. 125.

[144] Por ejemplo, Frazer (*l. c.*, IV, pág. 75): "El clan totémico es un organismo social que difiere totalmente de la clase exógama y tenemos grandes razones para creer que es mucho más antiguo".

[145] *Primitive marriage*, 1865.

[146] Improper because it was unusual.

estas hipótesis de Mac Lennan, pues nos basta advertir que incluso admitiendo tales hipótesis, no queda explicado por qué los hombres de la tribu habrían de hacerse inaccesibles las pocas mujeres de su clan, ni por qué el autor deja a un lado, por completo, el problema del incesto[147]. Opuestamente a este punto de vista y manifiestamente con mucha más razón, han visto otros investigadores en la exogamia, una institución destinada a preservar del incesto al individuo[148].

Si tenemos en cuenta la creciente complicación de las restricciones matrimoniales australianas habremos de compartir la opinión de Morgan, Baldwin Spencer, Frazer y Howitt[149], según la cual mostrarían estas medidas las huellas de una intención consciente deliberada (*deliberate disign*, según Frazer) y habrían alcanzado realmente el fin que se proponían. "Es imposible explicar de otra manera en todos sus detalles, un sistema a la vez tan complejo y tan regular"[150].

Resulta muy interesante comprobar que las primeras restricciones consecutivas a la introducción de las clases matrimoniales, recaían sobre la libertad sexual de la generación joven, esto es, sobre el incesto entre hermanos y hermanas y entre hijos y madres, mientras que el incesto entre padres e hijas no fue suprimido sino por prohibiciones ulteriores.

Pero atribuyendo las restricciones sexuales exógamas a intenciones legisladoras, no se explica por qué motivo han sido creadas tales instituciones. ¿De dónde viene, en último análisis, la fobia del incesto, que debe ser considerada como la raíz misma de la exogamia? Evidentemente no basta explicar

---

[147] Frazer, *l. c.*, pág. 73-92.

[148] Véase el capítulo I.

[149] Morgan, *Ancient Society*, 1877. Frazer, *Totemism and Exogamy*, IV, pág. 105 y ss.

[150] Frazer, *l. c.*, pág. 116.

la fobia del incesto por una aversión instintiva a las relaciones sexuales entre parientes cercanos, o sea, por el hecho mismo del horror al incesto, pues la experiencia social nos muestra que, a pesar de tal instinto, el incesto está muy lejos de ser un fenómeno raro, incluso en nuestras sociedades modernas, y la experiencia histórica nos enseña que los matrimonios incestuosos eran obligatorios para determinadas personas privilegiadas.

Westermarck[151] explica la fobia del incesto diciendo que "aquellas personas de sexo diferente que viven juntas desde su infancia, experimentan una aversión innata a entrar en relaciones sexuales, y como entre estas personas existe generalmente un parentesco de sangre, halla este sentimiento en la costumbre y en la ley su expresión natural, que es la de la prohibición de las relaciones sexuales entre parientes cercanos". Avellock Ellis niega el carácter instintivo de esta aversión, pero se aproxima, sin embargo, al punto de vista de Westermarck diciendo en sus "Studies in the psicology of sex": "El hecho de que el instinto sexual no se manifieste normalmente entre hermanos y hermanas o entre muchachos y muchachas que han vivido juntos desde la infancia, no constituye sino un fenómeno negativo debido a que en tales circunstancias, faltan las condiciones necesarias para despertar el instinto de la cópula... En las personas que han vivido juntas desde la infancia, ha embotado la costumbre todos los estímulos que la vista, el oído y el contacto pueden provocar, y ha creado entre estas personas un estado de inclinación exentos de deseos, incapacitando a dichos estímulos para provocar la excitación erótica necesaria a la producción de la tumescencia genésica".

---

[151] *Ursprug and Entwicklung der Moralbergriffe*, II, en *Die Ehe*, 1909. Véase en esta misma obra la refutación que el autor hace de las objeciones que han sido formuladas contra su punto de vista.

Nos parece harto singular que al hablar de la aversión innata a las relaciones sexuales experimentada por las personas que han vivido juntas desde su infancia, vea al mismo tiempo Westermarck en esta tendencia, una expresión psíquica del hecho biológico de que los matrimonios consanguíneos son perjudiciales para la especie. Es difícil admitir que un instinto biológico de este género se equivoque en su manifestación psicológica hasta el punto de prohibir no ya las relaciones sexuales entre parientes consanguíneos, perjudiciales para la especie, sino aquellas otras, totalmente inofensivas desde este punto de vista, entre miembros de una familia o de una misma tribu. No puedo por menos de reproducir aquí la crítica que Frazer opone a la afirmación de Westermarck. Encuentra, en efecto, inconcebible, que la sensibilidad sexual no se oponga en absoluto hoy en día, a las relaciones de este género entre personas que han vivido en familia, mientras que el horror al incesto, que según Westermarck no sería sino un efecto de dicha oposición es actualmente más intenso que nunca. Más profundas aún son las siguientes observaciones de Frazer, que cito aquí textualmente, porque concuerdan en sus puntos esenciales, con los argumentos desarrollados por nosotros en el capítulo sobre el tabú:

"No acertamos a ver por qué un instinto humano profundamente arraigado habría de necesitar ser reforzado por una ley. No hay ley para ordenar al hombre que coma y beba o para prohibirle introducir sus manos en el fuego. Los hombres comen, beben y mantienen sus manos lejos del fuego, instintivamente, por temor a los castigos naturales, y no legales, que se atraerían conduciéndose en contra de su instinto. La ley no prohíbe sino aquello que los hombres serían capaces de realizar bajo el impulso de algunos de sus instintos. Lo que la naturaleza misma prohíbe y castiga no tiene necesidad de ser prohibido y castigado por la ley. Asimismo, podemos admitir sin vacilación, que los crímenes prohibidos por una ley son crímenes que muchos hombres realizarían fácilmente por inclinación natural. Si las malas inclinaciones no existieran no habría crímenes, y si no hubiera crímenes, no habría tampoco necesidad de prohibirlos. De este modo, resulta, que en lugar de concluir de la prohibición legal del incesto la existencia de una aversión natural hacia el mismo, deberíamos más bien deducir la de un instinto natural que impulsara al incesto, admitiendo asimismo que, si la ley reprueba este instinto, como tantos otros instintos naturales, es porque los hombres civilizados se han dado cuenta de que su satisfacción habría de ser perjudicial desde el punto de vista social"[152].

A esta notable argumentación de Frazer puedo añadir, por mi parte, que las experiencias del psicoanálisis muestran la imposibilidad de la existencia de una aversión innata a las relaciones incestuosas. El psicoanálisis nos enseña, por el contrario, que los primeros deseos sexuales del hombre son siempre de naturaleza incestuosa y que estos deseos reprimidos desempeñan un papel muy importante, como causas determinantes de las neurosis ulteriores.

Es, pues, necesario abandonar la concepción que ve en la fobia del incesto, un instinto innato e igualmente otra teoría de la prohibición del incesto, que cuenta con numerosos partidarios, esto es, la de que los pueblos primitivos habrían dictado tal prohibición con pleno conocimiento de causa, después de advertir los peligros inherentes a los matrimonios consanguíneos, desde el punto de vista de la procreación. Las objeciones que surgen contra esta tentativa de explicación son numerosísimas[153]. En primer lugar, y aparte de que la prohibición del incesto debe ser muy anterior a la cría de animales

---

[152] *L. c.*, pág. 97.

[153] Cf. Durkheim: *La prohibition de l'inceste*, en *L'Année sociologique*, I, 1896-1897.

domésticos en la que el hombre hubiera podido advertir los efectos de los cruces consanguíneos sobre las cualidades de la raza, la naturaleza perjudicial de estos efectos se halla aún en nuestros días muy lejos de ser admitida y es muy difícil de demostrar, por lo que al hombre respecta. En segundo, todo lo que sabemos sobre los salvajes actuales hace muy inverosímil la hipótesis de que sus antepasados más lejanos llegaran a preocuparse de poner a su posteridad al abrigo de los efectos perjudiciales de las uniones consanguíneas. Resulta casi ridículo atribuir a estos hombres, incapaces de toda previsión y que vivían al día, motivos higiénicos y eugénicos que apenas se tienen en cuenta en nuestra civilización actual[154]. Puede, por último, objetarse que no basta atribuir la prohibición de las uniones consanguíneas a razones higiénicas y puramente prácticas para explicar la profunda aversión que existe contra el incesto en nuestras sociedades modernas. Por otro lado, y como ya lo hemos indicado en otro lugar, esta fobia del incesto es aún más viva y fuerte en los pueblos primitivos hoy existentes, que en los pueblos civilizados[155].

Así, pues, cuando creíamos poder elegir también, para la explicación de la fobia del incesto, entre causas sociológicas, biológicas y psicológicas, nos vemos obligados, en fin de cuentas, a suscribir la resignada confesión de Frazer: ignoramos el origen de la fobia del incesto y no sabemos siquiera en qué dirección debemos buscarlo. Ninguna de las soluciones propuestas hasta ahora nos parece satisfactoria[156].

---

[154] C. Darwin dice de los salvajes: "Son incapaces de prever los males lejanos susceptibles de herir a su progenitura".

[155] Véase el capítulo 1°.

[156] Resulta, pues, que el origen último de la exogamia y por consiguiente, de la ley del incesto –puesto que la exogamia ha sido instituida con el fin de pre-

Debo mencionar aún una última tentativa de explicación del origen del incesto, que difiere totalmente de aquéllas de que nos hemos ocupado hasta aquí y podría ser calificada de histórica.

Se enlaza esta tentativa a una hipótesis de Darwin sobre el estado social primitivo de la humanidad. De las costumbres de los monos superiores dedujo este autor que el hombre vivió también, primitivamente, en pequeñas hordas, dentro de las cuales quedaba impedida la promiscuidad sexual, por los celos del macho más viejo y robusto: "Por lo que sabemos de los celos de todos los mamíferos, muchos de los cuales se nos muestran armados de órganos especiales, destinados a la lucha contra sus competidores, podemos concluir, en efecto, que la promiscuidad general de los sexos en el estado de naturaleza, es un hecho muy poco probable... Pero si remontándonos suficientemente en el tiempo juzgamos las costumbres sociales humanas conforme a la esencia del hombre actual, la conclusión que se nos aparece como más probable es la de que los hombres vivieron primitivamente en pequeñas sociedades, teniendo generalmente cada uno, una sola mujer, y a veces, si poseía un alto grado de poderío, varias, que defendía celosamente contra todos los demás hombres. Asimismo, pudo no ser el hombre un animal social y vivir, sin embargo, como el gorila, con varias mujeres de su exclusiva pertenencia. En los grupos de estos animales se ha comprobado siempre, efectivamente, la presencia de un único macho adulto. Cuando el gorila joven llega a un cierto estado de su crecimiento lucha con los demás por el dominio absoluto del grupo y después de matarlos o expulsarlos, se constituye en jefe supremo. (Doctor Savage en el Boston Journal of Natur. Hist. V, 1845-1847). Los jóvenes

---

venir el incesto– continúa siendo un obscurísimo problema. (*Totemism and Exogamy*, I, pág. 173).

machos así eliminados y errantes de lugar en lugar considerarán, a su vez, como un deber, cuando lleguen a conquistar una hembra, impedir las uniones consanguíneas demasiado íntimas entre los miembros de una misma familia[157].

Atkinson[158] parece haber sido el primero en reconocer que las condiciones que Darwin asigna a la horda primitiva implican la exogamia de los varones jóvenes. Cada uno de estos desterrados podía fundar una horda análoga en el interior de la cual quedaba garantizada y mantenida, por sus celos, la prohibición de las relaciones sexuales. De este modo, acabaron tales condiciones, por engendrar la regla que hoy en día se nos muestra como ley consciente, o sea, la prohibición de las relaciones sexuales entre miembros de la misma horda. Después de la introducción del totemismo, se transformó esta prohibición en la de las relaciones sexuales en el interior del tótem.

A. Lang[159] se ha adherido a esta explicación de la exogamia. Pero en la misma obra se muestra también partidario de otra teoría, la de Durkheim, que ve en la exogamia una consecuencia de las leyes totémicas. No es fácil conciliar los dos puntos de vista, pues según el primero, habría existido la exogamia antes que el totemismo, y según el segundo, sería un efecto de éste[160].

[157] *Abstammung der Menschen.*

[158] *Primal law*, Londres, 1903. Citado por A. Lang en su obra *Social origins*.

[159] *Secret of the totem*, pág. 114-143.

[160] "If it be granted that exogamy existed in practice on the lines of Mr. Darwin's theory, before totem beliefs lent to the practice a sacred sanction, our task is relatively easy. The first practical rule would be that of the jealous Sire "No males to touch the females in my camp", with expulsion of adolescent sons. *In efflux of time that rule, become habitual*, would be: "No marriage within the local group". Next let the local groups receive names, such as Emus, Crows, Opossums, Snipes, and the rule becomes "No marriage within the local group of animal name; no Snipe to marry a Snipe". But if the primal groups were not exogamus

3

Sólo el psicoanálisis proyecta alguna luz sobre estas tinieblas. La actitud del niño con respecto a los animales presenta numerosas analogías con la del primitivo. El niño no muestra aún vestigio ninguno de aquel orgullo que mueve al adulto civilizado a trazar una precisa línea de demarcación entre su individuo y los demás representantes del reino animal. Por el contrario, considera a los animales como iguales suyos, y la confesión franca y sincera de sus necesidades le hace sentirse incluso más próximo al animal que al hombre adulto, al cual encuentra, indudablemente, enigmático.En este perfecto acuerdo entre el niño y el animal, surge, a veces, una singular perturbación. El niño comienza, de repente, a sentir miedo de ciertos animales y a evitar el contacto e incluso la vista de todos los representantes de una especie dada. Se nos presenta, entonces, el cuadro clínico de la *zoofobia*, una de las afecciones psiconeuróticas más frecuentes de esta edad y quizá la forma más temprana de este género de enfermedades. La fobia recae, por lo regular, sobre animales hacia los que el niño había testimoniado hasta entonces un vivo interés, y no presenta relación ninguna con un determinado animal particular. La elección del animal objeto de la fobia aparece harto limitada en nuestras grandes ciudades, y, por lo tanto, encontramos con gran frecuencia como tales objetos, los caballos, los perros y los gatos; más raras veces, los pájaros, y en cambio, muy repetidamente, animales de pequeñas dimensiones, tales como los escarabajos y las mariposas. Asimismo, pueden constituirse en objeto de una

---

they would become so as soon as totemic myths and tabus were developped out of the animal, vegetable, and other names of small local groups", (*Secrets of the totem*, pág. 143). — En su último trabajo sobre esta materia, declara Lang haber renunciado a derivar la exogamia del tabú totémico general. (*Folklore*, diciembre 1912).

fobia, animales que el niño no conoce sino por sus libros de estampas o por los cuentos que ha oído relatar. La determinación de la forma en que se han llevado a cabo estas inusitadas elecciones del animal objeto de la fobia, sólo raras veces se consigue. Al doctor K. Abraham debemos la comunicación de un caso en el que el niño explicó por sí mismo su miedo a las avispas, diciendo que le hacían pensar en el tigre, animal muy temible, según le habían contado.

Las zoofobias de los niños no han sido aún objeto de un detenido examen analítico, no obstante merecerlo en alto grado. Ello depende, quizá, de las dificultades inherentes a la realización del análisis con sujetos de tan poca edad. No podemos, por lo tanto, afirmar haber llegado al conocimiento del sentido general de estas enfermedades, sentido que, por otra parte, no creemos pueda ser unitario. Sin embargo, algunas de estas fobias, relativas a animales de crecido tamaño, se han mostrado accesibles al análisis y han revelado su enigma al investigador. En todas ellas, se nos ha revelado sin excepción, que cuando el infantil sujeto pertenece al sexo masculino, se refiere su angustia a su propio padre, aunque haya sido desplazada sobre el animal objeto de la fobia.

Todo psicoanalítico ha tenido ocasión de observar casos de este género y recogido en ellos, iguales impresiones, a pesar de lo cual, son muy poco numerosas las publicaciones detalladas sobre este tema, circunstancia puramente accidental y de la que sería erróneo concluir que nuestra afirmación no se apoya sino en observaciones aisladas. El doctor Wulff, de Odessa, es uno de los autores que con mayor inteligencia se ha ocupado de las neurosis infantiles. En una de sus comunicaciones, en la que desarrolla el historial clínico de un niño de nueve años, encontramos la descripción de una fobia de los perros, padecida por el infantil sujeto cuando apenas acababa de cumplir los cuatro. "Cuando veía un perro por la calle, se echaba a llorar y gritaba: "¡No me cojas, perrito; seré bueno!". Por ser bueno entendía "no volver a tocar el violín", esto es, no masturbarse[161].

En el curso de su estudio hace Wulff el siguiente resumen de este caso: "Su fobia de los perros no es en el fondo, sino el miedo que su padre le inspira, desplazado sobre dichos animales, pues la singular exclamación "¡Perrito, seré bueno!" (esto es, "no me masturbaré"), se dirige propiamente a su padre, que es quien le ha prohibido la masturbación. Más adelante consigna este autor en una nota una indicación que no se halla completamente de acuerdo con nuestras observaciones y testimonia además de la frecuencia de estos casos: "Estas fobias (fobias de los caballos, de los perros, de las gallinas y de otros animales domésticos), son tan frecuentes en el niño, como el "pavor nocturnus", y el análisis nos revela siempre su origen en el desplazamiento sobre un animal. del miedo que el padre o la madre inspiran al infantil sujeto. Lo que no puedo afirmar es si la fobia de los ratones y las ratas, tan difundida, presenta o no el mismo mecanismo."

En el primer volumen de la revista titulada "Jahrbuch fuer psychoanalytische und psychopatologische Forschungen", tengo publicado un "Análisis de una fobia de un niño de cinco años" cuyo historial clínico me fue amablemente comunicado por el padre del sujeto. Se trataba de un miedo tal a los caballos que el niño se negaba a salir a la calle y temía, incluso, que llegasen hasta su habitación para morderle. Esta temida agresión debía constituir el castigo de su deseo de que el caballo cayese (muriese). Cuando se logró apaciguar el temor que al niño inspiraba su padre, pudo observarse que luchaba contra el deseo de la ausencia (la partida, la muerte) del mismo, pues veía en él un rival que le disputaba los favores de la madre, hacia la que se orientaban

[161] W. Wulff, *Beiträge zur infantilen Sexualität*, en *Zentralblatt f. Psychoanalyse*, 1912, II, número 1, página 15 y ss.

vagamente sus primeros impulsos sexuales. Se hallaba, pues, en aquella típica disposición del sujeto infantil masculino que ha sido designada por nosotros con el nombre de "complejo de Edipo", y en la que vemos el complejo central de la neurosis. El análisis de este niño, al que llamaremos "Juanito", nos reveló una nueva circunstancia, muy interesante desde el punto de vista del totemismo, pues vimos que había desplazado sobre el animal una parte de los sentimientos que su padre le inspiraba.

El análisis nos descubre todos los trayectos asociativos, tanto los de contenido importante como los accidentales, a lo largo de los cuales se efectúa tal desplazamiento, y nos permite adivinar los motivos de este último. El odio nacido de la rivalidad con el padre no ha podido desarrollarse libremente en la vida psíquica del niño, por oponerse a él el cariño y la admiración preexistentes en la misma. El niño se encuentra, pues, en una disposición afectiva equívoca —ambivalente— con respecto a su padre y mitiga el conflicto resultante de tal actitud desplazando sus sentimientos hostiles y temerosos sobre un subrogado de la persona paterna. Pero este desplazamiento no consigue resolver la situación estableciendo una definida separación entre los sentimientos cariñosos y los hostiles. Por el contrario, persisten el conflicto y la ambivalencia, pero referidos ahora al objeto del desplazamiento. Así, comprobamos que no es sólo miedo lo que los caballos inspiran a Juanito, sino también respeto e interés. Una vez apaciguados sus temores, se identificó con el temido animal y jugaba a correr y saltar como un caballo, mordiendo a su padre[162]. En otro período de mejoría de la fobia, identificó sin temor alguno a sus padres con otros distintos animales de crecido tamaño[163].

[162] *I. c.*, pág. 37.

[163] *La fantasía de las jirafas*, pág. 24.

No podemos por menos de reconocer en estas zoofobias infantiles ciertos rasgos del totemismo, aunque bajo un aspecto negativo. Sin embargo, debemos a S. Ferenczi la interesantísima observación de un caso singular, que puede ser considerado como una manifestación de totemismo positivo en un niño[164]. En el pequeño Arpad, cuya historia nos relata Ferenczi, las tendencias totémicas no surgen en relación directa con el complejo de Edipo, sino basadas en la premisa narcisista del mismo, o sea en el miedo a la castración. Pero leyendo atentamente el historial clínico de Juanito, antes mencionado, hallamos también en él numerosos testimonios de que el padre era admirado como poseedor de órganos genitales de gran volumen y temido al mismo tiempo como una amenaza para los órganos genitales del niño. Tanto en el complejo de Edipo como en el complejo de la castración, desempeña el padre el mismo papel, o sea el de un temido adversario de los intereses sexuales infantiles, que amenaza al niño con el castigo de castrarle o el sustitutivo de arrancarle los ojos[165].

Teniendo el pequeño Arpad dos años y medio, se puso un día a orinar en el gallinero de su residencia veraniega, y hubo una gallina que le picó o intentó picarle en el pene. Cuando al año siguiente volvió al mismo lugar, se imaginó ser él mismo una gallina, mostró un vivísimo interés, casi exclusivo, por el gallinero y todo lo que en él sucedía, y cambió su lenguaje humano por el piar y el cacarear del corral. En la época a la que la observación se refiere, tenía ya cinco años y había vuelto a hallar su idioma, pero no hablaba sino de las gallinas y otros volátiles.

---

[164] S. Ferenczi, *Einkleiner Hahnemann*, en *Internat. Zeitschrift f. aertzliche Psychoanalyse*, II, 1913, I, núm. 3.

[165] Sobre la sustitución de la castración por la pérdida de los ojos, tema contenido también en el mito de Edipo, véanse las comunicaciones de Reitler, Ferenczi, Rank y Eder, en el *Internat. Zeitschr, f. aerztliche Psychoanal.*, 1913, I, núm. 2.

No conocía ningún otro juguete y no cantaba sino canciones en las que se trataba de estos animales. Su actitud con respecto a su animal tótem era claramente ambivalente, componiéndose de un odio y un amor desmesurados. Su juego preferido era el de presenciar o simular el sacrificio de una gallina o un pollo. "Constituía para él una fiesta asistir al sacrificio de estas aves y era capaz de bailar durante horas enteras en derredor del cadáver, presa de una gran excitación." Después besaba y acariciaba al animal muerto, o limpiaba y cubría de besos las imágenes de gallinas que él mismo había maltratado antes.

El pequeño Arpad se cuidó, por sí mismo, de no dejar la menor duda sobre el sentido de su singular actitud. En ocasiones, sabía traducir sus deseos del lenguaje totémico al vulgar. "Mi padre es el gallo", dijo un día. "Ahora soy pequeño y soy un pollito, pero cuando sea mayor, seré una gallina, y cuando sea "más mayor" aún, seré un gallo." Otra vez se negó de repente a comer "madre asada" (por analogía con la gallina asada). Por último, solía amenazar clara y frecuentemente a los demás con la castración, transfiriendo así las amenazas de este género que a él mismo se le hacían a consecuencia de sus prácticas onanistas.

La causa del interés que le inspiraba todo lo que en el corral sucedía, no presenta para Ferenczi la menor duda: "Las relaciones sexuales entre el gallo y la gallina, la puesta de los huevos y la salida del pollito" satisfacían su curiosidad sexual, orientada realmente hacia la vida familiar humana. Concibiendo de este modo los objetos de sus deseos conforme a lo que había visto en el gallinero, dijo un día a una vecina: "Me casaré contigo, con tu hermana, con mis tres primas y con la cocinera... O no; mejor con mi madre que con la cocinera."

Más adelante completaremos el examen de esta observación. Por ahora, nos limitaremos a hacer resaltar dos interesantes coincidencias de nuestro caso con el totemismo; la completa identificación con el animal totémico[166] y la actitud ambivalente con respecto a él. Basándonos en estas observaciones, nos creemos autorizados para sustituir en la fórmula del totemismo —por lo que al hombre se refiere— el animal totémico, por el padre. Pero, una vez efectuada tal sustitución, nos damos cuenta de que no hemos realizado nada nuevo ni dado, en verdad, un paso muy atrevido, pues los mismos primitivos proclaman esta relación y en todos aquellos pueblos en los que hallamos aún vigente el sistema totémico, es considerado el tótem como un antepasado. Todo lo que hemos hecho no es sino tomar en su sentido literal una manifestación de estos pueblos, que ha desconcertado siempre a los etnólogos, los cuales la han eludido, relegándola a un último término. El psicoanálisis nos invita, por el contrario, a recogerla y enlazar a ella una tentativa de explicación del totemismo.

El primer resultado de nuestra sustitución es ya de por sí muy interesante. Si el animal totémico es el padre resultará, en efecto, que los dos mandamientos capitales del totemismo, esto es, las dos prescripciones tabú que constituyen su nódulo —o sea, la prohibición de matar al tótem y la de realizar el coito con una mujer perteneciente al mismo tótem—, coincidirán en contenido con los dos crímenes de Edipo, que mató a su padre y casó con su madre, y con los dos deseos primitivos del niño, cuyo renacimiento o insuficiente represión forman, quizá, el nódulo de todas las neurosis. Si esta semejanza no es simplemente un producto del azar, habrá de permitirnos proyectar cierta luz sobre los orígenes del totemismo en remotísimas épocas, esto es, nos permitirá hacer verosímil la hipótesis de que el sistema totémico constituye un resultado del complejo de Edipo, como

---

[166] Identificación que, según Frazer, constituye la esencia del totemismo: "Totemism is an identification of a man with his totem" (*Totemism and Exogamy*, IV, pág. 5)

la zoofobia de Juanito o la perversión del pequeño Arpad[167]. Para establecer esta verosimilitud vamos a estudiar a continuación, una particularidad aún no mencionada del sistema totémico, o como pudiéramos decir, de la religión totémica.

4

Físico, filólogo, exégeta bíblico, inteligencia tan universal como clarividente y exenta de prejuicios, W. Robertson Smith, expone en su obra sobre la religión de los semitas, publicada cinco años después de su muerte, en 1899[168], la opinión de que una ceremonia singular, la llamada *comida totémica*, formó desde un principio, parte integrante del sistema totémico. Para apoyar esta hipótesis no disponía sino de un solo dato, una descripción procedente del siglo V de nuestra era de un acto de dicho género, pero, no obstante, supo darle un alto grado de verosimilitud mediante el análisis de la naturaleza del sacrificio entre los antiguos semitas. Como el sacrificio supone la existencia de una divinidad, el proceso lógico seguido por Robertson es una inducción, cuyo punto de partida se halla en una fase superior del culto religioso, y el de llegada, en el más primitivo estadio del totemismo.

Intentaremos extractar aquí aquellos pasajes de la excelente obra de Robertson que más pueden interesarnos para el fin del presente estudio, o sea los relativos al origen y a la significación del rito del sacrificio, prescindiendo de los detalles del mismo, a veces en extremo interesantes, y de todo lo referente

[167] O. Rank nos ha comunicado un caso de fobia de los perros explicada por el sujeto mismo —un joven muy inteligente— en una forma que nos recuerda singularmente la teoría totémica de los arunta, antes expuesta. El sujeto atribuía su dolencia al hecho de que hallándose su madre embarazada de él, fue asustada por un perro, hecho que conocía por habérselo relatado su padre.

[168] Robertson Smith, *The religion of the semites*, Segunda edición, Londres, 1894.

a su desarrollo ulterior. Creemos un deber advertir al lector que nuestro extracto no puede reflejar apenas la lucidez y la fuerza demostrativa del original.

Expone Robertson que el sacrificio sobre el altar constituía la parte esencial del ritual de las religiones antiguas. Dado que en todas ellas desempeña idéntico papel, puede referirse su nacimiento a causas generales que produjeron en todas partes los mismos efectos.

El sacrificio, el acto sagrado por excelencia, (sacrificum), no tenía, sin embargo, al principio, la significación que adquirió en épocas posteriores, o sea la de una ofrenda hecha a la divinidad, para aplacarla o conseguir su favor. (El empleo profano de esta palabra se halla basado en su sentido secundario, que es el de desinterés, abnegación y olvido de sí mismo). Todo nos hace suponer que el sacrificio no era primitivamente sino *"un acto de camaradería* (fellowship) *social entre la divinidad y sus adoradores"*, un acto de comunión de los fieles con su dios.

Ofrecíanse en sacrificio manjares y bebidas; el hombre sacrificaba a su dios aquello de que él mismo se alimentaba: carne, cereales, frutas, vino y aceite, no existiendo restricciones ni excepciones sino con respecto a la carne. Los animales ofrecidos en sacrificio eran consumidos a la vez por el dios y por sus adoradores y únicamente las ofrendas vegetales se reservaban al dios, sin participación del hombre. Es indudable que los sacrificios de animales son los más antiguos y fueron al principio, únicos. La ofrenda de vegetales tuvo como fuente la de las primicias de todos los frutos y representaba un tributo pagado al dueño del suelo. Pero los sacrificios de animales son anteriores a la agricultura.

Ciertas supervivencias lingüísticas muestran de un modo irrebatible, que la parte del sacrificio destinada al dios era considerada, al principio, como su alimento real. Pero esta representación llegó a hacerse incompatible con la progresiva desmaterialización de la naturaleza de la divinidad, y se creyó eludirla no asignando a la divinidad sino la parte líquida de la comida. El uso del fuego permitió más tarde preparar los alimentos humanos en una forma más apropiada a la esencia divina, y la carne sacrificada fue quemada sobre el altar, ascendiendo su humo a las moradas celestes. Como brebaje se ofrecía, primeramente, al dios, la sangre del animal sacrificado, sustituida luego, en épocas posteriores, por el vino, al cual se consideraba como la "sangre de la vid", nombre que aún le dan los poetas de nuestros días.

La forma más antigua del sacrificio, anterior a la agricultura y al uso del fuego, era, pues, el sacrificio animal, en el que la carne y la sangre eran consumidas en común por el dios y sus adoradores, siendo requisito esencial que cada partícipe recibiese su porción.

Tales sacrificios constituían una ceremonia pública y una fiesta celebrada por el clan entero. La religión era, en general, algo común, y el deber religioso, una obligación social. Los sacrificios y las fiestas coincidían en todos los pueblos, pues cada sacrificio comportaba una fiesta y no había fiesta sin sacrificio. El sacrificio-fiesta era una ocasión de elevarse alegremente por encima de los intereses egoístas y hacer resaltar los lazos que unían a los miembros de la comunidad entre sí, y con la divinidad.

La fuerza moral de la comida pública de sacrificio reposaba en representaciones muy antiguas, relativas a la significación del acto de comer y beber en común. Comer y beber con otra persona era, a la vez, un símbolo de la comunidad social y un medio de robustecerla y contraer obligaciones recíprocas. La comida de sacrificio expresaba directamente el hecho de la *"comensalidad"* del dios y de sus adoradores, y esta "comensalidad" implicaba todas las demás relaciones que se suponían existentes. Ciertas costumbres que aún hallamos en vigor entre los árabes del desierto muestran que lo que daba a la comida en común esta fuerza de unión no era un factor religioso, sino el mismo acto de comer. Aquellos que han compartido con tales beduinos un poco de comida o han bebido leche de sus rebaños no tienen ya que temer nada de ellos y pueden, por el contrario, contar con su ayuda y con su protección, aunque no indefinidamente sino sólo durante el tiempo que el alimento ingerido permanece en el cuerpo. Resulta, pues, que el lazo de la comunidad es concebido de una manera puramente del acto que lo origina.

Mas ¿por qué causa se atribuye esta fuerza de unión al acto de comer y beber en compañía? En las sociedades más primitivas no existe sino un solo lazo que ligue sin condiciones ni excepciones: la comunidad de clan (kinship). Los miembros de esta comunidad son solidarios unos de otros. Un kin es un grupo de personas cuya vida forma una tal unidad física, que puede considerarse a cada una de ellas como un fragmento de una vida común. Así, cuando un miembro del kin muere de muerte violenta, no dicen los demás: "Ha sido vertida la sangre de Fulano", sino "Ha sido vertida nuestra sangre". La frase hebrea con la que se reconoce el parentesco de tribu dice: "Tú eres hueso de mis huesos y carne de mi carne." Kinship significa, pues, formar parte de una sustancia común. De este modo, la kinship no aparece fundada únicamente en el hecho de ser el individuo una parte de la sustancia de la madre de que ha nacido y de la leche que le ha alimentado, sino que se adquiere o se refuerza posteriormente, por la absorción de alimentos, con los que el sujeto mantiene y renueva su cuerpo. Participando de una comida con la divinidad, se expresaba la convicción de que se era de la misma sustancia que ella, pues no se compartía nunca una comida con aquellos que eran considerados como extranjeros.

La comida de sacrificio era pues, primitivamente, una comida solemne que reunía a los miembros del clan o de la tribu, conforme a la ley de que sólo los miembros del clan podían comer reunidos. En nuestras sociedades modernas la comida reúne a los miembros de la familia, pero, en la comida de sacrificio, no desempeñaba ésta papel ninguno. La kinship es una institución anterior a la vida de familia. Las más antiguas familias que conocemos se componían regularmente de personas unidas por diferentes órdenes de parentesco. Los hombres casaban con mujeres pertenecientes a otros clanes, y como los hijos quedaban adscritos al clan de la madre, no existía ningún parentesco de tribu entre el padre y los demás miembros de su familia. En tales familias no se celebraban, pues, comidas comunes. Todavía actualmente comen los salvajes por separado, pues las prohibiciones religiosas del totemismo relativas a los alimentos, les hacen imposible comer con sus mujeres y sus hijos.

Volvamos ahora nuestra atención al animal del sacrificio. Sabemos ya que no había reunión de la tribu sin el sacrificio de un animal, pero también, y esto es muy importante, que ningún animal doméstico podía ser sacrificado sino con ocasión de uno de estos sucesos solemnes. Fuera de ellos, se alimentaba el pueblo con frutas, caza y leche, pero ciertos escrúpulos religiosos prohibían matar un animal doméstico para el consumo personal. Es innegable, dice Robertson Smith, que todo sacrificio era primitivamente un sacrificio colectivo del clan y que *la muerte de la víctima* pertenecía originalmente a los *actos prohibidos al individuo y sólo justificados cuando la tribu entera asumía la responsabilidad*. No existe entre los primitivos sino una única categoría de actos a los que pueda aplicarse tal característica, esto es, aquellos que se refieren al carácter sagrado de la sangre común de la tribu. Una vida que ningún individuo puede suprimir y que no puede ser sacrificada sino con el consentimiento y la participación de todos los miembros del clan, ocupa el mismo lugar que la vida de los miembros del clan mismo. La regla de que todo invitado a la comida del sacrificio ha de gustar de la carne del animal sacrificado tiene igual significación que la prescripción según la cual, un miembro de la tribu que ha incurrido en falta, ha de ser ejecutado por la tribu entera. En otros términos, el animal sacrificado era tratado como un miembro de la tribu, y *la comunidad que ofrecía el sacrificio, su dios, y el animal sacrificado eran de la misma sangre* y miembros de un único y mismo clan.

Apoyándose en numerosos datos, identifica Robertson Smith al animal sacrificado con el antiguo animal totémico. En la antigüedad había dos especies de sacrificios: los de animales domésticos, cuya carne era generalmente consumida, y los sacrificios extraordinarios de animales prohibidos como impuros. Una investigación más detenida nos revela que estos animales impuros eran animales sagrados adscritos particularmente a determinados dioses, a los que eran sacrificados y con los cuales fueron primitivamente idénticos. Al ofrendarlos en sacrificio, hacían resaltar los fieles, por diversos medios, su parentesco con ellos y con el dios al que eran sacrificados. Pero en épocas más antiguas no existía aún esta diferenciación entre sacrificios ordinarios y sacrificios "místicos". Todos los animales eran, entonces, sagrados, y se hallaba prohibido comerlos, salvo en ocasiones solemnes y con la participación de la tribu entera. La muerte del animal era asimilada a la de un individuo de la tribu y había de ser realizada observando iguales precauciones y garantías contra todo reproche.

El aprovechamiento de animales domésticos y los progresos de la ganadería parecen haber traído consigo, en todas partes, el fin del totemismo, puro de los tiempos primitivos[169]. Pero las huellas del carácter sagrado de los animales domésticos que hallamos en las religiones "pastorales", evidencian el primitivo

[169] "The infference is that the domestication to wich totemism invariably leads (when there are any animals capable of domestication) is fatal to totemism", (Jevons. *An introduction to the history of religion*, 1902, quinta edición, página 120).

carácter totémico de los mismos. Muy avanzada ya la época clásica prescribían algunos ritos que el sacrificador huyera una vez consumado el sacrificio, como si hubiese de sustraerse a un castigo. En Grecia, se hallaba muy difundida la creencia de que el sacrificio de un buey constituía un verdadero crimen, y ciertas fiestas atenienses — las "bouphonias"— en las que se sacrificaban animales de esta especie, eran seguidas de un verdadero proceso, sometiéndose a interrogatorio a todos los partícipes, los cuales se manifestaban de acuerdo en echar la culpa al cuchillo, que era arrojado al mar.

A pesar del temor que protegía la vida del animal sagrado, como si fuese un miembro de la tribu, se imponía de cuando en cuando, la necesidad de sacrificarlo solemnemente en presencia de toda la comunidad y distribuir su carne y su sangre entre los miembros de la tribu. El motivo que dictaba estos actos nos revela el sentido más profundo del sacrificio. Sabemos que en épocas posteriores, toda comida hecha en común y toda participación en la misma substancia, creaban, al penetrar en los cuerpos, un lazo sagrado entre los comensales, pero en tiempos más remotos, no era atribuida esta significación sino a la consumición en común, de la carne del animal sagrado. *El misterio sagrado de la muerte del animal se justifica por el hecho de que solamente con ella, puede establecerse el lazo que une a los partícipes entre sí y con su dios*[170].

Este lazo no es otro que la vida misma del animal sacrificado, la vida que reside en su carne y en su sangre, y se comunica por medio de la comida de sacrificio a todos aquellos que en ella toman parte. Esta representación continúa constituyendo la base de todos los *pactos de sangre*, hasta épocas bastante recientes. La concepción eminentemente realista de la comunidad de sangre,

---

[170] *L. c.*, pág. 103.

como una identidad de sustancia, explica por qué se juzgaba necesario renovar de cuando en cuando esta identidad, por el procedimiento puramente físico de la comida de sacrificio.

Interrumpimos aquí la comunicación del razonamiento de Robertson Smith, para resumir lo más brevemente posible su sustancia y su nódulo. Con el nacimiento de la idea de la propiedad privada fue concebido el sacrificio como un don hecho a la divinidad, como la transferencia a ésta de una parte de la propiedad del hombre. Pero esta interpretación no explica todas las particularidades del ritual del sacrificio. En los tiempos más remotos poseía el animal del sacrificio, por sí mismo, un carácter sagrado. Su vida era intangible y no podía ser despojado de ella sino con la participación y bajo la responsabilidad de toda la tribu en presencia del dios, con objeto de conseguir la sustancia sagrada cuya absorción había de reforzar la identidad material de los miembros de la tribu entre sí y con la divinidad. El sacrificio era un sacramento; la víctima, un miembro del clan, y, en realidad, el antiguo animal totémico, el mismo dios primitivo, cuyo sacrificio y absorción reforzaban la identidad de los miembros de la tribu con la divinidad.

De este análisis del sacrificio, dedujo Robertson Smith, que la muerte y absorción periódicas del tótem en las épocas que precedieron al *culto de divinidades antropomórficas*, constituían un importantísimo elemento de la religión totémica. El ceremonial de una comida totémica de este género se halla, a su juicio, detallado en una descripción de un sacrificio de época posterior. San Nilo habla del rito seguido en sus sacrificios por los beduinos del desierto de Sinaí, a finales del siglo IV de nuestra era. La víctima, un camello, era colocada sobre un grosero altar de piedra, y el jefe de la tribu, después de hacer dar a los asistentes tres vueltas en derredor del ara, entonando cánticos rituales, le infería la primera herida, y bebía con avidez la sangre que de ella manaba. A continuación, se arrojaba la tribu entera sobre el animal, y cada uno cortaba con su espada, un pedazo de la carne aún palpitante, consumiéndolo en el acto. Tan rápidamente sucedía todo ello que en el breve intervalo entre la salida de la estrella matutina, a la cual era ofrecido el sacrificio, y el momento en que dicho astro comenzaba a palidecer ante los rayos del sol naciente, desaparecía por completo el animal sacrificado, hasta el punto de no quedar de él ni carne, ni huesos, ni piel, ni entrañas. Este rito bárbaro, que según todas las probabilidades se remonta a una época muy antigua, no era, como parecen demostrarlo otros testimonios, una costumbre aislada, sino la forma primitiva general del sacrificio totémico, sometida luego, en el curso de los tiempos, a las más diversas atenuaciones.

Muchos autores han rehusado adscribir a la concepción de la comida totémica importancia alguna, alegando que no resulta confirmada por la observación directa de pueblos en plena fase totémica. Pero Robertson ha citado varios casos en los que la significación sacramental del sacrificio parece indudable, como, por ejemplo, los sacrificios humanos en los aztecas, y otros que recuerdan las condiciones de la comida totémica, tales como los sacrificios de osos en la tribu de los osos de los ouataouak de América o las fiestas de osos entre los ainos del Japón. Frazer relata detalladamente estos casos y otros análogos en las dos partes últimamente publicadas de su gran obra[171] . Una tribu india de California que adora a una gran ave de presa (el cóndor), mata todos los años en el curso de una solemne ceremonia un individuo de esta especie, después de lo cual es llorada la víctima y conservada su piel y sus plumas. Los indios zuni de Nuevo México proceden del mismo modo con su tortuga sagrada.

[171] *The golden bough*, part. 5a: *Spirit of the corn and of the wild*, 1912, en los apartados titulados: “Eating the god” y “Killing the divine animal”.

En la ceremonia *intichiuma* de las tribus de Australia Central se ha observado una particularidad que confirma las hipótesis de Robertson Smith. Toda tribu que recurre a procedimientos mágicos para garantizar la multiplicación de su tótem, del cual no tiene, sin embargo, el derecho de gustar por sí sola, es obligada en el curso de la ceremonia, a absorber un pedazo de su tótem antes de que las demás tribus puedan tocar a él. El más interesante ejemplo de ingestión sacramental de un tótem, intangible en circunstancias ordinarias, nos es proporcionado, según Frazer, por los beni del África Occidental y se enlaza al ceremonial de inhumación existente en estas tribus[172].

Por nuestra parte nos agregamos a la opinión de Robertson Smith, según la cual la muerte sacramental y la consumación en común del animal totémico, intangible en tiempo normal, deben ser consideradas como caracteres importantísimos de la religión totémica[173].

5

Representémonos ahora la escena de la comida totémica, añadiendo a ella algunos rasgos verosímiles, que no hemos podido tener antes en cuenta. En una ocasión solemne, mata el clan cruelmente a su animal totémico y lo consume crudo —sangre, carne y huesos—. Los miembros del clan se visten, para esta ceremonia, de manera a parecerse al tótem, cuyos sonidos y movimientos imitan, como si quisieran hacer resaltar su identidad con él. Saben que llevan a cabo un acto prohibido individualmente a cada uno, pero que está justificado desde el momento en que todos toman parte en él, pues, además,

[172] Frazer, *Totemism and exogamy*, I, pág. 590.

[173] Las objeciones opuestas por algunos autores (Marillier, Hubert, Mauss y otros) contra esta teoría del sacrificio no me son desconocidas, pero no modifican en nada mi actitud con respecto a las ideas de Robertson Smith.

nadie tiene derecho a eludirlo. Una vez llevado a cabo el acto sangriento, es llorado y lamentado el animal muerto. El duelo que esta muerte provoca es dictado e impuesto por el temor de un castigo, y tiene, sobre todo, por objeto, según la observación de Robertson Smith referente a una ocasión análoga, sustraer al clan a la responsabilidad contraída[174].

Pero a este duelo sigue una regocijada fiesta en la que se da libre curso a todos los instintos y quedan permitidas todas las satisfacciones. Entrevemos aquí, sin dificultad, la naturaleza y la esencia misma de la *fiesta*.

Una fiesta es un exceso permitido y hasta ordenado, una violación solemne de una prohibición. Pero el exceso no depende del alegre estado de ánimo de los hombres, nacido de una prescripción determinada, sino que reposa en la naturaleza misma de la fiesta, y la alegría es producida por la libertad de realizar lo que en tiempos normales se halla rigurosamente prohibido.

Pero ¿qué significa el duelo consecutivo a la muerte del animal totémico y que sirve de introducción a esta alegre fiesta? Si la tribu se regocija del sacrificio del tótem, que es un acto ordinariamente prohibido ¿por qué lo llora al mismo tiempo?

Sabemos que la absorción del tótem santifica a los miembros de la tribu y refuerza la identidad de cada uno de ellos con los demás y de todos con el tótem mismo. El hecho de haber absorbido la vida sagrada, encarnada en la sustancia del tótem, explica la alegría de los miembros de la tribu, con todas sus consecuencias.

El psicoanálisis nos ha revelado que el animal totémico es, en realidad, una sustitución del padre, hecho con el que se armoniza la contradicción de que estando prohibida su muerte en época normal, se celebre como una fiesta su sacrificio, y que

---

[174] *Religion of the semites*, Segunda edición, 1907, pág. 412.

después de matarlo, se lamente y llore su muerte. La actitud afectiva ambivalente, que aún hoy en día caracteriza el complejo paterno en nuestros niños, y perdura muchas veces en la vida adulta, se extendería, pues, también, al animal totémico considerado como sustitución del padre.

Confrontando nuestra concepción psicoanalítica del tótem con el hecho de la comida totémica y con la hipótesis darwiniana del estado primitivo de la sociedad humana, se nos revela la posibilidad de llegar a una mejor inteligencia de estos problemas y entrevemos una hipótesis que puede parecer fantástica, pero que presenta la ventaja de reducir a una unidad insospechada series de fenómenos hasta ahora inconexas.

La teoría darwiniana no concede, desde luego, atención ninguna a los orígenes del totemismo. Todo lo que supone es la existencia de un padre violento y celoso, que se reserva para sí todas las hembras y expulsa a sus hijos conforme van creciendo. Este estado social primitivo no ha sido observado en parte alguna. La organización más primitiva que conocemos y que subsiste aún en ciertas tribus consiste en *asociaciones de hombres* que gozan de iguales derechos y se hallan sometidos a las limitaciones del sistema totémico, ajustándose a la herencia por línea materna. ¿Puede esta organización provenir de la postulada por la hipótesis de Darwin? Y en caso afirmativo ¿qué camino ha seguido tal derivación?

Basándonos en la fiesta de la comida totémica, podemos dar a estas interrogaciones, la respuesta siguiente: los hermanos expulsados se reunieron un día, mataron al padre y devoraron su cadáver, poniendo así un fin a la existencia de la horda paterna[175]. Unidos, emprendieron y llevaron a cabo lo que individualmente

---

[175] Remitimos al lector a las observaciones consignadas al final de la nota siguiente, observaciones que consideramos indispensables para la acertada inteligencia de la exposición iniciada en el texto.

les hubiera sido imposible. Puede suponerse que lo que les inspiró el sentimiento de su superioridad fue un progreso de la civilización, quizá el disponer de un arma nueva. Tratándose de salvajes caníbales, era natural que devorasen el cadáver. Además, el violento y tiránico padre constituía seguramente el modelo envidiado y temido de cada uno de los miembros de la asociación fraternal, y al devorarlo se identificaban con él y se apropiaban una parte de su fuerza. La comida totémica, quizá la primera fiesta de la humanidad sería la reproducción conmemorativa de este acto criminal y memorable, constituyó el punto de partida de las organizaciones sociales, de las restricciones morales y de la religión[176]. Para hallar verosímiles estas consecuencias haciendo

---

[176] La hipótesis, que tan monstruosa parece, del vencimiento y el asesinato del tiránico padre por la asociación de los hijos, sería, según Atkinson, una consecuencia directa de las circunstancias de la horda primitiva darwiniana: "The patriarch han only one enemy whom he sould dread... a youthful band of brother living together in forced celibacy, or a most in polyandrous relation with some single female captive. A horde as yet weak in their impubescence they are, but they would, when strength was gained with time ineviably wrench by combined attacks renewed again and again, both wife and life from the paternal tyran." (*Primal Law*, pág. 220-221). Atkinson, que pasó toda su vida en Nueva Caledonia y tuvo ocasiones poco corrientes de estudiar con todo detenimiento la vida de los indígenas, invoca el hecho de que las condiciones de la horda primitiva, tal y como Darwin las supone, se comprueban regularmente en los rebaños de caballos y toros salvajes y conducen siempre al asesinato del animal padre. Pero añade que tal asesinato es seguido de una disolución de la horda, a consecuencia de las encarnizadas luchas que surgen entre los hijos victoriosos. Resulta, pues, que por este camino no se llegaría nunca a una nueva organización de la sociedad: "An ever recurring violent succesion to the solitary paternal tyrant by sons, whose parricidal hands were so soon again clenched in fratricidal strife" (pág. 228). Atkinson, que no disponía de los datos obtenidos por el psicoanálisis ni conocía los estudios de Robertson Smith, halla una transición menos violenta entre la horda primitiva y el estadio social siguiente, en el que una gran cantidad de hombres vive en apacible comunidad. Según él, sería el amor materno el que habría obtenido que los hijos más jóvenes, primero, y luego, poco a poco, los demás, permanecieran en la horda, a condición de reconocer

abstracción de sus premisas, basta admitir que la horda fraterna rebelde abrigaba con respecto al padre, aquellos mismos sentimientos contradictorios que forman el contenido ambivalente del complejo paterno en nuestros niños y en nuestros enfermos neuróticos. Odiaban al padre que tan violentamente se oponía a su necesidad de poderío y a sus exigencias sexuales, pero al mismo tiempo, le amaban y admiraban. Después de haberle suprimido y haber satisfecho su odio y su deseo de identificación con él, tenían que imponerse, en ellos, los sentimientos cariñosos, antes violentamente dominados por los hostiles[177]. A consecuencia de este proceso afectivo, surgió el remordimiento y nació la consciencia de la culpabilidad, confundida aquí con él, y el padre muerto adquirió un poder mucho mayor del que había poseído en vida, circunstancias todas que comprobamos aún, hoy en día, en los destinos humanos. Lo que el padre había impedido anteriormente, por el hecho mismo de su existencia, se lo prohibieron luego los hijos a sí mismos, en virtud de aquella "obediencia retrospectiva" característica

---

el privilegio sexual del padre, renunciando a todo contacto de este género con la madre o las hermanas.

Esta, es, brevemente resumida, la notable teoría de Atkinson, que, como puede verse, concuerda en sus puntos *esenciales*, con las que nosotros mantenemos, separándose en cambio de ella, en otros particulares, que la privan de múltiples e interesantísimas relaciones.

La indeterminación, la brevedad y la síntesis de los datos expuestos en las consideraciones que anteceden, me han sido impuestas por la naturaleza misma del tema. Sería tan absurdo aspirar a la exactitud en estas materias como injusto exigir en ellas una certidumbre.

[177] Esta nueva disposición afectiva tenía que resultar favorecida por las circunstancia de que el parricidio no había procurado a ninguno de los hermanos la plena satisfacción de sus deseos, pudiendo decirse que había sido totalmente infructuoso. Ninguno de los hijos podía, en efecto, ver cumplido su deseo primitivo de ocupar el lugar del padre. Ahora bien: como ya sabemos, el fracaso favorece mucho más que el éxito, la reacción moral.

de una situación psíquica que el psicoanálisis nos ha hecho familiar. Desautorizaron su acto prohibiendo la muerte del tótem, sustitución del padre, y renunciaron a recoger los frutos de su crimen, rehusando el contacto sexual con las mujeres, accesibles ya para ellos. De este modo es como *la consciencia de la culpabilidad* del hijo engendró los dos tabú fundamentales del totemismo, los cuales tenían que coincidir, así, con los dos deseos reprimidos del complejo de Edipo. Aquel que infringía estos tabú, se hacía culpable de los dos únicos crímenes que preocupaban a la sociedad primitiva[178].

Los dos tabús del totemismo, con los cuales se inicia la moral humana, no poseen igual valor psicológico. Sólo uno de ellos, el respeto al animal totémico reposa sobre móviles afectivos, el padre ha sido muerto y no hay ya nada que pueda remediarlo prácticamente. En cambio, el otro tabú, la prohibición del incesto, presenta también una gran importancia práctica. La necesidad sexual, lejos de unir a los hombres, los divide. Los hermanos, asociados para suprimir al padre, tenían que convertirse en rivales al tratarse de la posesión de las mujeres. Cada uno hubiera querido tenerlas todas para sí, a ejemplo del padre, y la lucha general que de ello hubiese resultado, habría traído consigo el naufragio de la nueva organización. En ella, no existía ya ningún individuo superior a los demás por su poderío, que hubiese podido asumir con éxito, el papel de padre. Así, pues, si los hermanos querían vivir juntos, no tenían otra solución que instituir —después de haber dominado, quizá, grandes discordias— la prohibición del incesto, con la cual renunciaban todos a la posesión de las mujeres deseadas, móvil principal del parricidio. De este modo, salvaban la organización que les

---

[178] "Murder and incest, or offences of a like kind against the sacred law of blood are in primitive society the only crimes, of wihch the community as such takes cognizance..." (*Religion of the semites*, página 419).

había hecho fuertes y que reposaba, quizás, sobre sentimientos y prácticas homosexuales, adquiridos durante la época de su destierro. Quizá de esta situación es de lo que nació el *derecho materno* descrito por Bachofen y que existió hasta el día en que fue reemplazado por la organización de la familia patriarcal.

Al otro tabú, esto es, el destinado a proteger la vida del animal totémico, se enlaza, en cambio, la aspiración del totemismo a ser considerado como la primera tentativa de una religión. El animal tótem se presentaba al espíritu de los hijos como la sustitución natural y lógica del padre, y la actitud que una necesidad interna les imponía con respecto al mismo, expresaba algo más que la simple necesidad de manifestar su arrepentimiento. Mediante esta actitud con respecto al subrogado del padre, podía intentarse apaciguar el sentimiento de culpabilidad que los atormentaba y llevar a efecto una especie de reconciliación con su víctima. El sistema totémico era como un contrato otorgado con el padre y por el que éste prometía todo lo que la imaginación infantil puede esperar de tal persona —su protección y su cariño— a cambio del compromiso de respetar su vida, esto es, de no renovar con él, el acto que costó la vida al padre verdadero. En el totemismo, había también, sin duda, un intento de justificación: "Si el padre nos hubiera tratado como nos trata el tótem, no habríamos sentido jamás la tentación de matarle." De este modo, contribuyó el totemismo a mejorar la situación y a hacer olvidar el suceso al que debía su origen.

Este proceso dio nacimiento a ciertos rasgos que luego hallamos como determinantes del carácter de la religión. La religión totémica surgió de la consciencia de la culpabilidad de los hijos y como una tentativa de apaciguar este sentimiento y reconciliarse con el padre, por medio de la obediencia retrospectiva. Todas las religiones ulteriores se demuestran como tentativas de solucionar el mismo problema, tentativas que varían según el estado de civilización en el que son emprendidas y los caminos que siguen en su desarrollo, pero que no son sino reacciones idénticamente orientadas al magno suceso con el que se inicia la civilización y que no ha dejado de atormentar desde entonces, a la humanidad.

Ya en esta época, presenta el totemismo un rasgo, que la religión ha conservado luego fielmente. La tensión de la ambivalencia era demasiado grande para poder ser compensada por medio de una organización cualquiera, o dicho de otro modo, las condiciones psicológicas no eran nada favorables a la supresión de estas oposiciones afectivas. El caso es que la ambivalencia inherente al complejo perdura tanto en el totemismo como en las religiones ulteriores. La religión del totemismo no abarca solamente las manifestaciones de arrepentimiento y las tentativas de reconciliación, sino que sirve también para conservar el recuerdo del triunfo conseguido sobre el padre. La satisfacción emanada de este triunfo conduce a la institución de la comida totémica, fiesta conmemorativa con ocasión de la cual quedan levantadas todas las prohibiciones impuestas por la obediencia retrospectiva, y convierte en un deber la reproducción del parricidio en el sacrificio del animal totémico, siempre que el beneficio adquirido a consecuencia de tal crimen, o sea, la asimilación y la apropiación de las cualidades del padre, amenazan desaparecer y desvanecerse bajo la influencia de nuevas transformaciones de la vida. No habrá de sorprendernos comprobar que este factor de la hostilidad filial vuelve a surgir, a veces bajo los más singulares disfraces y transformaciones, en ulteriores productos religiosos.

Si hasta aquí hemos perseguido y comprobado en la religión y en la moral, las consecuencias de la corriente afectiva cariñosa con respecto al padre, transformada en remordimientos, no podemos dejar de reconocer, sin embargo, que la victoria corresponde a las tendencias hostiles que impulsaron a los hermanos, al parricidio. A partir de este momento, las tendencias sociales de los hermanos, en las cuales reposa la gran transformación, conservan, durante mucho tiempo, la más profunda influencia sobre el desarrollo de la sociedad, manifestándose en la santificación de la sangre común, o sea en la afirmación de la solidaridad de todas las vías del mismo clan. Asegurándose así, recíprocamente, la vida, se obligan los hermanos a no tratarse jamás uno a otro como trataron al padre. A la prohibición de matar al tótem, que es de naturaleza religiosa, se añade ahora, otra, de carácter social; la del fratricidio, y transcurrirá mucho tiempo antes de que esta prohibición llegue a constituir, sobrepasando los límites del clan, el breve y preciso mandamiento de "no matarás". En un principio es sustituida la horda paterna por el clan fraterno, garantizado por los lazos de la sangre. La sociedad reposa entonces sobre la responsabilidad común del crimen colectivo, la religión sobre la consciencia de la culpabilidad y el remordimiento; y la moral sobre las necesidades de la nueva sociedad y sobre la expiación exigida por la consciencia de la culpabilidad.

Contrariamente a las concepciones modernas del sistema totémico y de acuerdo con otras anteriores, nos revela, pues, el psicoanálisis, una íntima conexión entre el totemismo y la exogamia, y asigna a ambos un origen simultáneo.

6

Obedeciendo a múltiples y poderosos motivos, habré de abstenerme de la tentativa de describir aquí el desarrollo ulterior de las religiones, desde su comienzo en el totemismo hasta su estado actual. Me limitaré, pues, a perseguir en el complicado tejido de tal desarrollo, dos hilos que surgen con particular evidencia: el tema del sacrificio totémico y la actitud del hijo con respecto al padre[179].

---

[179] Véase el estudio de C. G. Jung, *Wandlungen uns Symbole del Libido*, en *Jahrbuch von Bleuler-Freud*, IV, 1912, cuyos puntos de vista difieren en ciertos aspectos de los míos.

Robertson Smith nos ha mostrado que, en la forma primitiva del sacrificio, retorna la comida totémica. El sentido del acto es en ambos casos, el mismo: la santificación por la participación en la comida común. En el sacrificio perdura igualmente el sentimiento de la culpabilidad, que no puede ser apaciguado sino por la solidaridad de todos los participantes. Como nuevo elemento hallamos, en cambio, a la divinidad del clan, que asiste invisible al sacrificio y toma parte en la comida al mismo título que los miembros de la tribu, los cuales se identifican con ella por la absorción de la carne del animal sacrificado. Mas ¿cómo llega el dios a ocupar esta situación que en un principio le era ajena?

La respuesta podía ser la de que, en el intervalo, había surgido —sin que sepamos de dónde— la idea de Dios, idea que se habría apoderado de toda la vida religiosa, de manera que la comida totémica habría quedado obligada, como todo lo que quería subsistir, a adaptarse al nuevo sistema. Pero la investigación psicoanalítica del individuo nos ha evidenciado que el mismo concibe a Dios a imagen y semejanza de su padre carnal, que su actitud personal con respecto a Dios depende de la que abriga con relación a dicha persona terrenal y que, en el fondo, no es Dios sino una sublimación del padre. También aquí, como antes en el totemismo, nos aconseja el psicoanálisis que creamos a los fieles que nos hablan de Dios como de un padre celestial, lo mismo que en épocas remotas hablaron del tótem como de su antepasado. Si los datos del psicoanálisis merecen en general, ser tomados en consideración, habremos de admitir que sin perjuicio de aquellos otros orígenes y significaciones posibles de Dios, sobre los cuales no puede proyectar nuestra disciplina luz ninguna, tiene que ser muy importante la participación de la idea de padre en la idea de Dios. Pero siendo así, figuraría el padre doblemente en el sacrificio primitivo, primero como dios y luego como víctima del sacrificio[180]. Habremos, pues, de preguntarnos, si es realmente posible esta doble representación y en caso afirmativo, qué sentido hemos de atribuirle.

Sabemos que entre el dios y el animal sagrado (tótem, animal destinado al sacrificio) existen múltiples relaciones: 1° a cada dios es consagrado generalmente un animal y a veces varios; 2° en ciertos sacrificios particularmente sagrados —los que antes denominamos "místicos"— es precisamente el animal consagrado al dios el que le es ofrecido en sacrificio; 3° el dios era adorado con frecuencia bajo la imagen de un animal, o dicho de otro modo, ciertos animales continuaron siendo objeto de un culto divino mucho tiempo después del totemismo; 4° en los mitos se transforma el dios, con frecuencia, en un animal, y muchas veces, precisamente en el que le está consagrado. Parecería, pues, natural admitir que el dios no es sino el animal totémico mismo, del cual habría nacido en una fase ulterior del sentimiento religioso. La reflexión de que por su parte es el tótem una sustitución del padre, nos evita toda más amplia discusión. Así, pues, el tótem sería la primera forma de tal sustitución del padre, y el dios, otra posterior, más desarrollada, en la que el padre habría recobrado la figura humana. Esta nueva creación, nacida de la raíz de toda la formación religiosa, o sea de la *añoranza del padre*, habría llegado a ser posible una vez que con el transcurso del tiempo sobrevinieron modificaciones esenciales en la actitud con respecto al padre y quizá también con respecto al animal.

Aun prescindiendo del comienzo de un extrañamiento psíquico del animal y de la descomposición del totemismo, efecto de la domesticación, no resulta difícil establecer cuáles fueron tales modificaciones. La situación creada por la supresión del padre entrañaba un elemento que con el transcurso

[180] Robertson Smith, *Religion of the semites.*

del tiempo había de provocar un extraordinario incremento de la añoranza final. Los hermanos, que se habían reunido para consumar el parricidio, abrigaban, todos, el deseo de llegar a ser iguales al padre, y lo manifestaron absorbiendo en la comida totémica, partes del cuerpo del animal sustitutivo. Pero a consecuencia de la presión que el clan fraterno ejercía sobre todos y cada uno de sus miembros, hubo de permanecer insatisfecho tal deseo. Nadie podía ni debía alcanzar ya nunca la omnipotencia del padre, objeto de los deseos de todos. De este modo, la hostilidad contra el padre, que impulsó a su asesinato, fue extinguiéndose en el transcurso de un largo período de tiempo, para ceder su puesto al amor y dar nacimiento a un ideal, cuyo contenido era la omnipotencia y falta de limitación del padre primitivo, combatido un día, y la disposición a someterse a él. La primitiva igualdad democrática de todos los miembros de la tribu no pudo ser mantenida, a la larga, a causa de los profundos cambios sobrevenidos en el estado de civilización, y entonces surgió una tendencia a resucitar el antiguo ideal del padre, elevando a la categoría de dioses, a hombres que se habían demostrado superiores a los demás. Actualmente, nos parece inconcebible que un hombre pueda llegar a ser dios y que un dios pueda morir, pero la antigüedad clásica admitía sin esfuerzo alguno estas representaciones[181]. La elevación a la categoría de dios, del padre antiguamente asesinado, al que la tribu hacía remontar su origen, constituía

[181] "To us modern for whom the breach which divides the human and the divine has deepened an impasible gulf, such mimicry may appear impious, but it was otherwise with the ancients. To their thinking gods and men were akin, for many families traced ther descent from a divinity, and the deification of a many families traced ther descent from a divinity, and the deification of a man probably seemed as litle extraordinary to them as the canonization of a saint seems to a modern catholic". (Frazer, *The Golden bough*, I: "The magic art and the evolution of kings", II, página 177.

una tentativa de expiación mucho más seria de lo que antes lo fue el contrato con el tótem.

Lo que no nos es posible indicar es el lugar que corresponde en esta evolución a las grandes divinidades maternas que precedieron, quizá, en todas partes, a los dioses padres. Parece, en cambio, cierto, que la transformación de la actitud con respecto al padre no se limitó al orden religioso, sino que se extendió, como era lógico, al otro sector de la vida humana sobre el que también había influido la supresión del padre, esto es, a la organización social. Con la institución de las divinidades paternas fue transformándose paulatinamente la sociedad huérfana de padre hasta adoptar el orden patriarcal. La familia pasó a constituir una reproducción de la horda primitiva antigua y devolvió al padre gran parte de sus antiguos derechos. Hubo, pues, nuevamente, padres, pero las conquistas sociales del clan fraternal no se perdieron, y la distancia de hecho que existió entre el nuevo padre de familia y el padre soberano absoluto de la horda primitiva, era lo bastante grande para garantizar la persistencia de la necesidad religiosa y del amor filial siempre despierto e insatisfecho.

Así, pues, en la escena del sacrificio ofrecido al dios de la tribu, se halla realmente presente el padre, a doble título: como dios y como víctima del sacrificio. Pero en nuestra tentativa de llegar a la inteligencia de esta situación, debemos ponernos en guardia contra aquellas interpretaciones superficiales que tienden a mostrárnosla como una simple alegoría, sin tener, para nada, en cuenta, la estratificación histórica. La doble presencia del padre corresponde a dos significaciones sucesivas de la escena, en la cual han hallado una expresión plástica la actitud ambivalente con respecto al padre y el triunfo de los sentimientos cariñosos del hijo sobre sus sentimientos hostiles. La derrota del padre y su profunda humillación han proporcionado los materiales para la representación de su supremo triunfo. La general importancia adquirida por el sacrificio depende de que otorga al padre satisfacción por la violencia de que fue objeto, precisamente con el mismo acto que perpetúa la memoria de tal violencia.

Más tarde, pierde el animal su carácter sagrado y desaparecen las relaciones entre el sacrificio y la fiesta totémica. El sacrificio se convierte en una simple ofrenda a la divinidad, esto es, en un acto de desinterés y de renunciamiento en favor suyo. Dios aparece ya tan por encima de los hombres, que éstos no pueden comunicar con él sino por mediación de sus sacerdotes. Simultáneamente, surgen en la organización social reyes revestidos de un carácter divino, que extienden al estado el sistema patriarcal. Observamos, pues, que el padre, restablecido en sus derechos, se venga cruelmente de su antigua derrota elevando a un grado máximo el poder de la autoridad. Los hijos aprovechan estas nuevas circunstancias para eludir aún más su responsabilidad por el crimen cometido. No son ya ellos, en efecto, los responsables del sacrificio; es Dios mismo quien lo exige y ordena.

A esta fase pertenecen los mitos en los que el mismo dios da muerte al animal que le está consagrado, esto es, se da muerte a sí mismo, negación extrema del gran crimen que ha señalado los comienzos de la sociedad y el nacimiento de la consciencia de la responsabilidad. No resulta difícil reconocer una segunda significación del sacrificio. Expresa éste, también, en efecto, la satisfacción por haber abandonado el culto del tótem a cambio del tributado a una divinidad, esto es, de haber establecido una sustitución del padre superior a la totémica. La traducción simplemente alegórica de la escena a la que nos venimos refiriendo coincide aquí, en cierto modo, con su interpretación psicoanalítica, al pretender que dicha escena está destinada a mostrar que el dios ha superado la parte animal de su ser[182].

---

[182] La destitución de una generación de dioses por otra, en las mitologías, significa, como es sabido, el proceso histórico de la sustitución de un sistema religioso por otro nuevo, sea a consecuencia de la invasión de un pueblo extranjero, sea

Sería, sin embargo, erróneo creer que los sentimientos hostiles pertenecientes al complejo paterno enmudecen, por completo, en esta época del restablecimiento de la autoridad del padre. Por el contrario, las primeras fases del régimen de las dos nuevas formaciones sustitutivas del padre, esto es, de los dioses y de los reyes, son las que nos ofrecen las manifestaciones más acentuadas de esta ambivalencia, que permanece característica de la religión.

En su obra "The golden bough", ha emitido Frazer la hipótesis de que los primeros reyes de las tribus latinas eran extranjeros que desempeñaban el papel de una divinidad, siendo sacrificados solemnemente como tales en una fiesta determinada. El sacrificio anual de un dios parece haber sido un rasgo característico de las religiones semitas. El ceremonial de los sacrificios humanos efectuados en los más diversos puntos de la tierra habitada, muestra innegablemente, que las víctimas eran sacrificadas a título de representantes de la divinidad, y esta costumbre se mantiene aún en épocas muy posteriores, con la única diferencia de que los hombres vivos quedan reemplazados por modelos inanimados (maniquíes-muñecos). El sacrificio divino teoantrópico, del que, desgraciadamente, no puedo tratar aquí tan detalladamente, como antes del sacrificio animal, proyecta una viva luz sobre el pasado y nos revela el sentido de las formas de sacrificio más antiguas. Nos muestra con toda certidumbre que la víctima era siempre la misma, el dios al que se tributaba culto, o sea, en último análisis, el padre.

---

como resultado de una evolución psicológica. En este último caso, se acercaría al mito a lo que H. Silberer llama los "fenómenos funcionales". La afirmación de C. G. Jung, de que el dios que sacrifica al animal es un símbolo libidinoso, supone una conexión de la libido muy distinta a la preconizada hasta ahora y me parece en extremo discutible.

La cuestión de las relaciones entre los sacrificios animales y los humanos encuentra ahora una sencilla solución. El sacrificio animal primitivo se hallaba ya destinado a reemplazar un sacrificio humano, la solemne muerte del padre, y cuando la representación sustitutiva del padre hubo recobrado los rasgos humanos, pudo transformarse de nuevo el sacrificio animal en un sacrificio humano.

El recuerdo del primer gran acto de sacrificio se demostró, pues, indestructible, a pesar de todos los esfuerzos realizados para borrarlo de la memoria, y precisamente cuando los hombres quisieron distanciarse más de sus motivos, hubo de surgir su exacta reproducción en la forma del sacrificio divino. No creo necesario exponer aquí cuáles fueron las evoluciones —racionalizaciones— del pensamiento religioso, que hicieron posible este retorno. Robertson Smith, muy alejado de nuestra referencia del sacrificio al magno suceso de la historia primitiva de la humanidad, indica que las ceremonias de las fiestas con las que los antiguos semitas celebraban la muerte de una divinidad eran explicadas como la *"conmemoración de una tragedia mítica"* y que las lamentaciones rituales no poseían el carácter de una expresión espontánea, sino que parecían haber sido impuestas y ordenadas por el temor a la cólera divina[183]. Esta interpretación nos parece exacta, y los sentimientos de los fieles aparecen explicados por la situación que, en el fondo, entrañaba la ceremonia.

Admitamos ahora, como un hecho comprobado que los dos factores determinantes, los sentimientos rebeldes del hijo

---

[183] *Religion of the semites*, págs. 412-413: "The mourning is not a spontaneus expression of sympathy with the divine tragedy but obligatory and enforced by fear of supernatural anger. And a chief object of the mourners is to disclaim responsability for the gods death—a point which has already come before us in connection with theanthropic sacrifices such as the *oxmurder at Athens*"

y la consciencia de su culpabilidad, no desaparecen jamás en el desarrollo ulterior de las religiones. Toda tentativa de solución del problema religioso, esto es, de conciliación de los dos poderes psíquicos opuestos, acaba por ser abandonada, probablemente bajo la influencia combinada de las transformaciones de la civilización, los sucesos históricos y las modificaciones psíquicas internas.

La tendencia del hijo a ocupar el lugar del dios padre se exterioriza cada vez con mayor claridad. La introducción de la agricultura aumentó en la familia patriarcal, la importancia del hijo, el cual se permite nuevas manifestaciones de su libido incestuosa, que encuentra una satisfacción simbólica en el cultivo de la madre tierra. Nacen entonces las figuras divinas de Attis, Adonis, Tammuz y otras, espíritus de la vegetación y divinidades juveniles, que gozan de los favores amorosos de las divinidades maternas y realizan con ellas el incesto, desafiando al padre. Pero la conciencia de la culpabilidad, no mitigada por estas creaciones, se expresa en los mitos que asignan a los jóvenes amantes una corta vida o los castigan con la castración o la cólera de la ofendida divinidad paterna, representada bajo la forma de un animal. Adonis es muerto por un jabalí, el animal sagrado de Afrodita. Attis, el amante de Cibeles, muere castrado[184]. Las lamentaciones que siguen

[184] Entre nuestros neuróticos jóvenes desempeña el miedo a la castración un importantísimo papel en la pertubación de su actitud con respecto al padre. La interesante observación de Ferenczi (1913), antes consignada, nos muestra cómo el niño convierte en su tótem al animal que quiso picarle en el pene. Cuando nuestros niños oyen hablar de la circunsición ritual, se la representan equivalente a la castración. Que yo sepa, no se ha establecido aún paralelo ninguno entre esta actitud de los niños y los hechos de la psicología de los pueblos. La circunsición, tan frecuente en las épocas más antiguas de la humanidad y entre los pueblos primitivos, forma parte de la iniciación de los adolescentes, que la justifica en cierto modo, y sólo secundariamente fue trasladada a una edad más temprana.

a la muerte de estos dioses y la alegría que saluda su resurrección han pasado a constituir parte integrante del ritual de otra divinidad solar, predestinada a más duradero reinado.

Cuando el cristianismo comenzó a introducirse en el mundo antiguo, tropezó con la competencia de otra religión, la de Mithra, y durante algún tiempo, vaciló la victoria entre ambas divinidades.

El rostro nimbado de luz de la juvenil divinidad persa ha permanecido impenetrable para nuestra inteligencia. Las imágenes que nos lo muestran sacrificando bueyes nos autorizan, quizá, a deducir, que representaba al hijo que llevó a cabo, por sí solo, el sacrificio del padre, y redimió, así, a los hermanos, de la culpa común que sobre ellos pesaba desde el crimen primitivo. Pero había aún otro camino para atenuar tal consciencia de la culpabilidad y este otro camino es el que Cristo fue el primero en seguir: sacrificando su propia vida, redimió a todos sus hermanos del pecado original.

La doctrina del pecado original es de origen órfico. Quedó conservada en los misterios y pasó de ellos a las escuelas filosóficas de la antigüedad griega[185]. Los hombres eran descendientes de los titanes que mataron y descuartizaron a Dionisos-Zagreos, y el peso de este crimen gravitaba sobre ellos. En un fragmento de Anaximandro, leemos que la unidad del mundo quedó destruida por un crimen primitivo, y que todo lo que de él resultó debía soportar, perdurablemente, el castigo[186]. Si bien el acto

---

Resulta muy interesante observar que la circuncisión aparece combinada entre los primitivos con el corte del pelo y el arrancamiento de un diente o incluso sustituída por estos actos, y que nuestros niños, que no pueden saber nada de esto, se conducen en su temerosa reacción a tales dos operaciones, como si las consideraran equivalentes a la castración.

[185] Reinach, *Cultes, mythes et religions*, II, págs. 75 y ss.

[186] *Une sorte de péche proethnique, I. c.,* pág. 76, Reinach, 1905.

de los titanes recuerda, por los detalles de la asociación de la colectividad, el asesinato y el descuartizamiento, el sacrificio totémico descrito por San Nilo —así como otros muchos mitos de la antigüedad, entre ellos el de Orfeo mismo— nos desorienta, en cambio, la circunstancia de que el dios asesinado por los titanes era una divinidad juvenil.

En el mito cristiano, el pecado original de los hombres es indudablemente, un pecado contra Dios Padre. Ahora bien; si Cristo redime a los hombres del pecado original sacrificando su propia vida, habremos de deducir que tal pecado era un asesinato. Conforme a la Ley del Talión, profundamente arraigada en el alma humana, el asesinato no puede ser redimido sino con el sacrificio de otra vida. El holocausto de la propia existencia indica que lo que se redime es una deuda de sangre[187]. Y si este sacrificio de la propia vida procura la reconciliación con Dios Padre, el crimen que se trata de expiar no puede ser sino el asesinato del padre.

Así, pues, en la doctrina cristiana, confiesa la humanidad más claramente que en ninguna otra, su culpabilidad, emanada del crimen original, puesto que sólo en el sacrificio de un hijo ha hallado expiación suficiente. La reconciliación con el padre es tanto más sólida cuanto que simultáneamente a este sacrificio, se proclama la total renunciación a la mujer, causa primera de la rebelión primitiva. Pero aquí se manifiesta una vez más la fatalidad psicológica de la ambivalencia. Con el mismo acto con el que ofrece al padre la máxima expiación posible, alcanza también el hijo el fin de sus deseos contrarios al padre, pues se convierte a su vez en dios, al lado del padre, o más bien en sustitución del padre. La religión del hijo sustituye a la religión

---

[187] El impulso al suicidio experimentado por nuestros neuróticos se demuestra siempre como un autocastigo por los deseos de muerte, orientados hacia otras personas.

del padre y como signo de esta sustitución, se resucita la antigua comida totémica, esto es, la comunión, en la que la sociedad de los hermanos consume la carne y la sangre del hijo —no ya las del padre—, santificándose de este modo e identificándose con él. Nuestra mirada persigue, a través de los tiempos, la identidad de la comida totémica con el sacrificio de animales, el sacrificio humano teoantrópico y la eucaristía cristiana, y reconoce en todas estas solemnidades la consecuencia de aquel crimen que tan agobiadoramente ha pesado sobre los hombres y del que, sin embargo, tienen que hallarse tan orgullosos. La comunión cristiana no es, en el fondo, sino una nueva supresión del padre, una repetición del acto necesitado de expiación. Observamos ahora cuán acertada es la afirmación de Frazer, de que la "comunión cristiana ha absorbido y se ha asimilado un sacramento mucho más antiguo que el cristianismo"[188].

7

Un acontecimiento como la supresión del padre por la horda fraterna tenía que dejar huellas imperecederas en la historia de la humanidad y manifestarse en formaciones sustitutivas tanto más numerosas cuanto menos grato era su recuerdo directo[189]. Resistiendo a la tentación de perseguir tales huellas, fácilmente evidenciables en la mitología, pasaré a otro terreno, explorado ya por S. Reinach en su interesantísimo ensayo sobre la muerte de Orfeo[190].

---

[188] *Eating the God*, pág. 61. Nadie que se halle algo familiarizado con estas materias podrá suponer que el enlace de la comunión cristiana con la comida totémica sea una idea personal del autor del presente estudio.

[189] *La Tempestad*, Shakespeare (acto 1°, escena 2°), Ariel (cantando): "Tu padre yace bajo cinco brazas de agua. Sus huesos se han convertido en coral y sus ojos en perlas. Nada de él ha desaparecido, pero ha sido transformado por el mar en algo rico y extraño".

[190] *La mort d'Orphée* en el libro *Cultes, mythes et religions*, II, página 100 y ss.

En la historia del arte griego, hallamos una situación que presenta singulares analogías a la par que profundas diferencias con la escena de la comida totémica descrita por Robertson Smith. Me refiero a la situación que nos muestra la tragedia griega en su forma primitiva. Un cierto número de personas reunidas bajo un nombre colectivo e idénticamente vestidas —el coro— rodea al actor que encarna la figura del héroe, primitivamente el único personaje de la tragedia, y se muestra dependiente de sus palabras y sus actos. Más tarde, se agregó a éste un segundo actor y luego un tercero, destinados a servir de comparsa al héroe o a representar partes distintas de su personalidad. Pero el carácter del héroe y su posición con respecto al coro permanecieron inalterados. El héroe de la tragedia debía sufrir, y tal es aún, hoy en día, el contenido principal de una tragedia. Ha echado sobre sí la llamada *"culpa trágica"*, cuyos fundamentos resultan a veces difícilmente determinables, pues con frecuencia, carece de toda relación con la moral corriente. Casi siempre consistía en una rebelión contra una autoridad divina o humana, y el coro acompañaba y asistía al héroe con su simpatía, intentando contenerle, advertirle y moderarle, y le compadecía cuando después de llevar a cabo su audaz empresa, hallaba el castigo considerado como merecido.

Mas, ¿por qué debe sufrir el héroe de la tragedia y qué significa la "culpa trágica"? Debe sufrir porque es el padre primitivo, el héroe de la gran tragedia primera, la cual encuentra aquí una reproducción tendenciosa. La culpa trágica es aquella que el héroe debe tomar sobre sí para redimir de ella al coro. La acción desarrollada en la escena es una deformación refinadamente hipócrita de la realidad histórica. En ésta remota realidad fueron precisamente los miembros del coro los que causaron los sufrimientos del héroe. En cambio, la tragedia le atribuye por entero la responsabilidad de sus sufrimientos y el coro simpatiza con él y compadece su desgracia. El crimen que se le imputa, la rebelión contra una poderosa autoridad, es el mismo que pesa en realidad sobre los miembros del coro, esto es, sobre la horda fraterna. De este modo, queda promovido el héroe —aun contra su voluntad— en redentor del coro.

Habiendo sido los sufrimientos de Dionysos, el divino macho cabrío, y las lamentaciones de su cortejo de machos cabríos, identificados con él, el argumento preferido de la tragedia griega primitiva, no podemos extrañar que este drama, que había perdido ya por completo su vitalidad en el transcurso de los tiempos, la recobrase totalmente en la Edad Media, apoderándose de la Pasión de Cristo.

De la investigación que hasta aquí hemos desarrollado en la forma más sintética posible podemos deducir, como resultado, que en el complejo de Edipo coinciden los comienzos de la religión, la moral, la sociedad y el arte, coincidencia que se nos muestra perfectamente de acuerdo con la demostración aportada por el psicoanálisis de que este complejo constituye el nódulo de todas las neurosis, en cuanto hasta ahora nos ha sido posible penetrar en la naturaleza de estas últimas[191]. Nos ha sorprendido en extremo haber podido hallar también para estos problemas de la vida anímica de los pueblos, una solución, partiendo de un único punto de vista concreto, tal como la actitud con respecto al padre. Pero quizá nos sea posible todavía enlazar a él otro problema psicológico. Hemos tenido ya frecuentes ocasiones de señalar la ambivalencia afectiva, esto es, la coincidencia de odio y amor con respecto a la misma persona, en la raíz de importantes formaciones de la civilización, pero ignoramos totalmente sus orígenes. Podemos suponer que constituye un fenómeno fundamental de nuestra vida afectiva y también es posible que fuera ajena, primitivamente,

---

[191] O, en general, del complejo paterno-materno.

a la misma, y hubiese sido adquirida por la humanidad como una consecuencia del complejo paterno, o sea, de aquel en el que la investigación psicoanalítica del individuo encuentra aún, hoy en día, dicha ambivalencia, en su más elevada expresión[192].

Antes de terminar, quiero advertir al lector, que a pesar de la concordancia de los resultados obtenidos en nuestras investigaciones y que convergen todos hacia un solo y único punto, no nos ocultamos en modo alguno las incertidumbres inherentes a nuestras premisas y las dificultades con que tropieza la aceptación de nuestros resultados. De estas últimas, recogeremos dos que seguramente han surgido ya en el ánimo de nuestros lectores.

No puede haberse ocultado a nadie que postulamos la existencia de un alma colectiva en la que se desarrollan los mismos procesos que en el alma individual. Admitimos que la conciencia de la culpabilidad, emanada de un acto determinado, ha persistido a través de milenios enteros, conservando toda su eficacia en generaciones que nada podían saber ya de dicho acto, y reconocemos que un proceso afectivo que pudo nacer en una generación de hijos maltratados por su padre ha subsistido en nuevas generaciones sustraídas a dicho maltrato por la supresión del padre tiránico. Estas hipótesis parecen susceptibles de despertar graves objeciones, y es preferible cualquier otra explicación que no tuviera necesidad de apoyarse en ellas.

---

[192] Acostumbrado como estoy a que se interpreten erróneamente mis afirmaciones, no creo superfluo advertir aquí, expresamente, que al establecer estas relaciones no olvido la naturaleza compleja de los fenómenos de referencia, y que mi única intención es agregar a las causas ya conocidas o aún no descubiertas de la religión, la moral y la sociedad, un nuevo factor, resultante de la investigación psicoanalítica. Pero la naturaleza especial del nuevo factor por nosotros aportado hace que nunca pueda desempeñar en una tal síntesis papel distinto del central y principal, aunque para que le sea reconocida esta importancia habrá de demostrarse necesario, previamente, el vencimiento de grandes resistencias afectivas.

Pero una más detenida reflexión mostrará al lector que no es únicamente nuestra la responsabilidad de tales atrevimientos. Sin las hipótesis de un alma colectiva y de una continuidad de la vida afectiva de los hombres que permite despreciar la interrupción de los actos psíquicos, resultante de la desaparición de las existencias individuales, no podría existir la psicología de los pueblos. Si los procesos psíquicos de una generación no prosiguieran desarrollándose en la siguiente, cada una de ellas se vería obligada a comenzar desde un principio el aprendizaje de la vida, lo cual excluiría toda posibilidad de progreso en este terreno. En relación con este particular se nos plantean dos nuevas interrogaciones, relativas, respectivamente, a la amplitud que debemos atribuir a la continuidad psíquica dentro de estas series de generaciones y a los medios y caminos de que se sirve cada generación para transmitir a la siguiente sus estados psíquicos. Estos dos problemas no han recibido aún solución satisfactoria y la comunicación directa o la tradición, no constituyen tampoco una explicación suficiente. En general, la psicología de los pueblos se preocupa muy poco de averiguar por qué medios queda constituida la necesaria continuidad de la vida psíquica en las generaciones sucesivas. Tal continuidad queda asegurada en parte, por la herencia de disposiciones psíquicas, las cuales precisan, sin embargo, de ciertos estímulos en la vida individual, para desarrollarse. En este sentido es como habremos, quizá, de interpretar las palabras del poeta: "Aquello que has heredado de tus padres, conquístalo para poseerlo." El problema se nos mostraría aún más intrincado si pudiéramos reconocer la existencia de hechos psíquicos susceptibles de sucumbir a una represión que no dejase la menor huella de ellos. Pero sabemos que no existen hechos de esta clase. Las más intensas represiones dejan tras de sí formaciones sustitutivas deformadas, las cuales originan, a su vez, determinadas reacciones. Habremos, pues, de admitir, que ninguna generación posee la capacidad de ocultar a la siguiente, hechos psíquicos de cierta importancia. El psicoanálisis nos ha enseñado, en efecto, que el hombre posee en su actividad espiritual inconsciente, un aparato que le permite interpretar las reacciones de los demás, esto es, rectificar y corregir las deformaciones que sus semejantes imprimen a la expresión de sus impulsos afectivos. Merced a esta comprensión inconsciente de todas las costumbres, ceremonias y prescripciones que la actitud primitiva con respecto al padre hubo de dejar tras de sí, es, quizá como las generaciones ulteriores han conseguido asimilarse la herencia afectiva de las que precedieron.

Las concepciones psicoanalíticas nos permiten echar por tierra otra objeción. Hemos concebido las primeras prescripciones y restricciones de orden moral como reacción a un acto que proporcionó a sus autores la noción de crimen. Arrepintiéndose de la comisión de dicho acto, decidieron excluir su repetición y renunciar a los beneficios que el mismo podría haberles procurado. Esta fecunda conciencia de la culpabilidad no se ha extinguido aún entre nosotros. Volvemos a hallarla especialmente y con una eficacia asocial entre los neuróticos, en los que produce nuevos preceptos morales y continuas restricciones, a título de expiación de los crímenes cometidos y de precaución contra la ejecución de otros nuevos. Pero cuando investigamos en estos neuróticos los actos que han despertado tales reacciones, quedamos defraudados. La consciencia de su culpabilidad no se basa en actos ningunos, sino en impulsos y sentimientos orientados hacia el mal, pero que jamás se han traducido en una acción. La conciencia de la culpabilidad, que agobia a estos enfermos, se basa en realidades puramente psíquicas y no en realidades materiales. Los neuróticos se caracterizan por situar la realidad psíquica por encima de la material, reaccionando a las ideas como los hombres normales reaccionan tan sólo a las realidades.

¿No podrá acaso haber sucedido algo análogo entre los primitivos? Podemos atribuirles, justificadamente, una extraordinaria sobrestimación de sus actos psíquicos como fenómeno parcial de su organización narcisista[193]. Por lo tanto, los simples impulsos hostiles contra el padre y la existencia de la fantasía optativa de matarle y devorarle, hubieran podido bastar para provocar aquella reacción moral que ha creado el totemismo y el tabú. De este modo, eludiríamos la necesidad de hacer remontar los comienzos de nuestra civilización, que tan justificado orgullo nos inspira, a un horrible crimen, contrario a todos nuestros sentimientos. El encadenamiento causal que se extiende desde tales comienzos hasta nuestros días no quedaría interrumpido por este hecho, pues la realidad psíquica bastaría para explicar todas las consecuencias indicadas. Se nos objetará que la transformación social de la horda paterna en el clan fraterno constituye, sin embargo, un hecho incontestable. El argumento, aunque fuerte, no es, sin embargo, decisivo. La transformación de la sociedad pudo efectuarse en una forma menos violenta y contener de todos modos las condiciones necesarias para la manifestación de la reacción moral. Mientras se hizo sentir la opresión ejercida por el antepasado primitivo, los sentimientos hostiles contra él se hallaban justificados, y el remordimiento por ellos causado hubo de esperar una época distinta para manifestarse. Igualmente inconsistente es la otra objeción según la cual todo lo deducido de la actitud ambivalente con respecto al padre, o sea, al tabú y las prescripciones relativas al sacrificio, presentaría los caracteres de la más concreta y profunda realidad. Pero el ceremonial y las inhibiciones de nuestros neuróticos atormentados por ideas obsesivas presentan también tales caracteres, no obstante lo

[193] Véase el capítulo sobre el *Animismo, la magia y la omnipotencia de las ideas.*

cual permanecen siempre dentro de la realidad psíquica, no pasando nunca de proyectos jamás traducidos en hechos concretos. Habremos, pues, de guardarnos de aplicar al mundo del primitivo y del neurótico, rico únicamente en sucesos interiores, el desprecio que nuestro mundo prosaico, lleno de valores materiales, experimenta por las ideas y los deseos puros.

Nos hallamos aquí ante una cuestión difícil de decidir. Comenzaremos, sin embargo, por declarar que la diferencia indicada que algunos podrían hallar fundamental carece, a nuestro juicio, de toda relación con la esencia del tema discutido. Si los deseos y los impulsos presentan para el primitivo un valor de hechos, sólo de nosotros depende intentar comprender esta concepción, en lugar de obstinarnos en corregirla conforme a nuestro propio modelo. Intentaremos, pues, formarnos una idea precisa de la neurosis, puesto que es ella la que ha hecho surgir en nosotros las dudas que acabamos de señalar. No es cierto que los neuróticos obsesivos que en nuestros días sufren la presión de una súper moral no se defiendan sino contra la realidad psíquica de las tentaciones y se castiguen tan sólo por impulsos no traducidos en actos. Tales tentaciones e impulsos entrañan una gran parte de realidad histórica. Estos hombres no conocieron en su infancia sino malos impulsos, y en la medida en que sus recursos infantiles se lo permitieron, los tradujeron más de una vez, en actos. Durante su infancia pasaron, en efecto, por un período de maldad, por una fase de perversión, preparatoria y anunciadora de la fase supermoral ulterior. La analogía entre el primitivo y el neurótico se nos muestra, pues, mucho más profunda si admitimos que la realidad psíquica, cuya estructura conocemos, ha coincidido también al principio, en el primero, con la realidad concreta, esto es, si suponemos que los primitivos llevaron a cabo aquello que según todos los testimonios tenían intención de realizar.

Sin embargo, no debemos dejarnos influir con exceso en nuestros juicios sobre los primitivos por la analogía con los neuróticos. Es preciso tener también en cuenta las diferencias reales. Cierto es que ni el salvaje ni el neurótico conocen aquella precisa y decidida separación que establecemos entre el pensamiento y la acción. En el neurótico, la acción se halla completamente inhibida y reemplazada totalmente por la idea. Por el contrario, el primitivo no conoce trabas a la acción. Sus ideas se transforman inmediatamente en actos. Pudiera incluso decirse que la acción reemplaza en él, a la idea. Así, pues, sin pretender cerrar aquí con una conclusión definitiva y cierta la discusión, cuyas líneas generales hemos esbozado antes, podemos arriesgar la proposición siguiente: en el principio era la acción.

UN RECUERDO INFANTIL DE LEONARDO DA VINCI

I

Cuando la investigación psicoanalítica, que en general se contenía con un material humano de nivel vulgar, pasa a recaer sobre una de las grandes figuras de la humanidad, no persigue ciertamente los fines que con tanta frecuencia le son atribuidos por los profanos. No tiende "a oscurecer lo radiante y derribar lo elevado", ni encuentra satisfacción ninguna en aminorar la distancia entre la perfección del grande hombre y la insuficiencia de su objeto humano acostumbrado. Por el contrario, abriga un extraordinario interés por todo aquello que tales modelos puedan descubrirse y opina que nadie es tan grande que pueda avergonzarse de hallarse sometido a aquellas leyes que rigen con idéntico rigor tanto la actividad normal como la patológica. *Leonardo da Vinci* (1452-1519) fue ya admirado por sus contemporáneos como uno de los más grandes hombres del Renacimiento italiano; pero también les pareció ya enigmático, como aún nos lo parece a nosotros. Fue un genio poliforme "cuyos límites sólo podemos sospechar, nunca fijar"[194] y ejerció la más intensa influencia sobre la pintura de su época. En cambio, sólo en la época moderna se ha llegado a reconocer la grandeza del investigador físico que se enlazaba en él, al artista. Aunque nos ha legado obras maestras de la pintura, mientras que sus descubrimientos científicos permanecieron inéditos e inaprovechados, su desarrollo como investigador influyó constantemente sobre su desarrollo artístico, coartán-

[194] Según frase de Burckhardt, citada por Alexandra Konstantinowa en la obra *Die Entwiglung des Madonnentypus bei Leonardo da Vinci*, Estrasburgo, 1907.

dolo con frecuencia grandemente y acabando por ahogarlo. Vasari le atribuye en su última hora, palabras en las que había expresado su remordimiento por haber ofendido a Dios y a los hombres, no cumpliendo su misión en el arte, y aunque este relato de Vasari carece de verosimilitud, tanto exterior, como interior, y pertenece a la leyenda que ya en tiempos del enigmático maestro comenzó a formarse en torno de su persona, constituye, sin embargo, un valioso testimonio del juicio que la misma merecía a los hombres de su época[195].

¿Qué fue lo que alejó la personalidad de Leonardo de la comprensión de sus contemporáneos? Desde luego, no podemos suponer que fuera la multiplicidad de sus aptitudes y conocimientos que le permitió presentarse como citarista y constructor de nuevos instrumentos de música en la corte de Ludovico Sforza, sobrenombrado el Moro, duque de Milán, o escribir aquella notable carta en la que se vanagloriaba de sus conocimientos como arquitecto e ingeniero militar, pues la coincidencia de tan múltiples aptitudes en una sola persona era cosa corriente en los tiempos del Renacimiento, aunque de todas maneras fuera Leonardo uno de los más brillantes ejemplos de ella. No pertenecía tampoco a aquel tipo de hombres geniales, que habiendo sido poco favorecidos exteriormente por la Naturaleza, niegan, a su vez, todo valor a las formas exteriores de la vida, caen en un desconsolado pesimismo y rehúyen el trato social. Por el contrario, era esbelto y bien constituido, de rostro acabadamente bello y fuerza física nada común, encantador en su trato, elocuente, alegre y afable. Gustaba de rodearse de cosas bellas, se adornaba con magníficos trajes y estimaba

[195] "Egli per reverenza rizzatosi a sedere sur letto, contando il mal suo e gli accidenti di quello, mostrava tuttavia quanto aveva offeso Dio e gli uomini del mondo, non abendo operato nell'arte come si convenia". (Vasari, *Vite, etc.*, LXXXIII, año 1550-1554).

todo refinamiento de la vida. Estos caracteres de Leonardo quedan evidenciados en unos párrafos de su "Tratado sobre la pintura", en los que compara este arte con los demás y describe las molestias de la labor del escultor: "El escultor trabaja con el rostro envuelto en el polvillo del mármol, que le da todo el aspecto de un panadero. Sus vestidos se cubren de blancos trocitos de mármol, como si le hubiera nevado encima, y toda su casa está llena de polvo y de piedras. En cambio, el pintor se nos muestra bien vestido y cómodamente sentado ante su obra, manejando el ligero pincel con los más alegres colores. Puede adornarse a su gusto, y su casa está llena de bellas pinturas resplandeciente de limpieza. Con frecuencia se acompaña de músicos o lectores que recrean su espíritu y ni el golpear del martillo ni ningún otro ruido viene a estorbar sus placeres"[196].

Es muy posible que esta idea de un Leonardo radiante de alegría y entregado gozosamente al placer de vivir, no responda exactamente sino al primer período de la vida del maestro. En épocas posteriores, cuando el ocaso de Ludovico Moro le obligó a salir de Milán, su campo de acción, y abandonar la segura posición de que en dicha ciudad gozaba, para llevar una vida errante, escasa en éxitos exteriores, hasta refugiarse en Francia, su último asilo, debió de ensombrecerse su ánimo y acentuarse algún rasgo extravagante de su ser. El olvido en que paulatinamente fue dejando a su arte, para interesarse tan sólo por las investigaciones científicas, contribuyó no poco a hacer más profundo el abismo que de sus contemporáneos le separaba. Todos los experimentos con los que a juicio de aquéllos perdía lamentablemente el tiempo que hubiera empleado mejor pintando los cuadros que le eran encargados y enriqueciéndose así, como el Perugino, su antiguo condiscípulo, eran considerados

---

[196] *Trattato della Pittura.*

como chifladuras, e incluso le hicieron sospechoso de dedicarse a la magia negra. Bajo este aspecto le comprendemos nosotros mejor, y por sus notas sabemos cuáles eran las artes que ejercía. En una época en la que la autoridad de la Iglesia comenzaba a ser sustituída por la de la Antigüedad y en la que no se conocía aún la investigación exenta de prejuicios, fue Leonardo el precursor de Bacon y de Copérnico, e incluso su digno igual, y tenía que hallarse, por lo tanto, aislado entre sus contemporáneos. Cuando disecaba cadáveres de hombres o de caballos, construía aparatos para volar o estudiaba la alimentación de las plantas y los efectos que en días producían los venenos, se apartaba considerablemente de los comentadores de Aristóteles y se acercaba a los despreciados alquimistas, en cuyos laboratorios halló un refugio la investigación experimental, durante estos tiempos adversos.

Consecuencia de todo esto fue que Leonardo llegó a no coger sino de mala gana los pinceles, dejando inacabadas en su mayor parte, las pocas obras pictóricas que emprendía y sin que le preocuparan los destinos ulteriores de las mismas. Esta conducta le fue ya reprochada por sus contemporáneos, para los cuales constituyó siempre un enigma.

Varios de los admiradores posteriores de Leonardo han intentado defenderle de este reproche de inconstancia, alegando que se trata de una peculiaridad general de los grandes artistas. También Miguel Ángel, activo e infatigable creador, dejó inacabadas muchas de sus obras y sería, sin embargo, injusto tacharle de inconstante. Por otra parte, muchos de los cuadros de Leonardo no se hallan tan inacabados como el mismo artista lo pretendía, pues lo que él consideraba aún como insatisfactoria encarnación de sus aplicaciones, era ya, para el profano, una acabada obra de arte. El maestro concebía una suprema perfección, que luego no le parecía hallar nunca en su obra. Por último, tampoco sería justo hacer responsable al artista del destino final de sus producciones.

Por muy fundamentales que aparezcan algunas de estas disculpas, no logran eximir a Leonardo de toda responsabilidad. La penosa lucha con la obra, su abandono y la indiferencia con respecto a su destino subsiguiente, pueden ser caracteres comunes a muchos artistas, pero Leonardo nos los muestra en su más alto grado. Solmi[197] cita las siguientes manifestaciones de uno de sus discípulos: "Pareva, che ad ogni ora tremasse quando si poneva a dipingere, e pero non diede mai fine ad alcuna cosa cominciata, considerando la grandezza dell arte tal che egli scorgeva errori in quelle cose che ad altri parevano miracoli". Sus últimos cuadros, *la Leda*, *la Madona de San Onofre*, *el Baco* y el *San Juan Bautista joven*, quedaron interminados, "come quasi intervenne di tutte le cose sue..." Lomazzo, que pintó una copia de *La Cena*, se refiere en un soneto a la conocida incapacidad de Leonardo para dar fin a una obra pictórica.

Protogen che il penel di sue pitture
Non levava, agguaglio il Vinci Divo;
Di cui opra non è finita pure.[198]

La lentitud con que Leonardo trabajaba llegó a ser proverbial. En *La Cena* del Convento de Santa María delle Grazie, de Milán, pintó durante tres años, después de haber empleado mucho tiempo en estudios preliminares. Un contemporáneo, el cuentista Mateo Bandelli, fraile profeso a la sazón en dicho convento, nos refiere que Leonardo subía muchos días al andamio en las primeras horas de la mañana y trabajaba sin descanso hasta el anochecer, no acordándose siquiera de tomar alimento.

[197] Solmi, *La resurrezione dell'opera di Leonardo. Leonardo da Vinci. Conferenze fiorentine*. Milano, 1910.
[198] Citado por Scognamiglio en su obra *Ricerche e documenti sulla giovinezza di Leonardo da Vinci*, Nápoles, 1900.

En cambio, transcurrían luego semanas enteras sin que hiciera nada. En ocasiones, se pasaba horas y horas sumido en hondas meditaciones delante de su obra, como sometiéndola a un riguroso examen. Otras veces acudía a toda prisa al convento desde el patio del castillo de Milán, en el que trabajaba en el modelo de la estatua ecuestre de Francisco Sforza, sólo para dar un par de pinceladas a una figura, marchándose en seguida[199]. Vasari nos cuenta que en el retrato de Monna Lisa, esposa del florentino Francesco del Giocondo, trabajó durante cuatro años, sin llegar a darlo por terminado, detalle que queda confirmado por el hecho de no haberlo entregado a la persona que se lo encargó. Habiéndoselo llevado luego consigo a Francia, le fue comprado por el rey Francisco I, y constituye hoy uno de los más preciados tesoros del Louvre[200].

Si a estas informaciones sobre los métodos de trabajo de Leonardo unimos el testimonio de los numerosos apuntes y estudios que de él se conservan y que varían hasta lo infinito los temas de cada uno de sus cuadros, habremos de reconocer que sería injusto tacharle de ligero o inconsciente. Observamos en él, por el contrario, una extraordinaria profundidad y una gran riqueza de posibilidades entre las que vacila la definitiva elección del artista, elevadísimas aspiraciones apenas realizables, y una intensa coerción de la ejecución que no llega a resultar explicable por la fatal impotencia del artista para conseguir plenamente su propósito ideal. La lentitud proverbial de Leonardo se demuestra como un síntoma de dicha coerción y un signo precursor de su ulterior abandono total de la pintura[201],

---

[199] W. v. Seidlitz. *Leonardo da Vinci, der Wendepunkt der Renaissance*, I, 1909, pág. 202.

[200] *Ibídem*, II, pág. 48.

[201] W. Pater, *El renacimiento*, 1873: "Lo cierto es que en una determinada época de su vida, abandonó por completo el arte".

siendo también la que determinó el desdichado destino de un *Cenáculo*, del cual no podemos considerar a Leonardo por completo irresponsable. Leonardo no podía acostumbrarse a la pintura al fresco, que exige una labor continuada y rápida mientras se halla aún húmedo el fondo sobre el que han de extenderse los colores y, por lo tanto, empleó colores al óleo, que le permitían trabajar sin precipitarse, pero que se desprendieron del fondo sobre el que fueron extendidos y que los separaba del muro. Los defectos de este último y los destinos por los que en el transcurso de los años fue pasando el local, se agregaron a tal circunstancia para decidir la pérdida del cuadro, al parecer, inevitable ya[202].

Al fracaso de un análogo experimento técnico parece haber obedecido la pérdida del cuadro de la batalla de Anghiari que Leonardo pintó más tarde, compitiendo con Miguel Ángel en la Sala de Consiglio de Florencia, y que también dejó inacabado. Parece aquí como si un interés ajeno al arte —el del experimentador— hubiera robustecido el interés artístico, resultando después perjudicial para la obra de arte.

El carácter de Leonardo mostraba todavía algunos otros rasgos singulares y varias contradicciones evidentes. No puede negársele un cierto grado de inactividad e indiferencia. En una época en la que todo individuo aspiraba a conquistarse el más amplio campo de acción posible, aspiración que suponía una enérgica agresividad, se hacía notar Leonardo por su apacible natural y su empeño en evitar toda clase de competencias y disputas. Era bondadoso y afable para con todos, no probaba la carne porque creía injusto despojar de la vida a los animales, y uno de sus mayores placeres era dar libertad a los pájaros que

[202] Véase en la obra citada de Seidlitz la historia de las tentativas de salvamento y restauración.

compraba en el mercado[203]. Condenaba la guerra y la efusión de sangre y declaraba no ver en el hombre el rey de la creación, sino la más temible de las fieras[204]. Pero esta femenina delicadeza de su sensibilidad no le impedía acompañar a los condenados en el camino hacia el cadalso, para estudiar sus fisonomías contraídas por la angustia y dibujarlas en un álbum, ni tampoco inventar las más mortíferas armas de guerra y entrar al servicio de César Borgia como ingeniero militar. Parecía indiferente al bien y al mal y pedía que se le midiera con una medida especial. Acompañó a César Borgia, el más cruel y desleal de todos los caudillos, en su conquista de la Romagna, y en sus anotaciones no encontramos ni una sola línea dedicada a los sucesos de que en aquella expedición hubo de ser testigo. No sería, quizá, muy desacertado comparar aquí su actitud con la de Goethe durante la campaña de Francia.

Cuando en un ensayo biográfico se quiere llegar realmente a una profunda comprensión de la vida anímica del sujeto investigado, no se debe silenciar, como por discreción o hipocresía lo hacen la mayor parte de los biógrafos, las características sexuales del mismo. Poco es lo que sobre este punto conocemos de Leonardo, pero este poco, muy significativo. En una época que veía luchar la sensualidad más limitada con la más rigurosa ascesis, era Leonardo un ejemplo de fría repulsa sexual, inesperada y singular en un artista, pintor de la belleza femenina. Solmi[205] cita de él la siguiente frase, que testimonia de su frigidez: "El acto del coito y todo lo

[203] E. Müntz, *Léonard de Vinci*, París, 1889, pág. 18 (Una carta de un contemporáneo, dirigida a un Médicis, desde las Indias, alude a esta costumbre de Leonardo. Según Richter: *The literary Works of Leonardo da Vinci*).

[204] F. Botazzi, *Leonardo, biologo e anatomico*. "Conferenze fiorentine", 1910, pág. 186.

[205] E. Solmi. *Leonardo da Vinci*, 1908.

que con él se enlaza es tan repugnante, que la humanidad se extinguiría en breve plazo, si dicho acto no constituyera una antiquísima costumbre y no hubiera aún rostros bellos y temperamentos sensuales". Los escritos que nos han legado y que no tratan únicamente de elevados problemas científicos, sino que contienen asimismo cosas harto inocentes, apenas dignas de una tan grande inteligencia (una Historia natural alegórica, fábulas de animales, profecías)[206] son castos, e incluso podríamos decir, abstinentes, en un grado que nos asombraría hallar actualmente en una obra literaria. Eluden todo lo sexual, tan decididamente como si sólo el Eros que conserva todo lo animado no fuera un tema digno del interés del investigador[207]. Conocido es con cuánta frecuencia se complacen los grandes artistas en desahogar su fantasía en representaciones eróticas y hasta obscenas. En cambio, no poseemos de Leonardo sino algunos dibujos anatómicos de los genitales internos de la mujer, de la posición del feto en la matriz[208].

"Este extraordinario instinto de investigación falló por completo en la representación del acto sexual, a causa, naturalmente, de la represión sexual de Leonardo, más intensa aún, en él, que dicho instinto.

Si al mostrar el adjunto dibujo a una persona que no lo conozca de antemano, no le dejamos ver, al principio, sino la cabeza, podemos estar seguros de que la supondrá perteneciente a una figura femenina. Los rizos cabellos que caen sobre la frente y por detrás hasta la cuarta

[206] Marie Herzfeld, *Leonardo da Vinci, der Denker, Forscher und Poet*, Segunda edición, Jena, 1906.

[207] Quizá hemos de exceptuar aquí los chistes —*belle facezie*— coleccionados por Leonardo, pero esta excepción carece de todo alcance.

[208] Un dibujo de Leonardo, que representa el acto sexual en un corte anatómico y que en ningún modo puede calificarse de obsceno, muestra algunos singulares errores que han sido descubiertos por el doctor R. Reitler (Internat, Zeitschs. f. Psychoanalyse IV, 1916-17) y le han servido de base para deducciones orientadas en igual sentido que las nuestras.

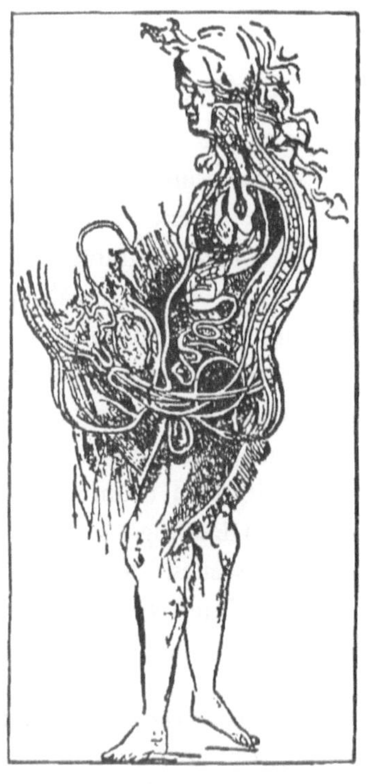

o quinta vértebra dorsal, caracterizan dicisivamente esta cabeza más femenina que masculina.

El pecho femenino muestra dos defectos. Desde el punto de vista artístico, es perfectamente antiestético, pues aparece caído y falto de firmeza. Anatómicamente considerado, constituye un testimonio de que la repugnancia sexual de Leonardo le impidió examinar alguna vez detenidamente el pezón de una mujer criando, pues si lo hubiera hecho así, habría observado que la leche fluye de él por diversos canales independientes. Por el contrario, dibuja Leonardo un solo canal, que penetra largo trecho en la cavidad abdominal y extrae, probablemente, a juicio del maestro, la leche, de la "cisterna chyli" hallándose enlazado, además, en alguna forma, con los órganos sexuales. Hemos de tener desde luego, en cuenta, que el estudio de los órganos internos del cuerpo humano era muy difícil en aquella época, por hallarse prohibida y castigada como una profanación, la disección de cadáveres. Así, pues, Leonardo, que no dispuso sino de un escasísimo material de disección, debió de ignorar la existencia de un depósito de linfa en la región abdominal, aunque representó en su dibujo una cavidad que indudablemente ha de ser interpretada en tal sentido. Pero el hecho de prolongar el canal de la leche hasta los genitales internos, hace sospechar que intentaba representar también, por medio de conexiones anatómicas evidentes, la coincidencia temporal de la subida de la leche con el final del embarazo. Aun disculpando los defectuosos conocimientos anatómicos de Leonardo, por las circunstancias de su época, hemos de extrañar que dibujase aquí tan ligera y descuidadamente los genitales femeninos. Apenas podemos reconocer la vagina y una indicación de la "porto uteri" y la matriz misma aparece dibujada con líneas muy confusas.

En cambio, dibuja Leonardo mucho más correctamente los genitales masculinos, no limitándose, por ejemplo, a representar los testículos sino también, y con toda exactitud, el epidídimo.

La posición en la que el artista nos muestra realizado el coito es altamente singular. Existen cuadros y dibujos de excelentes artistas que representan el coitus a tergo, a latere, etc., pero ante la ocurrencia de dibujar un acto sexual realizado de pie, hemos de suponer la existencia de una represión sexual particularmente enérgica como determinante de la elección de esta postura solitaria y casi grotesca. Cuando se quiere gozar y muy especialmente en la satisfacción de los dos instintos originales, el hombre y el amor —suelen buscarse las mayores comodidades posibles. La mayoría de los pueblos de la antigüedad comían echados. Esta costumbre se ha perdido ya en nuestros días, pero, en cambio, para realizar el coito, seguimos adoptando tal posición y buscando igual comodidad que nuestros lejanos antepasados. Con el acto de acostarnos, expresamos, en cierto modo, nuestra voluntad de permanecer largo rato en la situación deseada.

Los rasgos fisonómicos de la femenina cabeza correspondiente en el dibujo, a la figura masculina, muestran una expresión de repugnancia y desagrado. El entrecejo aparece fruncido, la mirada dirigida lateralmente con una expresión de horror y los labios se contraen en una mueca de disgusto que tira de sus comisuras hacia abajo. Nada refleja en este rostro el placer del amante ni la bienaventuranza del amado. Sólo advertiremos en él, repugnancia y desagrado.

Pero el mayor error cometido por Leonardo en este dibujo, se nos evidencia al examinar las extremidades interiores de las figuras. El pie del hombre tenía que ser el derecho, pues habiendo representado Leonardo el coito en un corte anatómico vertical, había de ser imaginado el pie izquierdo de la figura masculina fuera de la superficie del dibujo. Inversamente, y por las mismas razones, el pie de la figura femenina tenía que ser el izquierdo. Pero Leonardo procede al revés y confunde entre sí la figura masculina y la femenina. La primera presenta el pie izquierdo y la segunda el derecho. Este error se nos evidencia, en cuanto reflexionamos que los dedos gordos de los pies se hallan colocados en la parte interior de los mismos.

Sólo por este dibujo anatómico, podría deducirse que el gran artista e investigador italiano presentaba una perturbadora represión de la libido".

Adición de 1923–en verdad que hemos discutido estas observaciones de Reitler, teniendo en cuenta que conclusiones tan definitivas no deberían extraerse de un bosquejo hecho a la ligera, no pudiendo asegurarse si las diferentes partes del dibujo pertenecen a una totalidad.

Es muy dudoso que Leonardo tuviese nunca amorosamente entre sus brazos a una mujer. Tampoco sabemos que hubiera en su vida una pasión platónica como la de Miguel Ángel por Vittoria Colonna. Hallándose aún en el taller de Verrocchio, su maestro, fue denunciado, en unión de otros varios jóvenes, por sospechas de homosexualidad, denuncia que terminó con una absolución. El motivo de tales sospechas fue, según parece, el servirse como modelo de un muchacho de dudosa fama[209]. Siendo ya artista de renombre, se rodeaba de bellos adolescentes y jóvenes, a los que tomaba por discípulos. El último de éstos, Francesco Melzi, le acompañó a Francia, permaneció con él hasta su muerte y fue su heredero. Sin participar de la segura convicción de sus modernos biógrafos, que rechazan como una calumnia exenta de todo fundamento la posibilidad de una relación sexual entre el maestro y sus discípulos, nos parece lo más verosímil que las cariñosas relaciones de Leonardo con los jóvenes a los que aleccionaba en su arte y que según costumbre de la época, compartían su vida, no llegaran jamás a adquirir un carácter sexual. Ni en un sentido ni en otro puede atribuirse a Leonardo una actividad sexual muy intensa.

A nuestro juicio, no hay sino un solo camino que pueda llevarnos a la comprensión de la singularísima vida sentimental y sexual de Leonardo y de su doble naturaleza de artista e investigador. Que yo sepa, entre todos sus biógrafos, cuyos puntos de vista psicológicos difieren a veces grandemente, sólo uno,

---

[209] A este incidente se refiere, según Scongnamiglio, 1900, (*I, c.*, pág. 49), una obscura frase del *Codex Atlanticus*, que ha sido objeto de diversas interpretaciones: "Quanto io feci Domeneddio putto voi mi metteste in prigione, ora s'io lo fo grande, voi mi farete peggio."

E. Solmi, se ha acercado a la solución del enigma. En cambio, un poeta que ha elegido a Leonardo para protagonista de una gran novela histórica, Dimitri Sergewitsch Mereschkowsky, ha fundado su obra en tal comprensión de aquel hombre extraordinario, y ha expresado en ella, inequívocamente, su concepción de la interesantísima figura del mismo, aunque no nos la presente encerrada en una seca fórmula, sino plásticamente expuesta en forma poética[210]. Solmi dice sobre Leonardo: "Pero el insaciable deseo de penetrar en el conocimiento de todo lo que le rodeaba y hallar con fría reflexión el más profundo secreto de todo lo perfecto, condenó la obra de Leonardo a permanecer siempre inacabada"[211]. En un trabajo incluido en las *Conferenze fiorentine*, se cita una manifestación de Leonardo que constituye su profesión de fe y nos proporciona la clave de su personalidad:

Nessuna cosa si puó amare ne odiare, se prima
non si ha cognition di quella. [212]

Esto es: no se puede amar ni odiar nada si antes no se ha llegado a su conocimiento. Esta misma afirmación es repetida por Leonardo en su *Tratado de la pintura*, en un párrafo en el que parece defenderse del reproche de irreligiosidad: "Pero aquellos que me critican deben enmudecer, pues tal conducta constituye el medio de llegar al conocimiento del creador de tantas maravillas y al camino que nos lleva a amar a tan grande inventor. El gran amor nace del gran conocimiento del objeto

---

[210] Mereschowski, *Leonardo da Vinci*, 1902. Esta novela histórica constituye la parte central de una gran trilogía titulada "Cristo y Anticristo". Las otras dos partes se titulan "Julianon el Apóstata" y "Pedro el Grande y Alejo"

[211] Solmi, *Leonardo da Vinci*.

[212] Filippo Botazzi, *Leonardo biólogo e anatómico*, 1910, pág. 193.

amado, y si este conocimiento del objeto es insuficiente, no se podrá amarlo sino muy poco o nada..."

El valor de estas manifestaciones de Leonardo no reside en que nos comuniquen un importante hecho psicológico, pues lo que afirman es claramente falso, y Leonardo tenía que saberlo tan bien como nosotros. No es cierto que los hombres repriman su amor o su odio hasta después de haber estudiado y descubierto la esencia del objeto al que tales efectos han de referirse. Por el contrario, aman impulsivamente, obedeciendo a motivos sentimentales, y la reflexión y la meditación, no pueden sino debilitar los efectos de dichos motivos. Así, pues, Leonardo quería decir que aquello que los hombres llaman amor no es el amor justo y perfecto y que se *debía* amar reteniendo el afecto, sometiéndolo a un contraste intelectual y no dándole libre curso, sino después de haber salido triunfante de tal examen. Con esto, manifiesta, a nuestro juicio, que él se conduce así y que sería de desear que los demás imitasen esta conducta en sus amores y sus odios.

En realidad, parece haber seguido Leonardo esta norma durante toda su vida. Sus afectos se hallaban perfectamente domados y sometidos al instinto de investigación. No amaba ni odiaba, sino que se preguntaba cuál era el origen de aquello que había de amar u odiar y cuál su significación, de manera que al principio tenía que parecer indiferente al bien y al mal, a la belleza y la realidad. Durante esta labor de investigación, desaparecían los signos precursores del amor o el odio, se transformaban éstos en interés intelectual. No se hallaba Leonardo desprovisto en absoluto de pasiones ni carecía del divino rayo, que mediata o inmediatamente, es la fuerza impulsora —il primo motore— de toda actividad humana. Pero había convertido la pasión en ansia de saber y se entregaba a la investigación, con la tenacidad, la continuidad y la profundidad que se derivan de la pasión. Luego, una vez, llegado a la cima de la labor intelectual alcanzando el conocimiento, deja libre curso al afecto retenido durante el proceso intelectivo, como se deja volver a un río el agua tomada de él por un canal, después de haber utilizado su energía. Cuando desde la altura de un conocimiento, puede abarcar ya, su vista, un amplio conjunto, se entrega al pathos y ensalza con apasionadas palabras la magnificencia de aquel trozo de la creación que ha sometido a minucioso estudio, o dando a su admiración una forma religiosa, a su creador. Solmi ha visto muy acertadamente este proceso de transformación que en Leonardo se desarrolla. Después de citar un párrafo en el que Leonardo alaba la admirable necesidad de la naturaleza ("O mirabile necessita..."), dice: "Tale trasfigurazione della scienza della natura in emozione, quasi direi, religiosa, e uno dei tratti carateristice dei manoscritti vinciani e si trova cento volte espressa..."[213].

Se ha sobrenombrado a Leonardo, por su anhelo investigador, tan insaciable como infatigable, el Fausto italiano. Pero prescindiendo de todas las consideraciones relativas a la nueva transformación del anhelo de saber en ansia de vivir, transformación que hemos de admitir como premisa de la tragedia de Fausto, queremos arriesgar la observación de que la evolución de Leonardo se acerca grandemente a la ideología de Spinoza.

Las transformaciones de la fuerza instintiva psíquica en diversas actividades, no son realizables —del mismo modo que las transformaciones de las fuerzas físicas— sin una pérdida. El ejemplo de Leonardo nos advierte cuántas otras cosas hemos de perseguir en estos procesos. El aplazamiento del amor hasta después de haber adquirido el conocimiento, se convierte en una sustitución. No se ama ni se odia bien cuando se ha llegado al conocimiento, pues entonces se permanece más allá del amor y del odio, y en lugar de amar no se ha hecho sino investigar. Por

[213] Solmi, *La resurrezione*, etc., pág. 11.

esta razón fue, quizá, la vida de Leonardo mucho más pobre en amor que las de otros grandes hombres. Las tormentosas pasiones que elevan y devoran, y a las cuales debieron otros lo mejor de su vida, parecen no haberle combatido jamás.

Pero aún podemos deducir otras consecuencias. Se ha investigado en lugar de obrar y crear. Aquel que ha comenzado a sospechar la magnificencia de la cohesión universal y sus inmutables leyes, pierde fácilmente su propio pequeñísimo Yo. Sumido en la admiración y poseído de una verdadera humildad, olvida con demasiada facilidad que es por sí mismo una parte de aquellas fuerzas cuya actuación le maravilla y que puede intentar variar en la medida de sus energías personales, una pequeñísima parte del necesario curso del mundo, de este mundo en el que lo pequeño no es menos maravilloso ni importante que lo grande.

Leonardo comenzó, quizá, a investigar, como opina Solmi[214], impulsado por el deseo de perfeccionar su arte, estudiando las cualidades y leyes de la luz, los colores, las sombras y la perspectiva, con el fin de alcanzar la más alta maestría en la imitación de la naturaleza y mostrar a los demás el camino que a ella podía conducirles. Probablemente se formaba ya una idea exagerada del valor de estos conocimientos para el artista. Después, y siguiendo la orientación de las necesidades pictóricas, pasó a la investigación exterior de los objetos de la pintura, los animales, las plantas y las proporciones del cuerpo humano, y luego, a la de su estructura interna y sus funciones vitales, elementos que también se expresan en la apariencia y demandan del arte, una representación. Por último, tomó en él esta tendencia, enorme incremento, y rompiendo los lazos que

[214] *La resurrezione*, etc., pág. 8: "Leonardo aveva posto come regola al pittore lo studio della natura..., poi la passione dello studio era divenuta dominante, egli aveva voluto acquistare non piú la scienza per l'arte, ma la scienza per la scienza".

aún ligaban su actividad investigadora con las aspiraciones de su arte, le llevó a descubrir las leyes generales de la mecánica, a adivinar la historia de las estratificaciones y petrificaciones del valle del Arno, y a aquel culminante conocimiento que anotó con grandes letras en sus apuntaciones: *Il sole non si muove*. De este modo, extendió sus investigaciones a casi todos los sectores de las ciencias naturales y fue en cada uno de ellos, un descubridor, o por lo menos, un precursor y un guía[215]. Pero su anhelo de saber permaneció orientado hacia el mundo exterior, como si hubiera algo que le alejase de la investigación de la vida anímica del hombre. En la "Academia Vinciana", para la que dibujó emblemas artísticamente complicados, se concedió un lugar muy pequeño a la psicología.

Cuando luego intentaba retornar desde la investigación al ejercicio de su arte, tropezaba con la perturbación emanada de la nueva orientación de sus intereses y de la distinta naturaleza de la labor psíquica. La obra pictórica no constituía para él sino un problema a resolver, y su pensamiento habituado a la interminable investigación de la naturaleza, veía surgir, detrás de este primer problema, otros nuevos en infinita concatenación, siéndole ya imposible limitar sus aspiraciones, aislar la obra de arte y arrancarla de la amplia totalidad en que las había incluido.

El artista se sirvió al principio del investigador como de un precioso auxiliar, pero éste acabó por hacerse más fuerte que su señor y llegó a dominarle.

Cuando en el cuadro característico de una persona hallamos un instinto exageradamente desarrollado, y dominando a todos los demás, como en Leonardo el ansia de saber, explicamos esta particularidad por una especial disposición individual cuya

[215] Véase la enumeración de sus trabajos científicos en la bella introducción biográfica de la obra de María Herzfeld (Jena, 1910) y en alguno de los ensayos coleccionados en las *Conferenze fiorentine* (1910).

condicionalidad, probablemente orgánica, nos es desconocida. Sin embargo, nuestros estudios psicoanalíticos de sujetos neuróticos nos inclinan a sentar dos hipótesis que esperamos hallar confirmadas en cada caso particular. Creemos muy verosímil que dicho instinto dominante actuó ya en la más temprana infancia del individuo y que su predominio quedó establecido por impresiones de dicha época. Asimismo, admitimos que se incorporó como refuerzo, energías instintivas originariamente sexuales, llegando a representar, así, posteriormente, una parte de la vida sexual. Un individuo, en el que se den estas circunstancias investigará, por ejemplo, con el mismo apasionado ardor que otros ponen en amar y podrá sustituir así el amor por el estudio. No sólo en el instinto de investigación, sino también en la mayor parte de los demás casos de intensidad particular de un instinto, admitimos una intensificación sexual del mismo.

La observación de la vida cotidiana de los hombres nos muestra que en su mayoría, consiguen derivar hacia su actividad profesional una parte muy considerable de sus fuerzas instintivas sexuales. El instinto sexual es particularmente apropiado para suministrar estas aportaciones, pues resulta susceptible de sublimación, esto es, puede sustituir su fin próximo por otros desprovistos de todo carácter sexual y eventualmente más valiosos. Consideramos demostrado este proceso cuando la historia infantil de una persona, esto es, la historia de su desarrollo psíquico, nos muestra que el instinto dominante se hallaba, durante su infancia, al servicio de intereses sexuales, y vemos una confirmación del mismo cuando en la vida sexual del adulto, comprobamos una singular disminución, como si una parte de su actividad sexual hubiera quedado sustituida por la actuación del instinto dominante.

La aplicación de esta hipótesis a aquellos casos en los que el instinto dominante es el de investigación, parece tropezar con particulares dificultades, dado que no creemos posible, al principio, atribuir al niño este instinto ni tampoco grandes intereses sexuales. Del ansia de saber del niño testimonia su incansable preguntar, que tan enigmático parece al adulto mientras no se da cuenta de que todas estas preguntas no son sino rodeos en torno de una cuestión central y que no pueden tener fin porque el niño sustituye con ellas una única interrogación que, sin embargo, no planteará jamás directamente. Cuando el niño llega a un período más avanzado de la infancia y ha ampliado sus conocimientos, se interrumpe con frecuencia, de repente, esta manifestación del ansia de saber. De todo esto nos proporciona una completa explicación la investigación psicoanalítica, mostrándonos que muchos niños, quizá la mayoría y desde luego los más inteligentes, atraviesan, a partir de los tres años, un estadio que podríamos calificar de período de la *investigación sexual infantil*. El deseo de saber no despierta, que sepamos, espontáneamente, en los niños de esta edad, sino que es provocado por la impresión de un suceso importante: el nacimiento de un hermano o el temor a una tal posibilidad considerada por el niño como una amenaza de sus intereses egoístas. La investigación recae sobre el problema del origen de los niños, como si el infantil sujeto buscase el medio de evitar un tal indeseado acontecimiento. Averiguamos así, con asombro, que el niño rehúsa creer los datos que sobre esta materia le suelen ser proporcionados, por ejemplo, la fábula de la cigüeña, tan significativa mitológicamente, y que este acto de incredulidad inicia su independencia intelectual y a veces, su oposición al adulto, al que no perdonará ya nunca su engaño. En adelante, investiga por sus propios medios, adivina la residencia del niño en el seno materno, forja teorías sobre el origen de los niños, atribuyéndolo a los alimentos ingeridos por la madre y suponiendo que son paridos por el intestino, y sobre la intervención del padre, tan difícil de fijar para él, y sospecha ya la existencia del coito, que se le muestra como un acto violento y hostil. Pero como su propia constitución sexual no es apta aún para la procreación, su investigación del origen de los niños tiene que fracasar necesariamente y es abandonada con el convencimiento de que nunca conducirá a la solución deseada. La impresión de este fracaso de la primera tentativa de independencia intelectual, parece ser muy duradera y deprimente[216].

Una vez terminado este período de investigación sexual infantil por un proceso de enérgica represión sexual, surgen para los destinos ulteriores del instinto de investigación, tres posibilidades diferentes derivadas de su temprana conexión con intereses sexuales. La investigación, puede, en primer lugar, compartir la suerte de la sexualidad, y entonces queda coartado, a partir de este momento, el deseo de saber, y limitada la libre actividad de la inteligencia, quizá para toda la vida, tanto más, cuanto que poco tiempo después, queda establecida, por la educación, la intensa coerción religiosa del pensamiento. Es éste el tipo de la coerción neurótica. Comprendemos muy bien que la debilidad intelectual así adquirida favorezca considerablemente la aparición de la neurosis. En un segundo tipo, el desarrollo intelectual es suficientemente enérgico para resistir la represión sexual que sobre él actúa. Algún tiempo después del fracaso de la investigación sexual infantil, la inteligencia, robustecida ya, recuerda su anterior conexión y ofrece su ayuda para eludir la represión sexual, y la investigación sexual reprimida retorna desde lo inconsciente en forma de obsesión investigadora, disfrazada y coartada desde luego, pero lo bastante poderosa para sexualizar el pensamiento mismo y acentuar las operaciones

---

[216] Como confirmación de estos asertos, que al principio parecen poco verosímiles, véase mi *Análisis de la fobia de un niño de cinco años* (en *Jahrbuch f. Psychoanal, und Psychopath. Forschungen*, tomo I, 1909) y otras observaciones análogas publicadas en el tomo II de la misma revista (1910). En un ensayo sobre las *Teorías sexuales infantiles*, escribía: "Estas reflexiones y dudas pasan a constituir el prototipo de toda la labor intelectual ulterior sobre cualquier orden de problemas, y el primer fracaso ejerce una perdurable acción paralizadora".

intelectuales con el placer y la angustia de los procesos propiamente sexuales. La investigación se convierte aquí en actividad sexual, con frecuencia la única de este orden, y el sentimiento de la sublimación en ideas y de la claridad intelectual, se sustituye a la satisfacción sexual. Pero el imperfecto carácter de la investigación retorna también en la imposibilidad de llegar a conclusión ninguna, y el sentimiento intelectual buscado, o sea el de alcanzar una solución, va alejándose cada vez más.

El tercer tipo, el más perfecto y menos frecuente, elude tanto la coerción del pensamiento como la obsesión intelectual neurótica, merced a una disposición especial. La represión sexual tiene también efecto en este caso, pero no consigue transferir a lo inconsciente un instinto parcial del deseo sexual. Por el contrario, escapa la libido a la represión, sublimándose desde un principio en ansia de saber e incrementando el instinto de investigación, ya muy intenso de por sí. También aquí, llega a hacerse obsesiva, en cierto modo, la investigación, y a constituir un sustitutivo de la actividad sexual, mas por efecto de la completa diferencia de los procesos psíquicos desarrollados (la sublimación en lugar del retorno desde lo inconsciente) faltan el carácter neurótico y la adherencia a los complejos primitivos de la investigación sexual infantil, y el instinto puede actuar libremente al servicio del interés intelectual, atendiendo, sin embargo, simultáneamente, a la represión sexual, con la evitación de todo tema de este orden.

Si examinamos en Leonardo la coincidencia del instinto de investigación, dominante, con la disminución de su vida sexual, limitada a aquello que conocemos con el nombre de homosexualidad ideal, nos inclinaremos a considerarle como un modelo del tercero de los tipos antes detallados. La circunstancia de que después de la actuación infantil de su deseo de saber al servicio de intereses sexuales, consiguiera sublimar la mayor parte de su libido, convirtiéndola en instinto de investigación, constituiría el nódulo y el secreto de su personalidad, pero, naturalmente, no es nada fácil aportar una prueba de esta hipótesis. Para ello, necesitaríamos llegar al conocimiento del desarrollo anímico de sus primeros años infantiles, y parece insensata toda esperanza de alcanzar tal conocimiento, pues los datos que sobre Leonardo poseemos son tan escasos como inciertos y además se trata de un período cuyas circunstancias escapan siempre a la observación, aun tratándose de personas de nuestra misma generación.

Muy poco es lo que sabemos de la juventud de Leonardo. Nació el año de 1452 en la pequeña ciudad de Vinci, situada entre Florencia y Empoli. Su nacimiento fue ilegítimo, circunstancia que en aquella época no era considerada, socialmente, como una grave mácula. Su padre fue Ser Piero da Vinci, notario y descendiente de una familia de notarios y agricultores, que tomaron su apellido de su ciudad natal. Su madre, de la que sólo sabemos que se llamaba Catalina, fue probablemente una humilde hija de labradores y se casó más tarde con otro vecino de Vinci. En toda la vida de Leonardo, no volvemos a hallar noticia alguna sobre ella. Sólo al novelista Mereschowsky supone haber vuelto a encontrar sus huellas. El único dato seguro sobre la infancia de Leonardo nos es proporcionado por un documento oficial del año 1457, un padrón de impuestos, florentino, en el que se le incluye entre los miembros de la familia Vinci y se indica su edad de cinco años y su calidad de hijo ilegítimo de Ser Piero[217]. Este no tuvo hijos de su matrimonio con Donna Albiera, y merced a esta circunstancia, pudo Leonardo ser acogido y educado en la casa paterna, de la cual salió, ignoramos a qué edad, para entrar como aprendiz en el taller de Andrea del Verocchio. En el año de 1472, aparece ya su nombre en la relación de los miembros de la "Compagnia dei Pittori". Esto es todo.

---

[217] Scognamiglio, *I. c.*, pág. 15.

II

Que yo sepa, sólo una vez incluye Leonardo en sus apuntaciones científicas, algo referente a su infancia. En un lugar en el que trata del vuelo de los buitres, se interrumpe de repente, para seguir un recuerdo de sus más tempranos años infantiles que surge en su memoria.

"Parece como si me hallara predestinado a ocuparme tan ampliamente del buitre, pues uno de los primeros recuerdos de mi infancia es el de que hallándome en la cuna, se me acercó uno de estos animales, me abrió la boca con su cola y me golpeó con ella, repetidamente entre los labios".

Nos hallamos, pues, ante un recuerdo infantil, y por cierto singularísimo, tanto por su contenido como por la época en que es situado. No es, quizá, imposible, que un individuo conserve recuerdos de la época de la lactancia, pero tampoco puede considerarse como cosa demostrada. De todos modos, el contenido de este recuerdo de Leonardo, o sea, el hecho de que un buitre se acercase a su cuna y le abriera la boca con la cola, nos parece tan inverosímil y fabuloso que nos inclinamos a aceptar una distinta hipótesis, con la que eludimos las dos dificultades antes indicadas. La escena con el buitre no constituiría un recuerdo de Leonardo, sino una fantasía ulterior transferida por él a su niñez[218]. Los recuerdos infantiles de los

[218] Havelock Ellis ha objetado a esta hipótesis, en su benévola crítica del presente ensayo (*Journal of Mental Science*, July, 1910), que el recuerdo de Leonardo podía muy bien haber tenido una base real, pues los recuerdos infantiles alcanzan, con frecuencia, épocas mucho más tempranas de lo que generalmente se cree. El ave que en realidad se acercó a Leonardo, pudo no ser precisamente

hombres no tienen a veces otro origen. En lugar de reproducirse a partir del momento en que quedan impresos, como sucede con los recuerdos conscientes de la edad adulta, son evocados al cabo de mucho tiempo, cuando la infancia ha pasado ya, y aparecen entonces deformados, falseados y puestos al servicio de tendencias ulteriores, de manera que no resultan estrictamente diferenciables de las fantasías. Como mejor podemos explicarnos su naturaleza es pensando en el nacimiento de la crónica histórica en los pueblos antiguos. Mientras el pueblo fue pequeño y débil, no pensó en escribir su historia y se consagró a labrar su suelo, a defender su existencia contra sus vecinos, a ampliar sus dominios y a enriquecerse. Fue ésta una época heroica y sin historia. Pero a ella sucedió otra en la que el pueblo adquirió ya consciencia de sí mismo, se sintió rico y poderoso y experimentó la necesidad de averiguar de dónde procedía y cómo había llegado a su estado actual. La historia, que había comenzado por anotar simplemente los sucesos de la actualidad, dirigió entonces su mirada hacia el pasado, reunió tradiciones y leyendas, interpretó las supervivencias del pretérito en los usos y costumbres y creó así una historia del pasado prehistórico. Pero esta prehistoria habla de constituir sin remedio más bien, una expresión de las opiniones y deseos

---

un buitre, sino otra cualquiera de análogo tamaño. No quiero oponerme a esta explicación y para atenuar aún más las dificultades, llegaré incluso a suponer, por mi parte, que la madre pudo observar la visita del ave al niño, considerarla como un importante presagio y relatarla después repetidas veces a su hijo, el cual conservó el recuerdo de dichos relatos, confundiéndolo más tarde, caso muy frecuente, con el de haber vivido el suceso relatado. Pero esta variación no influye para nada en mis conclusiones. Las fantasías que el hombre crea posteriormente sobre su niñez se apoyan casi siempre en pequeñas realidades de esta prehistoria infantil, sumida por lo demás en el olvido. Por esta misma razón resulta necesaria la existencia de un motivo secreto, para compensar la insignificancia real de tales detalles y estructurarlos como Leonardo lo hace con el ave, a la que supone un buitre, y con la singular conducta que le atribuye.

contemporáneos que una imagen del pasado, pues gran parte de éste había caído en el olvido, otra se conservaba deformada, muchas supervivencias se interpretaban equivocadamente bajo la influencia de las circunstancias del momento, y, sobre todo, no se escribía la historia por motivos de ilustración objetiva, sino con el propósito de actuar sobre los contemporáneos. El recuerdo consciente que los hombres conservan de los sucesos de su madurez puede compararse a esta redacción de la historia, y sus recuerdos infantiles corresponden, tanto por su origen como por su autenticidad, a la historia de la época primitiva de un pueblo, historia muy posterior a los hechos y tendenciosamente rectificada.

Si el relato de Leonardo no es, por tanto, sino una fantasía nacida en años posteriores, juzgaremos, al principio, que no vale la pena dedicarle gran atención. Para su esclarecimiento, podría bastarnos la tendencia, confesada por Leonardo, a dar a su estudio de los problemas del vuelo de las aves la importancia de una prescripción del destino. Pero con esta valoración despectiva cometeríamos una injusticia análoga a la que constituiría rechazar ligeramente el material de leyendas, tradiciones e interpretaciones de la prehistoria de un pueblo. A pesar de sus deformaciones y sus errores entraña dicho material la realidad del pasado y constituye aquello que el pueblo ha formado sobre la base de los acontecimientos de su época primitiva y bajo la influencia de motivos poderosos por entonces y muy importantes aún en la actualidad, y si pudiéramos deshacer, por el conocimiento de todas las fuerzas actuales, tales deformaciones, podríamos descubrir detrás del material legendario, la verdad histórica. Igualmente sucede con los recuerdos infantiles o fantasías del individuo. No es indiferente lo que un hombre cree recordar de su niñez, pues detrás de los restos de recuerdos incomprensibles para el mismo sujeto, se ocultan siempre preciosos testimonios de los rasgos más importantes de su desarrollo anímico[219]. Poseyendo, como poseemos, en las técnicas psicoanalíticas excelentes medios auxiliares para extraer a la luz estos elementos ocultos, podemos emprender la tentativa de cegar la laguna existente en la historia de Leonardo, por medio del análisis de su fantasía infantil. Si en esta tentativa no conseguimos llegar a una completa certidumbre, nos consolaremos pensando que ninguna de las investigaciones emprendidas hasta el día sobre la personalidad de Leonardo, tan elevada como enigmática, ha tenido mejor fortuna. Considerando la fantasía antes relatada desde el punto de vista psicoanalítico, no nos parece ya tan singular. Recordamos, en efecto, haber encontrado muchas veces formaciones análogas, por ejemplo, en los sueños, de manera que podemos intentar traducir esta fantasía, de su lenguaje propio y peculiar, a un idioma generalmente comprensible. La traducción muestra entonces una orientación erótica. La cola —"coda"— es uno de los más conocidos símbolos y designaciones sustitutivas del miembro viril, no sólo en italiano, sino en otros muchos idiomas. La situación contenida en la fantasía —un buitre que abre los labios del niño o en la cola, se la introduce en la boca y la mueve allí repetidamente— corresponde a la representación

[219] Posteriormente, he llevado a efecto una tal aplicación de un incomprendido recuerdo infantil, a la investigación de la personalidad de otro grande hombre. En las primeras páginas de la autobiografía de Goethe (*Poesía y verdad*) escrita cuando el genial poeta frisaba ya en los sesenta años, hallamos el relato de que siendo muy niño e instigado por un vecino, tiró un día por la ventana, a la calle, multitud de cacharros, que, naturalmente, se hicieron añicos. Es este el único recuerdo que Goethe nos comunica de sus tempranos años infantiles. La absoluta inconexión coincidente con los recuerdos infantiles de otros hombres que no han llegado a la altura del gran escritor alemán y la singular circunstancia de que Goethe no menciona para nada a un hermano suyo que nació cuando él tenía tres años y nueve meses y murió seis años después, me indujeron a emprender el análisis del recuerdo infantil antes reseñado, esperando poder sustituirlo por

de una "fellatio", de un acto sexual en el que el miembro viril es introducido en la boca de la persona utilizada para lograr la satisfacción activa. Esta fantasía presenta un carácter singularmente pasivo y recuerda determinados sueños y fantasías de las mujeres o de los homosexuales pasivos (aquellos que desempeñan en el comercio sexual el papel femenino).

Ruego al lector que retenga por un momento su extrañeza y que no se niegue a seguir prestando oídos al psicoanálisis, indignado al ver que su primera aplicación a la materia infiere ya una imperdonable ofensa a la pura memoria de un elevado artista. En primer lugar, es indudable que tal indignación no le conducirá nunca al descubrimiento de lo que la fantasía infantil de Leonardo significa, y por otro lado, esta fantasía aparece inequívocamente confesada por Leonardo y no nos resignamos a abandonar la esperanza —o si se quiere el prejuicio— de que posee un sentido, como todos los demás productos psíquicos, sueños, visiones o delirios. Por tanto, continuaremos prestando a la labor psicoanalítica, que aún no ha dicho su última palabra, toda la atención a que tiene derecho.

La inclinación a tomar en la boca el miembro del hombre y chuparlo, acto incluido por la sociedad burguesa entre las repugnantes perversiones sexuales, es sin embargo, frecuentísima, entre las mujeres de nuestra época —y como lo prueban las antiguas esculturas y pinturas, también lo era entre la de tiempos pretéritos— y parece perder su carácter repulsivo, para

---

algo más adaptado, a la coherencia de la exposición goethiana y cuyo contenido le hiciera más merecedor de ser conservado y del lugar que el autor le concede en su autobiografía. Este pequeño análisis me permitió considerar el acto de tirar los cachorros por la ventana, como un acto mágico dirigido contra un molesto intruso. Su significación es la de que ningún nuevo hermano habría de venir a perturbar la íntima relación del pequeño Goethe con su madre. No podemos extrañar que hasta en Goethe como en Leonardo se refiera a la madre el primer recuerdo infantil conservado bajo tales disfraces.

la mujer enamorada. El médico encuentra fantasías fundadas en esta inclinación incluso en mujeres que no han llegado al conocimiento de la posibilidad de tal satisfacción sexual por la lectura de la *Psychopathia sexuales* de Krafft Ebing o por otro medio cualquiera. Así, pues, parece que el sexo femenino llega a crear con especial facilidad, tales fantasías optativas, sin necesidad de auxilio ninguno exterior[220]. La investigación nos muestra también que esta situación, tan implacablemente condenada, tiene un origen inocentísimo. No es sino la transformación de otra en la que todos nos hemos sentido felices y contentos, esto es, de aquella en la que siendo niños de pecho ("essendo io in culla"), tomábamos en la boca el pezón de la madre o de la nodriza y chupábamos de él. La impresión orgánica de este nuestro primer goce de la vida debe de haber quedado indeleblemente impresa en el hombre. Cuando más tarde advierte el niño las ubres de las vacas, que por su función equivalen a los pezones y por su forma y situación en el bajo vientre recuerdan el pene, queda establecido el grado preliminar de la posterior formación de las repulsivas fantasías sexuales antes indicadas.

Comprendemos, ahora, por qué transfiere Leonardo el supuesto suceso del buitre a la época de su lactancia. Detrás de la fantasía no se esconde otra cosa que una reminiscencia del acto de mamar del seno materno o ser amamantado por la madre, bella escena humana que Leonardo, como tantos otros pintores, reprodujo en sus cuadros de la Virgen con el Niño. De todos modos, nos resulta aún incomprensible que esta reminiscencia, de igual importancia en ambos sexos, quedase transformada por Leonardo en una fantasía homosexual pasiva. Mas por el momento queremos prescindir de investigar

[220] Cf. el "Fragmento del análisis de una histeria" en la segunda serie de mi *Colección de ensayos sobre una teoría de las neurosis*. (Segunda edición, 1912).

la relación que puede unir la homosexualidad con el acto de mamar del pecho materno, y nos limitaremos a recordar que la tradición considera a Leonardo, realmente, como un hombre de sentimientos homosexuales. No nos importa en absoluto, que la denuncia a la que antes nos referimos y de la que fue objeto Leonardo en sus años juveniles, fuese o no justificada, pues lo que nos lleva a atribuir a una persona la inversión, no es su real actividad sexual, sino su disposición sentimental.

Es otro rasgo incomprensible de la fantasía infantil de Leonardo el que atrae, ante todo, nuestra atención. Interpretamos la fantasía como una simbolización del acto de ser amamantado por la madre, y encontramos sustituida a ésta por un buitre. ¿De dónde procede este animal y cómo aparece incluido en el lugar en el que lo hallamos?

Surge en nosotros, ante esta interrogación, una ocurrencia, tan lejana a primera vista, que casi nos sentimos inclinados a renunciar a ella. En los jeroglíficos sagrados de los antiguos egipcios, la imagen correspondiente a la madre es siempre la del buitre[221]. Los egipcios adoraban, asimismo, a una divinidad materna con cabeza de buitre o con varias cabezas, de las cuales una por lo menos era de buitre[222]. El nombre de esta diosa se pronunciaba Mut, circunstancia que nos hace pensar en una posible conexión del mismo con nuestra "madre" (*mutter*), a menos que se trate de una similicadencia puramente casual. Hallamos, pues, que el buitre presenta realmente una relación con el concepto de madre, pero al principio, no vemos cómo ha de auxiliarnos esta circunstancia en nuestra labor de interpretación, dado que no podemos atribuir a Leonardo tal conocimiento,

[221] Horapollo, *Hieroglyphica*, I, 11.

[222] Boscher, Ausi. *Lexikon der griechischen und roemischen Mythologie*, Artikel Mut, tomo II, 1894-1897. — Lanzone, *Dizionario di mitología egizia*, Torino, 1882.

pues la traducción de los jeroglíficos no se hizo posible hasta los descubrimientos de Francois Champollion (años 1790-1831)[223].

Nos interesa también averiguar de qué manera llegaron los antiguos egipcios a elegir el buitre como símbolo de la maternidad. La religión y la cultura de este pueblo fue ya para los griegos y los romanos objeto de curiosidad científica, y mucho antes que nos fuera posible descifrar sus monumentos poseíamos gran número de datos sobre él, por obras de la antigüedad clásica llegaba hasta nosotros. Estas obras proceden, en parte, de autores conocidos, tales como Estrabón, Plutarco y Aminianus Marcellus, y llevan otros nombres desconocidos, resultando así muy dudoso su origen y fecha. A esta última categoría pertenecen la *Hioroglíphyda* de Horapollo Nilo y el libro de la sabiduría sacerdotal oriental conservado bajo el nombre divino de Hermes Trismegistos. Nos descubren estas fuentes, que el buitre pasaba por ser el símbolo de la maternidad a causa de la creencia de que no había más que buitres hembras y que esta especie de aves carecía de machos[224]. La Historia Natural de los antiguos conocía asimismo una contrapartición de esta limitación, pues sostenía que entre los escarabajos, adorados también por los egipcios como divinidades, no existían más que machos[225].

Pero entonces, ¿cómo se llevaba a cabo la fecundación de los buitres, si no existían más que hembras? EI libro de Horapollo[226] nos allana esta dificultad afirmando que llegada una cierta época del año, se mantienen estas aves inmóviles en el aire, abren la vagina y son fecundadas por el viento.

---

[223] H. Hartleben, 1906, Champollion: *Sein Leben und sein Werk.*

[224] “Römer. Heber die androgynische idee des Lebens” en *Jahrbuch f. sexuelle Zwischenstufen*, V, 1902, pág. 731.

[225] Plutarco: *veluti scarabelos mares tantum esse putarunt Aegyptii sic inter vultures mares non inveniri statuerunt.*

[226] *Horapollinis Eiloi Hieroglyphica editit.* Conradus Leemans Amstelodami, 1835.

Hemos llegado ahora, de un modo inesperado, a considerar verosímil algo que poco tiempo antes rechazábamos como absurdo. Leonardo pudo conocer muy bien, en efecto, la fábula científica que llevó a los egipcios a representar con la imagen del buitre el concepto de madre, pues era un lector infatigable, cuyo interés se extendía a todos los dominios de la literatura y del saber. En el *Codex Atlanticus* poseemos una enumeración de los libros que poseía en una determinada época[227], catálogo al que se agregan numerosas anotaciones sobre otros que había recibido prestados de sus amigos, y según los datos que Fr. Richter[228] ha tomado de tales apuntaciones, apenas podemos formarnos una idea de la enorme extensión de sus lecturas. Entre tales libros no faltaban obras, tanto antiguas como contemporáneas, de ciencias naturales, y todos ellos existían ya impresos en aquella época siendo, además Milán, residencia de nuestro artista, el foco principal del naciente arte de imprimir en Italia.

Prosiguiendo nuestra investigación, tropezamos con un dato que hace pasar a la categoría de certidumbre la verosimilitud de que Leonardo conociera la leyenda del buitre. El erudito comentador de Horapollo, pone al texto antes citado de este autor (pág. 172) la siguiente nota: "Caeterum hanc fabulam de vulturibus cupide amplexi sunt Patres Eclesiastici ut ita argumento ex rerum natura petito refutarent eos, qui Virginis partum negabant: itaque apud omnes fere hujus rei mentio occurrit."

Así, pues, la fábula de la unisexualidad y de la fecundación de los buitres no quedó limitada a una anécdota indiferente como la de los escarabajos, pues los padres de la Iglesia se apoderaron de ella para utilizarla como argumento tomado de la Historia Natural, contra los que dudaban de la Historia

---

227 E. Müntz. *Léonard de Vinci*. París, 1899, pág. 282.

228 Müntz, *l. c.*

Sagrada. Si conforme a los datos más fidedignos de la antigüedad, eran fecundados los buitres por el viento, ¿por qué no podía haber pasado una vez algo análogo a una hembra humana? Tal aplicación hacía que "casi todos" los padres de la Iglesia relatasen en sus escritos la fábula del buitre, y de este modo, no podemos ya dudar de que por medio de tan poderosos patronos, llegó también hasta Leonardo.

Así, pues, podemos representarnos ya la génesis de la fantasía de Leonardo en la forma siguiente: habiendo leído una vez en un Padre de la Iglesia o en un libro de Historia Natural, que todos los buitres eran hembras y se reproducían sin necesidad de la cooperación del macho, surgió en él un recuerdo que quedó transformado en la fantasía citada, pero cuyo significado era el de que también él había sido una tal cría de buitre, que había tenido madre pero no padre, y a este recuerdo se añadió luego, en la única forma en la que tan tempranas impresiones pueden exteriorizarse, un eco del placer hallado en la succión del seno materno. La relación de su fantasía con la representación de la Virgen amamantando al Niño, tan grata a todos los artistas, hubo de contribuir a hacerla grandemente valiosa e importante para Leonardo, pues mediante ella se identificaba con el Niño Jesús, consuelo y redentor de todos y no de una sola mujer.

Al analizar una fantasía infantil cualquiera tendemos a separar su contenido mnémico real de los factores posteriores que lo modifican y deforman. En el caso de Leonardo creemos haber llegado ahora al conocimiento de dicho contenido real. La sustitución de la madre por el buitre nos indica que el niño echó de menos al padre y se sintió solidario al lado de su madre abandonada. Su ilegítimo nacimiento constituye el punto de partida de su fantasía, pues sólo tal circunstancia podía llevarle a compararse con las crías de los buitres. Por otro lado, el único dato seguro que sobre su infancia poseemos es el de que a los cinco años residía ya en la casa paterna. Lo que no sabemos es cuándo fue acogido en ella, pues pudo ser pocos meses después de su nacimiento o algunas semanas antes de su inscripción en el documento antes citado. Pero la interpretación de la fantasía del buitre interviene aquí para mostrarnos que Leonardo no pasó los primeros y decisivos años de su vida con su padre y su madrastra, sino con su verdadera madre, pobre y abandonada, pudiendo así darse cuenta de la falta de su padre y echarle de menos. Parece éste un resultado insignificante, y sin embargo arriesgado de nuestra labor psicoanalítica, pero profundizando más en él, ganará seguramente en importancia. Para confirmarlo se nos ofrece también la observación de las circunstancias reales que rodearon la infancia de Leonardo. Según los datos que poseemos, su padre, Ser Piero da Vinci, se casó el mismo año del nacimiento de Leonardo, con la noble Donna Albiera. La esterilidad de este matrimonio hizo que Leonardo fuera acogido en la casa paterna, o mejor dicho, en la de su abuelo. Ahora bien; no es de suponer que recién casada Donna Albiera y no confirmada aún su esterilidad, fuera su marido a llevar a su lado un hijo ilegítimo. Es mucho más lógico que pasaran antes algunos años, y que, no habiendo obtenido en ellos, el matrimonio, la esperada descendencia, se decidiera a buscar una compensación, llamando al hogar al retoño ilegítimo, resolución a la que debieron de contribuir la belleza e inteligencia del niño. Con nuestra interpretación de la fantasía del buitre, concuerda perfectamente el hecho de que Leonardo permaneciera por lo menos tres años, y quizá cinco, al lado de su madre, solitaria y abandonada, antes de pasar a la casa paterna, en la que encontró padre y madre. Pero ya era tarde. En los tres o cuatro primeros años de la vida, quedan fijadas ciertas impresiones y establecidas ciertas formas de reacción ante el mundo exterior que no pueden ser despojadas ya de su importancia y sentido por ningún suceso ulterior.

Si es cierto que los incomprensibles recuerdos de la infancia y las fantasías que el hombre construye sobre ellos entrañan siempre los elementos más importantes de su desarrollo anímico, el hecho de haber pasado Leonardo los primeros años de su vida sin más compañía familiar que la de su madre, hecho cuya verosimilitud aparece robustecida por la fantasía del buitre, tuvo que ejercer una influencia decisiva sobre la estructuración de su vida interior. Entre los efectos de esta constelación, no pudo faltar el de que al hallarse Leonardo en sus primeros años, ante un problema más que los otros niños, comenzase a reflexionar con especial intensidad sobre tal enigma y se convirtiera de este modo, tempranamente, en un investigador atormentado por los grandes problemas de la procedencia de los niños y del papel que el padre desempeñaba en su nacimiento. La sospecha de esta conexión entre su investigación y su historia infantil le habría arrancado posteriormente la exclamación de que se hallaba destinado, desde un principio, a profundizar en los problemas del vuelo de las aves, puesto que hallándose en la cuna, había ya sido visitado por un buitre. La labor de derivar la curiosidad orientada hacia el vuelo de las aves, de la investigación sexual infantil, constituirá una empresa posterior y fácilmente realizable.

III

En la fantasía infantil de Leonardo, representa el elemento "buitre" el contenido mnémico real. El contexto en el que Leonardo mismo incluye su fantasía, arroja, como ya hemos visto, clara luz, sobre la significación de dicho contenido para su vida posterior. Prosiguiendo nuestra labor de interpretación tropezamos ahora con el singular problema de por qué fue transformado este contenido mnémico en una situación homosexual. La madre que amamanta a su hijo —o mejor dicho, de la que él mismo mama— es convertida en un buitre que introduce su cola en la boca del niño. Afirmamos que la "cola" del buitre tenía que ser, conforme a los usos del lenguaje vulgar, una designación sustitutiva del pene. Pero no comprendemos cómo la actividad de la fantasía pudo llegar a atribuir precisamente al pájaro maternal, el signo de la virilidad, y este absurdo nos aleja de la posibilidad de reducir el producto fantástico a un sentido racional.

Pero no debemos desmayar. Hemos forzado ya el sentido de innumerables sueños aparentemente absurdos. Esperemos, pues, que no ha de sernos más difícil conseguirlo en una fantasía infantil.

Recordando que no es conveniente examinar aisladamente un punto singular, nos apresuramos a agregar a él, otro, que aún encontramos más extraño.

La divinidad egipcia Mut, de cabeza de buitre, figura de carácter completamente impersonal, era fundida muchas veces con otras divinidades maternales de individualidad más viva, tales como Isis y Hathor: pero conservaba, no obstante, su existencia independiente y su culto particular. En el panteón egipcio, se daba la peculiaridad de que los diversos dioses no quedaban sometidos a un sincretismo. Junto a la composición divina, perduraba la simple figura divina con toda su independencia. Casi todas las imágenes de Mut, la divinidad material de cabeza de buitre, aparecen provistas de un falo[229]; su cuerpo, al que los senos caracterizan como femenino, mostraba también un genital masculino en erección.

Así, pues, hallamos en la diosa Mut, la misma unión de caracteres maternales y masculinos que comprobamos en la fantasía de Leonardo. ¿Habremos de explicar esta coincidencia diciendo que Leonardo conocía también, por sus estudios, la naturaleza andrógina del buitre maternal? Tal posibilidad es más que dudosa, pues las fuentes en que Leonardo podía documentarse no contenían nada referente a esta singularísima particularidad. Parece, pues, más natural referir la coincidencia a un motivo común, desconocido todavía. La Mitología nos enseña que la constitución andrógina, esto es, la reunión de los caracteres sexuales masculinos y femeninos, no se daba únicamente en la diosa Mut, sino también en otras divinidades, como Isis y Hathor, aunque por lo que a estas últimas respecta, sólo quizá, en cuanto participaban de la naturaleza maternal y se hallaban fundidas con Mut[230]. Nos muestra, además, que también otras divinidades egipcias tales como la Neith de Sais, de la que más tarde surgió la Athenea griega, eran concebidas primitivamente como andróginas, esto es, como hermafroditas, y que lo mismo sucedía con numerosas divinidades griegas, especialmente con las del círculo de Dionysos, e incluso con Afrodita, la diosa del amor, limitada después al sexo femenino. Los mitólogos intentan explicar

[229] Véanse las ilustraciones de la obra citada de Lanzone (1882).

[230] Römer, 1903, *l.c.*

la agregación del falo a las figuras femeninas de estas divinidades alegando que el atributo viril representaba la fuerza creadora original de la Naturaleza, y que tales divinidades hermafroditas expresaban la idea de que sólo la reunión de los atributos masculinos y femeninos podía constituir una imagen digna de la perfección divina. Pero ninguna de estas observaciones nos aclara el enigma psicológico de que la fantasía del hombre no repugne atribuir a una figura que ha de encarnar para ella la idea de la madre el signo de la potencia viril, contrario a la maternidad.

Las teorías sexuales infantiles nos proporcionan aquí la explicación buscada. Hay efectivamente, en la vida individual, una época en la que los genitales masculinos resultan armonizables con la representación de la madre. Cuando el niño dirige por vez primera su curiosidad a los enigmas de la vida sexual, queda dominado por un poderoso interés hacia sus propios genitales. Encuentra tan valiosa e importante esta parte de su cuerpo, que no puede creer carezcan de ella las personas que le rodean y a las que se encuentra semejante, y como no puede adivinar que existe otro tipo equivalente de formación genital, tiene que acogerse a la hipótesis de que todos, incluso las mujeres, poseen un miembro igual al suyo. Este prejuicio se impone tan enérgicamente al infantil investigador, que sus primeras observaciones directas de los genitales de las niñas pequeñas, sus compañeras de juego, resultan insuficientes para destruirlo. La percepción directa le muestra desde luego, que allí hay algo distinto de lo que él posee, pero no le es dado aceptar, como contenido de su percepción, la imposibilidad de encontrar en las niñas el miembro masculino. La carencia de este miembro es, para él, una representación inquietante e insoportable, y por lo tanto, busca una explicación intermedia, y opina que el miembro existe también en las niñas, pero aún muy pequeño y crecerá más adelante[231]. Cuando tampoco esta hipótesis queda confirmada por las observaciones ulteriores, construye todavía, otra distinta: las niñas poseyeron también un miembro igual al suyo, pero les ha sido cortado, quedando en lugar, una herida. Este progreso de la teoría utiliza ya experiencias propias, de carácter penoso; en el intervalo se ha visto el niño amenazado por sus familiares con la amputación de aquel órgano tan valioso, si continúa dedicándole excesiva atención. Bajo la amenaza de la castración transforma, entonces, su concepción de los genitales femeninos. En adelante, temblará por su virilidad, pero al mismo tiempo, despreciará a aquellas desgraciadas criaturas que, a su juicio, han sufrido ya el cruel castigo[232]. Antes que el niño quede sometido al dominio del complejo de la castración, o sea, en la época en que la mujer conserva aún para él, todo su valor, comienza a exteriorizarse en él un intenso placer visual como actividad erótica instintiva. Desea ver los genitales de otras personas, al principio, probablemente para compararlos con los suyos. La atracción erótica emanada de la persona de la madre, culmina pronto en el deseo de su genital, que el niño supone ser un pene. Pero con el conocimiento posteriormente alcanzado de que la mujer no posee tal miembro, se transforma muchas veces este anhelo en su contrario, quedando sustituido por una repugnancia, que en los años de la pubertad, puede constituirse en causa de impotencia psíquica, misoginia y homosexualidad duradera.

---

[231] Cf. Las observaciones incluídas en las revistas *Jahrbuch für psychoanalystiche und Psychopathologische Forschungen. Internatinale Zeitschrift für aerztliche Psychoanalyse e Imago.*

[232] Entrevemos también aquí, una raíz del antisemitismo de los pueblos occidentales, tan irracional como espontáneo. La circuncisión es equiparada, inconscientemente, por los hombres a la castración. Si nos arriesgamos a transferir nuestras hipótesis a los tiempos primitivos de la humanidad, podemos sospechar que la circuncisión fue en un principio, un sustitutivo atenuado de la castración.

Pero la fijación al objeto antes intensamente anhelado, o sea, el pene de la mujer, deja huellas indelebles en la vida anímica de aquellos niños en los que tal estadio de la investigación sexual infantil ha presentado una particular intensidad. El fetichismo cuyo objeto es el pie o el calzado femenino, no parece considerar el pie sino como un símbolo sustitutivo del miembro de la mujer, adorado en edad temprana y echado de menos desde entonces. Los "cortadores de trenzas" desempeñan, sin saberlo, el papel de personas que llevan a cabo en los genitales femeninos, el acto de la castración.

No nos pondremos en situación de comprender las actividades de la sexualidad infantil y habremos de optar por declarar inaceptables estas observaciones, mientras no abandonemos el punto de vista de nuestro desprecio civilizado de los genitales y de las funciones sexuales. Si queremos llegar a la comprensión de la vida anímica infantil, habremos de buscar analogías primitivas, pues para nosotros, son los genitales, hace ya una larga serie de generaciones, *las partes pudendas*, objeto de vergüenza, y dada una más madura represión sexual, incluso de repugnancia. Si echamos una amplia ojeada sobre la vida sexual de nuestro tiempo y especialmente sobre la de aquellas clases sociales que son las sustentadoras de la civilización, nos sentiremos inclinados a afirmar que sólo contra su voluntad, y sintiéndose rebajados en su dignidad humana, se someten los hombres de hoy en día, en su mayor parte, a las leyes de la procreación. La concepción opuesta de la vida sexual se ha refugiado, actualmente, entre las clases populares más bajas y menos afinadas. En cambio, las superiores ocultan todo lo referente a la actividad sexual, como algo despreciable desde el punto de vista cultural. En las épocas primitivas de la raza humana no sucedía nada de esto. Los datos trabajosamente reunidos por los investigadores de la civilización nos proporcionan la certidumbre de que los genitales constituyeron, primitivamente, el orgullo y la esperanza de los hombres; fueron objeto de un culto divino y transfirieron su divinidad a todas las nuevas actividades humanas. De su esencia, surgieron, por sublimación, innumerables dioses, y cuando la conexión de las religiones oficiales con la actividad sexual quedó ya oculta a la conciencia general, existieron cultos secretos que se esforzaron en mantenerla viva entre un escaso número de iniciados. Por último, tanto elemento divino y santo se llegó a extraer de la sexualidad, que el agotado remanente se convirtió en objeto de desprecio. Pero dado el carácter indeleble de todas las huellas anímicas, no hemos de extrañar que incluso las formas más primitivas de adoración de los genitales hayan llegado hasta épocas muy recientes, y que los usos del idioma, las costumbres y las supersticiones de la humanidad actual, contengan supervivencias de todas las fases de este desarrollo evolutivo[233].

Importantes analogías biológicas nos han preparado a encontrar que el desarrollo anímico del individuo repite abreviadamente el curso del desarrollo de la humanidad, y no hallaremos inverosímil, por lo tanto, aquello que sobre la valoración infantil de los órganos genitales nos ha descubierto la investigación psicoanalítica del alma de los niños. La infantil hipótesis del pene materno es la fuente común a la que antes hubimos de referirnos y de la que se derivan tanto la constitución andrógina de las divinidades maternas, por ejemplo, la Mut egipcia, como la "coda" del buitre en la fantasía infantil de Leonardo. Al calificar de hermafroditas, en el sentido médico de la palabra, a estas imágenes de dioses, cometemos realmente una impropiedad. Ninguna de ellas reúne los genitales de ambos sexos, como algunos repulsivos fenómenos humanos. Se limitan a presentar, a más

[233] Cf. Richard Payne, *Le culte du Priape*, Bruselas, 1838.

de los senos, atributo de la madre, los genitales masculinos, idénticamente a la primera representación infantil del cuerpo materno. La Mitología conservó, para los fieles, esta singular constitución física de la madre, primitivamente fantaseada. La acentuación de la cola del buitre en la fantasía de Leonardo puede ser interpretada, por tanto, en la forma siguiente: en aquella época infantil en la que mi tierna curiosidad se dirigía hacia mi madre y le atribuía aún unos órganos genitales iguales a los míos... Hallamos aquí un nuevo testimonio de la temprana investigación sexual de Leonardo, decisiva a nuestro juicio, para toda su vida ulterior.

Una breve reflexión nos advierte ahora que no debemos dar por terminado nuestro análisis de la fantasía infantil de Leonardo con el esclarecimiento del significado de la cola del buitre, pues contiene aún otras varias incógnitas. La más singular de todas ellas es la de sustituir el acto de mamar del seno materno por el hecho de ser amamantado, o sea, una situación activa por otra pasiva y de indudable carácter homosexual. Teniendo en cuenta la tradición histórica de que Leonardo se comportó durante toda su vida como un hombre de sentimientos homosexuales, se nos impone la interrogación de si esta fantasía no revela un enlace causal entre las relaciones infantiles de Leonardo con su madre y su posterior homosexualidad manifiesta, aunque ideal. No nos atreveríamos a deducir una tal conexión de los recuerdos deformados de Leonardo si las investigaciones psicoanalíticas de pacientes homosexuales no nos hubieran mostrado la existencia real de tal relación, íntima y necesaria además.

Los homosexuales han emprendido en nuestros días una enérgica campaña contra la limitación que las leyes imponen a su actividad sexual y gustan de presentarse, por boca de sus representantes teóricos, como una especie sexual diferenciada desde un principio, esto es, como un grado sexual intermedio y un tercer sexo. Según ellos, son hombres cuyas condiciones orgánicas los obligan desde su nacimiento a gustar del hombre y a repeler, en cambio, a la mujer. Aunque por consideraciones de orden humanitario pudiéramos inclinarnos a suscribir sus peticiones, no debemos, en cambio, aceptar sus teorías, que han sido construidas sin tener en cuenta para nada la génesis psíquica de la homosexualidad. El psicoanálisis nos ofrece los medios de llenar esta laguna y contrastar las afirmaciones de los homosexuales. Le ha sido posible, en efecto, llevar a cabo esta labor en cierto número, aunque no muy amplio, de sujetos, y todas las investigaciones emprendidas hasta el momento han ofrecido el mismo sorprendente resultado[234]. En todos los homosexuales sometidos al análisis se descubre un intensísimo enlace infantil, de carácter erótico y olvidado después por el individuo, a un sujeto femenino, generalmente a la madre; enlace provocado o favorecido por la excesiva ternura de la misma y apoyado después por un alejamiento del padre de la vida infantil del hijo. Sadger hace resaltar que las madres de sus pacientes homosexuales eran en muchos casos mujeres hombrunas, de enérgico carácter, que podían desplazar al padre de su puesto en la vida familiar y sustituirle. En mis observaciones he hallado también algunas veces estas mismas circunstancias, pero la relación causal a que nos venimos refiriendo se me ha mostrado aún con mucha mayor evidencia en aquellos casos en los que el padre falta desde un principio o murió dejando a su hijo en edad temprana y entregado, por lo tanto, a la influencia femenina. Llega incluso a parecer que la existencia de un padre enérgico garantiza al hijo la acertada

[234] Son éstas, en primer lugar, las de I. Sadger, cuyos resultados he podido comprobar en lo esencial. Sé, además que W. Stekel en Viena, y S. Ferenczi en Budapest, han obtenido idénticas conclusiones.

decisión en su elección de objeto sexual, o sea, la elección de un objeto sexual del sexo opuesto[235].

Después de este estudio preliminar, surge una transformación cuyo mecanismo nos es conocido, pero de la que ignoramos las fuerzas impulsoras. El amor a la madre no puede seguir ya el desarrollo consciente ulterior y sucumbe a la represión. EI niño reprime el amor a su madre sustituyéndose a ella, esto es, identificándose con ella y tomando como modelo su propia persona, a cuya semejanza escoge sus nuevos objetos eróticos. De este modo, se transforma en homosexual, o mejor dicho, pasa al autoerotismo, dado que los niños objeto de su amor no son sino personas sustitutivas y reproducciones de su propia persona infantil, a las que ama como su madre le amó a él en sus primeros años. Decimos entonces, que encuentra sus objetos eróticos por el camino del *narcisismo*, refiriéndonos a la leyenda griega de aquel adolescente llamado Narciso, al que nada era tan amado como su propia imagen reflejada en el agua, y que fue transformado, por los dioses, en la bella flor que aún lleva su nombre.

---

[235] La investigación psicoanalítica ha aportado, para la comprensión de la homosexualidad, dos hechos indudables, aunque no crea haber agotado con ello el estudio de la causación de esta aberración sexual. El primero de tales hechos es la fijación antes citada, de las necesidades eróticas, a la madre; el segundo, se halla expresado en la afirmación de que todo individuo, aun el más normal, es capaz de la elección de objeto homosexual, la ha llevado a cabo, siempre, alguna vez en su vida, y la conserva aún en lo inconsciente o se defiende contra ella por enérgicas disposiciones opuestas. Estos dos hechos ponen un término a la aspiración de los homosexuales a ser reconocidos como un "tercer sexo" y también a la diferenciación entre "sexualidad innata" y "sexualidad adquirida". La existencia de rasgos somáticos del sexo contrario (el grado de hermafrodistismo psíquico) favorece la exteriorización de elección de objeto homosexual, pero no es decisiva. Hemos de afirmar, con sentimiento, que los representantes de los homosexuales en la ciencia no han sabido extraer enseñanza ninguna de los seguros datos proporcionados por el psicoanálisis.

Reflexiones psicológicas más profundas justifican la afirmación de que el hombre convertido así en homosexual permanece fijado en lo inconsciente, a la imagen mnémica de su madre. La represión del amor a la madre le hace conservar de un modo perdurable en su inconsciente este mismo amor, al que permanecerá fiel en adelante. Cuando parece perseguir con ardiente amor a otros muchachos, lo que hace es huir de las mujeres, que podían llevarle a incurrir en infidelidad. Determinadas observaciones directas nos han permitido demostrar que aquellos individuos que en apariencia sólo son sensibles a los encantos masculinos, se hallan sometidos, como los hombres normales, a la atracción emanada de la mujer, pero se apresuran siempre a transferir a un objeto masculino la excitación recibida del femenino, repitiendo así de continuo, el mecanismo por el que adquirieron su homosexualidad.

Nada más lejos de nosotros que exagerar la importancia de estas aclaraciones de la génesis psíquica de la homosexualidad. Es indiscutible que se hallan en patente contradicción con las teorías oficiales de los homosexuales, pero sabemos que no son lo suficientemente amplias para facilitar una definitiva aclaración del problema. Aquello que por razones prácticas denominamos homosexualidad puede surgir de muy diversos procesos psicosexuales de coerción, y el proceso por nosotros descubierto no es quizá sino uno entre muchos, no refiriéndose sino a uno de los diversos tipos de "homosexualidad". Hemos de reconocer también que el número de los casos en los que pueden demostrarse las condiciones por nosotros señaladas, supera considerablemente en nuestro tipo homosexual, al de aquellos otros en los que aparece realmente el efecto derivado, de manera que no podemos tampoco rechazar la colaboración de factores constitucionales desconocidos, de los cuales se suele derivar exclusivamente, en general, la homosexualidad. No hubiéramos tenido por qué penetrar en la génesis psíquica de la forma de la homosexualidad por nosotros estudiada si no abrigásemos justificadísimas sospechas de que precisamente Leonardo, cuya fantasía infantil ha constituido nuestro punto de partida, perteneció a este tipo de homosexuales.

Por escasamente conocida que nos sea la conducta sexual del gran artista e investigador, hemos de considerar verosímil que sus contemporáneos no incurrieran en groseros errores al juzgar su personalidad. A la luz de esta tradición se nos muestra Leonardo como un hombre de actividad y necesidades sexuales en extremo reducidas, cual si una aspiración más elevada le hubiera sustraído a la general necesidad animal de los hombres.

Prescindiendo de la cuestión de si buscó alguna vez y por qué caminos la satisfacción sexual directa, o si por el contrario, huyó de ella en absoluto, tenemos derecho a buscar en él aquellas corrientes sentimentales que impulsan imperiosamente a otros a la acción, pues no podemos creer que exista una vida anímica humana en cuya estructura no participe la libido, o sea, el ansia sexual en su más amplio sentido, aunque parezca muy alejado de su fin original o de toda realización práctica.

Lo único que podemos hallar en Leonardo son huellas de actividad sexual no transformada, pero estas huellas nos orientan ya en una dirección y nos permiten contarle entre los homosexuales. Los datos que de su vida poseemos hacen resaltar el hecho de que sólo admitía como discípulos niños y adolescentes de singular belleza, con los cuales se conducía bondadosamente, asistiéndolos por sí mismo cuando enfermaban, como una madre asiste a sus hijos y como su madre hubo de asistirle a él. Habiéndolos escogido por su belleza y no por su talento, ninguno de sus discípulos —Cesare de Sesto, G. Boltraffio, Andrea Salaino, Francesco Melzi, etc., — llegó a ser artista de renombre. En su mayoría, no consiguieron adquirir una personalidad propia y desaparecieron sin legar a la historia del arte una fisonomía definida. Otros artistas que deben ser considerados como discípulos de Leonardo y continuadores de su técnica pictórica, así Luini y Bazzi, llamado el Sodoma, no llegaron probablemente a conocerle.

Se nos objetará, sin duda, que el proceder de Leonardo para con sus discípulos carece de toda relación con motivo de orden sexual, no siendo lícito, por tanto, deducir de ella, peculiaridad ninguna de este género. Pero contra tal objeción alegaremos que nuestra hipótesis aclara algunos singulares rasgos de la conducta del maestro, enigmáticos si no. Leonardo llevaba un libro de notas en el que escribía, de izquierda a derecha, sus apuntaciones íntimas. En este diario, se dirigía a sí mismo hablándose en segunda persona: "Estudia con el maestro Luca la multiplicación de las raíces".[236] "Haz que te enseñe el maestro D' Abacco la cuadratura del círculo". O con ocasión de un viaje[237]: "Salgo para Milán con objeto de ocuparme de mi jardín... Manda hacer dos sacos. Haz que te enseñe Boltraffio el torno y graba en él una piedra. — Deja el libro al maestro Andrea il Tedesco".[238] O un propósito de una significación totalmente distinta: "Tienes que hacer ver en tu trabajo, que la tierra es una estrella como la luna o aproximadamente, y demostrar, así la nobleza de nuestro mundo".[239]

En este diario, que por lo demás, suele silenciar —como los de otros muchos mortales— los más importantes sucesos

---

[236] Solmi. *Leonardo da Vinci*, pág. 152.

[237] *Ibídem*, pág. 203.

[238] Se conduce, aquí, Leonardo, como si se hallara acostumbrado a confesarse diariamente con una persona a la que luego hubiera sustituído por el libro de notas. Mereschkowski expresa en su obra antes citada, la sospecha de quién habría podido ser dicha persona (1903).

[239] M. Herzfeld, *Leonardo da Vinci*, 1906, pág. CXLI.

del día o dedicarles tan sólo dos palabras, hallamos algunas apuntaciones que aparecen citadas por todos los biógrafos de Leonardo a causa de su extremada singularidad. Se refieren a pequeños gastos del maestro y muestran una tan minuciosa escrupulosidad, que parecen provenir de un severo padre de familia, excesivamente cuidadoso y ahorrativo, faltando, en cambio, toda indicación sobre el empleo de sumas más cuantiosas y no existiendo nada que nos pruebe que el artista era un hombre económico y cuidadoso de su dinero. Una de estas anotaciones corresponde a la compra de una capa destinada a su discípulo Andrea Salainoz[240].

Brocado de plata	15	liras	4	sueldos
Terciopelo rojo	9	"	—	"
Cintas	—	"	—	"
Botones	—	"	—	"

Una segunda nota, muy extensa y detallada, reúne todos los gastos que le había ocasionado otro discípulo[241], por sus malas cualidades y su inclinación al robo: "El día 21 de abril de 1490 comencé este libro y recomencé el caballo[242]. Jacomo entró en mi casa el día de la Magdalena de 1490, a la edad de diez años. (Anotación marginal: ladrón, mentiroso, terco, glotón). Al segundo día, le mandé cortar un par de camisas, unos pantalones y un jubón, y al sacar el dinero para pagar estos vestidos, me lo robó del bolsillo, siendo imposible hacérselo

[240] Según Mereschkowski, *l. c.*, pág. 282.

[241] O modelo.

[242] La estatua ecuestre de Francesco Sforza.

confesar, aunque me constaba con absoluta seguridad. (Nota marginal: 4 liras...). "Luego continúa el relato de los crímenes del pequeño y termina con la cuenta siguiente: "En el primer año: una capa, 2 liras; 6 camisas, 4 liras; 3 jubones, 6 liras; 4 pares de medias, 7 liras, etcétera, etcétera"[243].

Los biógrafos de Leonardo, nada propicios a fijar su atención en sus pequeñas singularidades y debilidades, con el fin de llegar por medio de su análisis a la explicación de los enigmas de la vida anímica de su héroe, suelen aprovechar estas curiosas cuentas para exaltar la bondad y el cuidado de Leonardo con respecto a sus discípulos. Pero al obrar así, olvidan que lo singular y necesitado de explicación no es la conducta de Leonardo, sino el hecho de habernos dejado tales testimonios de ella. Siendo imposible atribuirle la intención de legar a la posteridad un testimonio de sus bondades, habremos de suponer que fue una causa de orden afectivo la que le movió a consignar tales anotaciones. No es fácil adivinar cuál fue esta causa y no sabríamos formular hipótesis alguna si otras de las cuentas encontradas entre los papeles de Leonardo no arrojara viva luz sobre estas anotaciones, singularmente minuciosas y relativas al vestido de los discípulos, etc.[244]:

---

[243] Según M. Herzfeld, *I. c.*, pág. XLV.

[244] Mereschkowski, *I, c.*, pág. 372. Como prueba de la inseguridad de las escasas noticias que poseemos sobre la vida íntima de Leonardo, indicaremos que esta misma cuenta aparece incluída con importantes variantes en la obra de Solmi. Así, los florines quedan sustituídos en ella, por sueldos. Habremos, pues, de suponer que la moneda designada con el nombre de "florín de oro", sino otra unidad posterior, equivalente a 1,66 libras, o sea a 33.33 sueldos. Solmi supone que Catalina era una criada que Leonardo tuvo durante algún tiempo en su casa. No me ha sido accesible la fuente de las dos versiones indicadas de la cuenta antes reproducida.

Gastos para el entierro de Catalina	27	florines
Dos libras de cera	18	"
Catafalco	19	"
Por llevar la cruz y colocarla	4	"
A los que llevaron el ataúd	8	"
A cuatro sacerdotes y cuatro clérigos	20	"
Al campanero	2	"
A los sepultureros	16	"
Al empleado, por el permiso	1	"
Suma	115	florines

Gastos anteriores:

Al médico	4	florines		
Azúcar y luces	12	"	16	"
		Summa summarum	131	florines

El poeta Mereschkowski es el único autor que sabe decirnos quién era esta Catalina. De otras breves anotaciones, deduce que la madre de Leonardo, la pobre labradora de Vinci, fue a Milán en 1493, para visitar a su hijo, hombre ya de 41 años, y enfermó durante su estancia en la ciudad. Leonardo la llevó al hospital, y cuando murió, la enterró con todo decoro[245].

Esta hipótesis del sutil novelista ruso carece de pruebas que abonen su exactitud, pero entraña tan alto grado de verosimili-

[245] "Catalina ha llegado el 16 de julio de 1493". "Giovannina —un rostro encantador— pregunta por Catalina en el hospital".

tud y se halla tan de acuerdo con todos los datos que poseemos sobre la vida sentimental de Leonardo, que nos inclinamos a suponerla cierta. Leonardo había logrado someter sus sentimientos al yugo de la investigación y coartar así su libre exteriorización, pero hubo también ocasiones en las que lo reprimido logró libertarse y surgir al exterior. La muerte de su madre habría sido una de estas ocasiones. La cuenta antes reproducida de los gastos motivados por el entierro de Catalina nos ofrece una manifestación, si bien deformada hasta resultar irreconocible, del dolor experimentado por el artista ante la muerte de su madre. Tal deformación nos resulta incomprensible desde el punto de vista de los procesos anímicos normales. Pero, bajo las condiciones anormales de la neurosis, y especialmente de la llamada neurosis obsesiva, hemos tropezado ya innumerables veces con procesos semejantes. Hemos visto, efectivamente, que bajo estas condiciones queda desplazada, sobre actos insignificantes e incluso pueriles, la manifestación de sentimientos muy intensos, pero que la represión ha hecho inconscientes. La acción de sentimientos antinómicos a éstos ha logrado debilitar hasta tal punto su manifestación, que su intensidad parece insignificante, pero en la imperiosa obsesión que impone el acto pueril en el que se exteriorizan, se delata su verdadero poder, radicado en lo inconsciente y que la consciencia quisiera negar. Sólo tal coincidencia con los procesos de la neurosis obsesiva puede explicar la anotación hecha por Leonardo de los gastos del entierro de su madre. En su inconsciente, se hallaba Leonardo ligado aún a su madre, como de niño lo estuvo, por una inclinación de matiz erótico. La energía contraria de la represión ulterior de este amor infantil no permitió que le fuera erigido en el diario un más digno monumento conmemorativo, pero el resultado transaccional de este conflicto neurótico tenía que hallar una exteriorización, y de este modo, quedó anotada la cuenta, pasando a la posteridad como un detalle incomprensible.

No parece muy arriesgado aplicar este conocimiento deducido de la cuenta del entierro a las otras relativas a los gastos de los discípulos. Así, pues, también constituirían estas cuentas una exteriorización obsesiva y deformada de los escasos restos de sentimientos libidinosos, vivos aún en Leonardo. Su madre y sus discípulos, imágenes de su propia belleza infantil, habrían sido sus objetos sexuales —en tanto en cuanto la represión sexual que dominaba su personalidad permite una tal designación—, y la obsesión de anotar minuciosamente los gastos por ellos ocasionados constituiría la singular revelación de estos conflictos rudimentarios. Resultaría así que la vida erótica de Leonardo pertenecía realmente al tipo de homosexualidad cuya evolución psíquica conseguimos antes descubrir. La aparición de la situación homosexual en su fantasía del buitre se nos haría entonces comprensible, pues no significaría sino lo que antes hemos afirmado con respecto a dicho tipo, y su traducción sería la siguiente: por mi relación erótica con respecto a mi madre he llegado a ser un homosexual[246].

[246] Las manifestaciones en las que la libido reprimida se exterioriza en Leonardo —minuciosidad y economía— pertenecen a los rasgos de carácter derivados del erotismo anal. (Cf. *Charakter und Analerotik en Sammlung Kleiner Schriften zur neurosenlehre.* Zweite Folge, 1909).

IV

La fantasía de Leonardo continúa reteniendo nuestra atención. Con palabras que recuerdan claramente la descripción de un acto sexual —"...e molte volte mi percuoterse con tal coda dentro alle labbra"—acentúa nuestro héroe la intensidad de las relaciones eróticas entre la madre y el niño. No es difícil deducir de este enlace de la actividad de la madre (del buitre) con la acentuación de la zona bucal un segundo contenido mnémico de la fantasía, que podríamos traducir en la forma siguiente: mi madre puso en mi boca infinidad de apasionados besos. La fantasía se halla, pues, compuesta de dos recuerdos: el de ser amamantado por la madre y el de ser besado por ella.

La bondadosa Naturaleza ha dado al artista la facultad de exteriorizar, por medio de creaciones, sus más secretos sentimientos anímicos, ignorados incluso por él mismo, y esta exteriorización nos conmueve profundamente, sin que sepamos de dónde proviene tal emoción. En la obra de Leonardo, habrá de existir, por lo tanto, algún testimonio de aquello que su memoria ha conservado como la impresión más poderosa de su infancia. Pero si reflexionamos por qué profundas transformaciones ha de pasar una impresión de la vida del artista antes de poder aportar algo a la obra de arte, habremos de confesarnos que precisamente en la obra de Leonardo resulta dificilísimo fijar con seguridad tales elementos.

Al pensar en las pinturas de Leonardo, recordamos todos la singular sonrisa, fascinadora y enigmática, que tanto nos encanta en los labios de sus figuras femeninas. Esta sonrisa inmóvil, dibujada en los largos y ondulados labios de tales figuras, resulta característica del maestro de Vinci y es conocida con el calificativo de "leonardesca"[247]. En el rostro bellamente singular de la florentina Monna Lisa de Giocondo, ha fascinado e intrigado con máxima intensidad a los contempladores. Precisaba de una interpretación y ha encontrado infinitas, pero ninguna satisfactoria: "Voilà cuatre siècles bientôt que Monna Lisa fait perdre la tête à toux ceux qui parlent d'elle, après l'avoir longtemps regardée"[248].

Muther[249] escribe: "Aquello que fascina al espectador es el demoníaco encanto de esta sonrisa. Cientos de poetas y literatos han escrito sobre esta mujer, que tan pronto parece sonreírnos seductoramente como dejar perderse en la lejanía una mirada fría y sin alma; pero ninguno ha descifrado su sonrisa ni interpretado sus pensamientos. Todo en este cuadro, incluso el paisaje, parece sumergido en una densa y ardorosa sensualidad."

Varios críticos han manifestado la sospecha de que en la sonrisa de la Gioconda se reúnen dos distintos elementos, y de este modo han visto en la expresión de la bella florentina la más perfecta reproducción de las antítesis que dominan la vida erótica de la mujer: la reserva y la seducción, la abnegada ternura y la imperiosa sexualidad, que considera al hombre como una presa a la que devora despiadadamente. Así, escribe Muentz: "On sait quelle énigme indéchiffrable et passionante Monna Lisa Gioconda ne cesse depuis bientôt quatre siècles de proposer aux admirateurs pressés devant ella. Jamais artiste (j'emprunte la plume du délicat écrivain qui se cache sous le pseudonyme de Pierre de Corlay) a-t-il traduit ainsi l'essence mème de la femi-

---

[247] Las personas peritas en arte pensarán aquí en la singular sonrisa helada de las esculturas griegas arcaicas y quizá también en las figuras del Verrochio, maestro de Leonardo, predisponiéndose así, en contra de las consideraciones que a continuación desarrollamos.

[248] Gruyer, según Seiditz, *Leonardo da Vinci*, II, pág. 280.

[249] Muther, 1909: *Geschichte der Nalerei*, I, pág. 314.

nité: tendresse et coquetterie, pudeur et sourde volupté, tout le mystère d'un cœur qui se réserve, d'un cerveau qui réfléchit, d'une personnalité qui se garde et ne livre d'elle même que son rayonnement...". El italiano Angelo Conti[250] ve el cuadro del Louvre animado por un rayo de sol: "La donna sorrideva in una calma regale: i suoi instinti di conquista, diferocia, tutta l'eredità della specie, la volontà della seduzione e dell'agguato, la grazia del'inganne, la bontà che cela un proposito crudele, tutto ciò appariva alternativamente e scompariva dietro il velo ridente e si fondeva nel poema del suo sorriso... Buona e malvaggia, crudele e compassionevole, graziosa e felina, ella rideva..."[251].

Leonardo trabajó por espacio de cuatro años, quizá desde 1504 a 1507, en este cuadro, durante su segunda estancia en Florencia y contando ya más de medio siglo. Según las noticias de Vasari, buscó las artes más escogidas para entretener a su bella modelo y mantener en sus labios la enigmática sonrisa. De todos los delicados encantos que su pincel reprodujo sobre el lienzo, sólo muy pocos conserva el retrato en su estado actual. Mientras lo estuvo pintando, pasó por ser lo más alto que el arte podía producir y, sin embargo, no llegó a satisfacer a Leonardo, que no lo consideró terminado, se negó a entregarlo a la persona que se lo había encargado y se lo llevó consigo a Francia, donde Francisco I, su protector, lo adquirió para el Louvre.

Dejando insolucionado el enigma fisonómico de la Gioconda, consignaremos el hecho indudable de que su sonrisa fascinó al artista con no menos intensidad que a todos los que la han contemplado en los 400 años transcurridos desde entonces. La enigmática sonrisa retorna, a partir de este momento, en todos sus cuadros y en los de sus discípulos. Tratándose de un

---

[250] *L. c.*, pág. 417.

[251] A. Conti, *Leonardo pittore en la Conferenze florentine, 1. c.*, p. 92, 1910.

retrato, no podemos suponer que Leonardo prestó al rostro de la retratada un rasgo fisonómico tan expresivo, sin que, en realidad, lo poseyera ella. Habremos, pues, de admitir que Leonardo halló tal sonrisa en su modelo y quedó tan subyugado por su atractivo, que adornó con ella desde aquel momento, todas las libres creaciones de su fantasía. Esta hipótesis aparece expresada por A. Konstantinowa, en la forma siguiente[252]:

> Durante el largo tiempo que el maestro dedicó al retrato de Monna Lisa, se infundió con una tan intensa participación del sentimiento, en los encantos de aquel rostro femenino, que los transfirió luego —especialmente la enigmática sonrisa y la singularísima mirada— a todos los rostros que más tarde hubo de pintar o dibujar, Así, volvemos a hallar tales rasgos peculiarísimos en el *San Juan Bautista* del Louvre, y sobre todo, en *La Virgen con El Niño y Santa Ana*, conservada también en este mismo museo.

Pero también pudo ser otra la realidad. Algunos biógrafos de Leonardo han sentido la necesidad de fundamentar más profundamente la perdurable fascinación que la sonrisa de la Gioconda ejerció sobre el artista. Así, W. Pater, que ve en el retrato de Monna Lisa "la encarnación de toda la experiencia amorosa de la humanidad civilizada" y trata muy sutilmente de "aquella inexplicable sonrisa que en las figuras de Leonardo parece hallarse unida a un funesto presagio", nos muestra una diferente orientación, escribiendo[253]:

> Además, es este cuadro un retrato. Podemos perseguir cómo desde su infancia se entreteje en la trama de sus sueños, hasta el punto de que si no encontramos testimonio

[252] *L. c.*, pág. 45, 1907.
[253] W. Pater, *El Renacimiento*, Segunda edición, 1906.

> ninguno en contra, concluiremos que constituía su ideal femenino, por fin hallado...

Algo muy análogo piensa M. Herzfeld cuando dice que Leonardo se encontró a sí mismo en Monna Lisa, siéndole de este modo posible incluir tan gran parte de su propio ser en aquel cuadro, "cuyos rasgos yacían desde mucho tiempo atrás en el alma de Leonardo"[254].

Intentaremos desarrollar estas indicaciones hasta lograr aclararlas por completo. Según ellas, la sonrisa de la Gioconda subyugó a Leonardo porque despertó en su alma algo que en ella dormía desde mucho tiempo atrás, probablemente un recuerdo, y este recuerdo era lo suficientemente importante para no volver ya a borrarse jamás, después de su resurrección, y obligar al artista a crearle continuas exteriorizaciones. La afirmación de Pater, de que podemos perseguir cómo en los sueños de Leonardo se entreteje desde su infancia un rostro semejante al de la Monna Lisa, nos parece digna de crédito y debe ser interpretada literalmente.

Vasari menciona como primeros ensayos artísticos de Leonardo "teste di femmine che ridono"[255]. El texto en el que hallamos este dato, nada sospechoso, puesto que nada tiende a demostrar, es el siguiente: "...facendo nella sua giovanezza di terra alcune teste di femmine che ridono, che vanno formate per l'arte di gesso, e parimente teste di putti chi parevano uscite di mano d'un maestro..."

Vemos, pues, que su actividad artística comenzó con la representación de dos clases de objetos, los cuales han de recordarnos los dos órdenes de objetos sexuales deducidos por nosotros en el análisis de su fantasía. Si las bellas cabezas

---

[254] M. Herzfeld, *Leonardo da Vinci*, pág. LXXXVIII.
[255] Cita de Scognamiglio (1900).

de niños eran repeticiones de su propia persona infantil, las mujeres sonrientes no podían ser sino repeticiones de Catalina, su madre, y comenzamos a sospechar la posibilidad de que la misma poseyera aquella sonrisa enigmática, perdida luego para el artista y que tanto le impresionó cuando volvió a hallarla en los labios de la dama florentina[256].

La obra de Leonardo más inmediata cronológicamente a la Gioconda es el cuadro que representa a *La Virgen con EI Niño y Santa Ana*. En él, muestran los dos rostros femeninos la sonrisa "leonardesca". No se sabe de cierto cuánto tiempo antes o después del retrato de Monna Lisa comenzó Leonardo a pintar este cuadro. Dado que ambas obras le ocuparon durante varios años, hemos de admitir que trabajó en ambas simultáneamente. Lo que más se armonizaría con nuestra hipótesis sería que precisamente la profunda penetración de Leonardo en los rasgos fisonómicos de Monna Lisa le hubiese impelido a crear la composición de *La Virgen con El Niño Jesús y Santa Ana*, pues si la sonrisa de la Gioconda hizo surgir en él el recuerdo de su madre, es natural que este recuerdo le impulsase inmediatamente a crear una glorificación de la maternidad y a devolver a su madre la sonrisa que de nuevo había hallado en la esposa de Francesco de Giocondo. De este modo, habremos de transferir ahora nuestro interés desde el retrato de Monna Lisa a aquel otro cuadro, no menos bello, y conservado también en el Louvre.

Santa Ana con su hija y su nieto es un tema poco corriente en la pintura italiana; pero, además, la composición de Leo-

---

[256] Mereschkowski sienta esta misma hipótesis, no obstante imaginar para Leonardo una historia infantil muy diferente de la deducida por nosotros en nuestro análisis de la fantasía del buitre. Pero si el mismo Leonardo hubiera poseído tal sonrisa, no hubiese dejado de señalar la tradición tan interesante coincidencia.

nardo se aleja considerablemente de todas las conocidas. Muther escribe sobre ella[257]:

> Algunos maestros como Hans Fries, Holbein el Viejo y Girolano dai Libri, representaron a Santa Ana sentada junto a la Virgen y situaron al Niño entre ambas. Otros, como Jacobo Cornelisz, en el cuadro conservado en Berlín, componen una verdadera "trinidad", esto es, nos muestran a Santa Ana teniendo en brazos la pequeña figurita de la Virgen, la cual tiene a su vez, en los suyos, la del Niño Jesús, más pequeña aún. En el cuadro de Leonardo, la Virgen aparece sentada en el regazo de Santa Ana, inclinada hacia adelante, tendiendo los brazos al Niño, que juega con un corderito. La abuela apoya en la cintura su único brazo visible y contempla con bienaventurada sonrisa a sus dos descendientes. La agrupación es, desde luego, un poco forzada. Pero la sonrisa que se refleja en los rostros de las dos figuras femeninas ha perdido, no obstante ser innegablemente la misma del retrato de Monna Lisa, todo su carácter inquietante y misterioso, no expresando sino ternura y serena bienaventuranza.[258]

Examinando con profunda atención este cuadro logramos una repentina comprensión de su esencia. Sólo Leonardo podía pintarlo, como sólo él podía imaginar la fantasía del buitre. En él se halla representada la síntesis de su historia infantil y todos sus detalles pueden ser explicados por las impresiones más personales de la vida de Leonardo. En la casa paterna encontró, a más de una buena madrastra, Donna Albiera, una abuela, Nonna Lucia, la madre de su padre, que debió de consagrarle

---

[257] *L. c.*, pág. 309.

[258] A. Kodstantinowa, *l. c.*; "María contempla a su hijo con entrañable cariño y su sonrisa recuerda la enigmática expresión de la Gioconda". Y en otro lugar: "En el rostro de María se refleja la sonrisa de la Gioconda".

todo el tierno cariño que las abuelas sienten por sus nietos. Esta circunstancia le hizo ya, sin duda, familiar, la representación de la infancia protegida por la madre y la abuela. Otro rasgo singular del cuadro al que nos venimos refiriendo, adquiere ahora gran importancia. Santa Ana, la madre de la Virgen María y la abuela del Niño Jesús, que debía de ser ya una mujer entrada en años, aparece representada con rasgos juveniles de belleza aún no marchita, apenas más graves y maduros que los de su hija. Leonardo ha dado aquí al Niño Jesús dos madres: la que le tiende los brazos y otra que le contempla amorosamente desde el segundo término, y ha adornado a ambas con la sonrisa la felicidad maternal. Esta singularidad del cuadro no ha dejado de despertar el asombro de los críticos. Así, opina Muther, por ejemplo, que Leonardo repugnaba pintar la ancianidad con sus arrugas y surcos, razón por la cual convirtió a Santa Ana en una mujer de resplandeciente belleza. Pero no creemos que esta explicación pueda satisfacer a nadie. Otros autores se han acogido a negar que existe realmente entre las dos figuras femeninas tal igualdad de juventud. Mas la tentativa de explicación de Muther basta para demostrar que la figura de Santa Ana da, efectivamente, en este cuadro, una impresión de rejuvenecimiento, independiente de todo prejuicio teórico[259].

La infancia de Leonardo fue tan singular como este cuadro. Tuvo dos madres: Catalina, la primera y verdadera, de cuyos brazos fue arrancado entre los tres y los cinco años, y Donna Albiera, mujer de su padre, que fue para él una madrastra más joven y delicada. Reuniendo este hecho de su niñez con el que mencionamos en primer lugar, y condensándolos en una unidad mixta, dio forma a la composición de su cuadro. La figura maternal más alejada del niño corresponde por

[259] S. v. Seidlitz, *l. c.*, II, pág. 274, observaciones.

su apariencia y su situación especial con respecto a aquél, a la primera madre de Leonardo, o sea a Catalina. Con la bienaventurada sonrisa de Santa Ana, quiso, quizá, encubrir y negar, el artista, la envidia que la infeliz Catalina hubo de experimentar al verse obligada a ceder su hijo a la noble rival, como antes le había cedido al hombre amado[260]

En este último cuadro ha realizado Oscar Pfister un singular descubrimiento al que no puede negarse extraordinario interés, aunque no se quiera reconocer su exactitud. En las vestiduras extrañamente plegadas y difícilmente delimitables, de la Virgen María, ha hallado *el contorno del buitre* y lo interpreta como un *rompecabezas inconsciente.*

"En el cuadro que representa a las madres del artista, hallamos, con absoluta claridad, *el buitre de la maternidad.* En el manto azul que parte de la cadera de figura situada en primer término y se extiende sobre el regazo hasta envolver, la rodilla derecha, vemos, efectivamente, la característica cabeza del buitre, el cuello y la cerrada curva del comienzo del lomo. "Casi ninguna de las personas a las que he comunicado mi pequeño descubrimiento, ha podido sustraerse a la evidencia de este rompecabezas."

260 Si intentamos delimitar en este cuadro las figuras de Santa Ana y la Virgen María, no lo conseguiremos fácilmente. Podríamos decir que se hallan confundidas como imágenes oníricas mal condensadas, de manera que en algunos puntos resulta difícil determinar dónde acaba Santa Ana y comienza María. Esta circunstancia, que desde el punto de vista artístico se nos muestra como un defecto de la composición, queda justificada en el análisis, por su oculto sentido. Las dos madres de su niñez tenían que fundirse, para el artista, en una sola figura.

(Kryptolalie, Kryptographie und unbewsusstes Vexierbild bei Normales, Jahrbuch fuer psychoanalystische und psychopathologische Forchungen, V, 1913).

El lector no desdeñará seguramente el trabajo de contemplar, breves momentos, la fotografía incluída al principio del presente opúsculo, con el objeto de buscar en ella los contornos del buitre descubierto por Pfizter. El manto azul, cuyos bordes dibujan el rompecabezas, se destacan en gris, en la fotografía, sobre el fondo más obscuro, de las vestiduras restantes.

Pfister escribe luego (I. c., página 147): "Surge aquí una interrogación ¿Cuál es la amplitud del rompecabezas? Si seguimos los contornos del manto, claramente destacado de las vestiduras restantes, a partir de la mitad del ala, observamos que por una parte, desciende hasta el pie de la figura, y por otra, se eleva hasta el hombro de la misma y la cabeza del niño. La primera nos daría aproximadamente el ala y la cola natural del buitre; la segunda, un puntiagudo vientre, y teniendo en cuenta, sobre todo, las líneas radiadas, un cola de pájaro desplegada en abanico y cuyo extremo como en su profético sueño infantil."

El autor comprende luego una más detallada interpretación y examina las dificultades que en ella surgen.

De este modo, habríamos llegado, partiendo de otra obra de Leonardo, a la confirmación de nuestra hipótesis de que la sonrisa de la Gioconda despertó en el artista un recuerdo de la madre de sus primeros años infantiles. A partir de este momento, las madonnas y los retratos femeninos de los pintores italianos mostraron la humilde inclinación de la cabeza y la bienaventurada sonrisa singular de la pobre campesina, madre del magnífico artista florentino.

Al reproducir Leonardo en el rostro de Monna Lisa el doble sentido que esta sonrisa entrañaba, esto es (según las palabras de Pater), la promesa de una limitada ternura y al mismo tiempo un presagio amenazador; no hizo más que permanecer fiel al contenido de sus más tempranos recuerdos, pues el apasionado cariño de su madre le fue fatal, determinando su destino y las privaciones que había de sufrir. La violencia de las caricias maternales transparentada en su fantasía del buitre, no era sino harto natural. La pobre madre abandonada tenía que agregar a su amor maternal el recuerdo de la ternura gozada en sus amores con Ser Piero y su deseo de nuevos goces eróticos, y se veía impulsada no sólo a compensarse a sí misma de la falta del amado, sino a compensar al niño de la del padre, acariciándole también por él. De este modo situó a su hijo, como todas las madres insatisfechas, en el lugar del marido y le despojó de una parte de su virilidad, provocando una maduración excesivamente precoz de su erotismo. El amor de la madre hacia el hijo al que amamanta y cuida es más profundo que su posterior afecto por el niño, ya en crecimiento. Su naturaleza es la de una relación amorosa absolutamente satisfactoria, que no sólo colma todos los deseos anímicos sino también todas las necesidades físicas, y si representa una de las formas de la felicidad que el hombre puede alcanzar, se debe, en gran parte, a la posibilidad de satisfacer, sin reproche alguno, sentimientos optativos ha largo tiempo reprimidos, y deben ser calificados de perversos[261].

Aun en los matrimonios jóvenes más felices, siente el padre que su hijo ha llegado a ser su rival, y surge en él una perdurable hostilidad, profundamente arraigada en lo inconsciente, contra el preferido.

Cuando Leonardo, llegado al cenit de su vida, volvió a encontrar aquella bienaventurada sonrisa que recordaba haber visto en los labios de su cariñosa madre, se encontraba ya, ha largo tiempo, bajo el dominio de una coerción que le prohibía volver a ansiar, nunca más, tales caricias, de labios femeninos.

---

[261] Véase "Tres ensayos para una teoría sexual", tomo II, de estas *Obras completas*.

Pero era pintor y se esforzó en crear de nuevo aquella sonrisa con sus pinceles, reproduciéndola en todos sus cuadros y no sólo en aquellos que ejecutó por sí mismo, sino en los que hizo ejecutar bajo su dirección por sus discípulos, tales como *La Leda*, *El San Juan Bautista* y *El Baco*. Los dos últimos son variantes del mismo tipo. Muther dice: "Del asceta bíblico que se alimentaba de saltamontes ha hecho Leonardo un Baco, un Apollino, que nos contempla con mirada sensual y perturbadora, sonriendo enigmáticamente y cruzadas las piernas de mórbida carnación." Estos cuadros respiran un misticismo en cuyos secretos apenas nos atrevemos a penetrar. Lo más que podemos intentar es establecer su conexión con las creaciones anteriores de Leonardo. Las figuras son de nuevo andróginas, pero ya no en el sentido de la fantasía del buitre. Son bellos adolescentes de suave morbidez y de formas afeminadas que, en lugar de bajar los ojos, nos miran con una enigmática expresión de triunfo, como si supieran de una inmensa felicidad cuyo secreto guardan. La conocida sonrisa deja sospechar que se trata de un secreto amoroso. Con estas figuras superó, quizá Leonardo, el fracaso de su vida erótica, representando en la dichosa reunión de los caracteres masculinos y femeninos la realización de los deseos del niño, perturbado por la ternura materna.

V

Entre las anotaciones de los diarios de Leonardo hallamos una que atrae nuestra atención por la importancia de su contenido y por una ligera falta de redacción.

En julio de 1504, escribe:

> *Addi 9 di Luglio 1504, mercoledì a ore 7, morì Ser Piero da Vinci, notalio al palazzo del Potestà, mio padre, a ore 7. Era d'età anni 80, lasciò 10 figlioli maschi e 2 femmine.*

La anotación se refiere, pues, a la muerte del padre de Leonardo y el ligero error de redacción consiste en la repetición de la hora del fallecimiento —"a ore 7"—, como si al terminar la frase hubiera olvidado Leonardo haber consignado ya al principio dicho dato. Es éste una minucia que sólo al psicoanalista puede interesar y aprovechar, pues quien no lo sea la dejará pasar inadvertida y al serle llamada la atención sobre ella, alegará que se trata de un ligero error en el que todos podemos incurrir por distracción o bajo los efectos de una emoción cualquiera, careciendo, por lo demás, de todo alcance y significación.

El psicoanalista piensa de otro modo. Para él no hay nada, por insignificante que aparezca, que no pueda constituir la expresión de procesos anímicos ocultos; ha averiguado, hace mucho tiempo, que tales olvidos y repeticiones son extraordinariamente significativos y que debemos quedar muy agradecidos a la "distracción" cuando permite la revelación de sentimientos ocultos de todo otro momento.

Afirmaremos, pues, que también esta anotación, como las referentes a Catalina y a los discípulos, corresponde a una ocasión en la que fracasó a Leonardo la represión de sus afectos, logrando así, una expresión deformada, elementos rigurosamente ocultos durante largo tiempo. También su forma es análoga, mostrando igual pedantesco prurito de exactitud e igual predominio de los números[262].

Tales repeticiones son calificadas por nosotros de "perseveraciones" y constituyen un excelente medio auxiliar para revelar la acentuación afectiva. Recuérdense, por ejemplo, las coléricas palabras de San Pedro en el Paraíso dantesco, contra su representante en la tierra (Canto XXVII, v. 22-25):

Quegli ch'usurpa in terra il luogo mio
Il luogo mio, il luogo mio, che vaca
Nella presenza del Figliuol di Dio
Fatto a del cimiterio mio cloaca.

Sin la coerción afectiva de Leonardo, la anotación en el Diario hubiera podido tomar la forma siguiente: "Hoy, a las 7, murió mi padre, Ser Piero da Vinci, mi pobre padre". Pero el desplazamiento de la perseverancia sobre el detalle más indiferente, esto es, sobre la hora del fallecimiento, despoja a la anotación de todo "pathos" y nos revela la existencia de algo que había de ser encubierto y reprimido.

Ser Piero da Vinci, notario y descendiente de notarios, era un hombre de gran energía vital, que le conquistó consideración y bienestar. Casó cuatro veces; sus dos primeras mujeres murieron sin haber tenido hijos, y cuando la tercera le dio

---

[262] Prescindimos aquí de un más grave error cometido por Leonardo en esta anotación, al atribuir a su padre ochenta años, siendo setenta y siete su verdadera edad.

en 1476 su primer descendiente legítimo, tenía ya Leonardo veinticuatro años y hacía mucho tiempo que había abandonado la casa paterna, trasladándose al taller del Verrocchio, su maestro. De la cuarta y última mujer, con la que casó siendo ya cincuentón, tuvo aún nueve hijos y dos hijas[263].

El padre de Leonardo desempeñó también, desde luego, en el desarrollo psicosexual de su hijo, un papel importantísimo, y no solamente negativo, por su ausencia durante los primeros años infantiles del mismo, sino también directo e inmediato, por su ulterior presencia. Aquellos que de niños desean a su madre entrañan inevitablemente la aspiración de llegar a ocupar el lugar del padre, se identifican con él en su fantasía, y hacen luego, de su vencimiento, la labor de toda su vida. La orientación decisiva hacia la homosexualidad se verifica, como ya sabemos, en los años próximos a la pubertad. Cuando Leonardo llegó a ésta, la identificación con su padre perdió todo su significado para su vida sexual, pero continuó existiendo en otras actividades distintas, exentas de carácter erótico. Sabemos que gustaba del lujo y de los bellos vestidos y que tenía criados y caballos, aunque según cuenta Vasari, "no poseía bienes de fortuna y trabajaba poco". Tales gustos no pueden atribuirse únicamente a su sentido de la belleza, sino también a la obsesión de copiar y superar al padre. Este había constituido, para la pobre muchacha campesina, el prototipo de la distinción, y al hijo le quedaba el deseo de jugar a la nobleza y el impulso "to out-herod", esto es; de demostrar al padre cuál era la verdadera distinción.

El artista se considera como el padre de sus creaciones estéticas. Para la actividad pictórica de Leonardo tuvo una fatal

263 Parece ser que también se equivocó Leonardo en esta anotación al consignar el número de sus hermanas, circunstancia que contrasta singularmente con la minuciosidad y el prurito de exactitud en ella aparentes.

consecuencia su identificación con su padre. Creaba la obra y cesaba en el acto de ocuparse de ella, como su padre había hecho con él. La ulterior rectificación de esta conducta de su progenitor no podía ya modificar esta obsesión, derivada de las impresiones de los primeros años infantiles, pues aquello que ha sido reprimido y permanece inconsciente no puede ya ser corregido por experiencias posteriores.

En el Renacimiento, precisaba todo artista, de un alto señor y protector, un "padrone", que le encargaba trabajos y en cuyas manos reposaba su destino. Leonardo encontró su "padrone" en Ludovico Sforza, sobrenombrado el Moro, hombre ambicioso, amante del lujo y diplomáticamente disimulado, pero inconstante y poco de fiar. En su corte, establecida en Milán, pasó Leonardo la época más brillante de su vida, desplegando libremente a su servicio su potencia creadora, de la que fueron testimonio el fresco de la *Cena* y la estatua ecuestre de Francisco Sforza. Antes que la estrella de Ludovico se ensombreciera, llevándole a morir en una prisión francesa, abandonó Leonardo Milán, y cuando la desgracia de su protector llegó a sus oídos, escribió en su diario: "El duque perdió sus estados, su fortuna y su libertad, y no llevó a término ninguna de sus obras". Es singular, y desde luego muy significativo, que Leonardo dirigiese aquí, a su "padrone", el mismo reproche que la posteridad había de hacerle a él, como si quisiese echar sobre una persona perteneciente a la serie paterna la responsabilidad que le incumbía por dejar interminadas sus obras. De todos modos, el reproche que hace al Duque se hallaba perfectamente justificado.

Pero si como artista le perjudicó su imitación de su padre, la rebelión contra el mismo constituyó la condición infantil de sus rendimientos como investigador, no menos importante. Según una bella comparación de Mereschkowski, parecía un hombre que se ha despertado en la noche y vela en las tinieblas mientras los demás duermen. Su libertad intelectual le llevó a dejarnos en una atrevida frase, la justificación de toda investigación independiente: *"Aquel que disputa alegando la autoridad, usa más de la memoria que de la inteligencia"*. De este modo, fue el primer investigador físico moderno, y un sinnúmero de descubrimientos y anticipaciones premió en él al primer hombre que después de los griegos tenía el valor de acercarse a los secretos de la Naturaleza, apoyado únicamente en la observación y en su propio juicio. Pero cuando enseñaba a despreciar la autoridad y a rechazar la imitación de los "antiguos" indicando de continuo el estudio de la Naturaleza como la fuente de toda verdad, no hacía sino repetir en la más elevada sublimación posible para el hombre, la decisión que antes se impuso al niño, admirada ante el maravilloso espectáculo del mundo. Transportados desde la abstracción científica a la experiencia concreta individual, los antiguos y la autoridad corresponden al padre, y la Naturaleza a la madre bondadosa y tierna que le había criado. Mientras que los demás humanos —y tanto hoy como en las épocas más primitivas— precisan imperiosamente de una autoridad en la que apoyarse, hasta el punto de que sienten vacilar el mundo entero cuando tal autoridad les parece amenazada, podía Leonardo prescindir por completo de semejante apoyo. Pero jamás le hubiera sido esto posible si en sus primeros años no hubiese aprendido a renunciar al padre. El atrevimiento y la independencia de su ulterior investigación científica presuponen una investigación sexual infantil no coartada por el padre, y la continúan, apartándola de la sexual.

Cuando un individuo ha escapado, en su infancia, como Leonardo, a la intimidación ejercida por el padre, y ha roto, en su actividad investigadora, las cadenas de la autoridad, no puede esperarse que permanezca dentro de una religión dogmática. El psicoanálisis nos ha descubierto una íntima conexión entre el complejo del padre y la creencia en Dios y nos ha mostrado que el Dios personal no es, psicológicamente, sino una superación del padre, revelándonos innumerables casos de sujetos jóvenes que pierden la fe religiosa en cuanto cae por tierra, para ellos, la autoridad paterna. En el complejo paterno-materno, reconocemos, pues, la raíz de la necesidad religiosa. El Dios omnipotente y justo y la bondadosa Naturaleza se nos muestran como magnas sublimaciones del padre y de la madre, o mejor aún, como renovaciones y reproducciones de las tempranas representaciones infantiles de ambos. La religiosidad se refiere, biológicamente, a la importancia y a la necesidad de protección del niño durante largos años. Cuando luego el adulto reconoce su abandono y su debilidad ante los grandes poderes de la vida, se siente en una situación análoga a la de su infancia y trata de consolarse por medio de la renovación regresiva de los poderes protectores infantiles. La protección que la fe religiosa ofrece a los creyentes contra la neurosis queda fácilmente explicada por el hecho de que los despoja del complejo paterno-materno, del que depende la consciencia de la culpabilidad —tanto individual como generalmente humana—, resolviéndolo para ellos, mientras que el incrédulo tiene que resolver por sí solo tal problema.

No parece que el ejemplo de Leonardo fuera contrario a esta concepción de la fe religiosa. Ya durante su vida se le acusó de incredulidad o —cosa equivalente en aquellos tiempos— de haber renegado la fe de Cristo, acusaciones que aparecen incluídas en la primera biografía de Leonardo, escrita por Vasari, el cual las suprimió luego en la segunda edición de sus "Vite". Comprendemos muy bien que ante la extraordinaria susceptibilidad de su época, para todo lo referente a la religión, se abstuviera Leonardo de toda manifestación sobre su actitud con respecto al cristianismo, incluso en sus anotaciones íntimas. Pero como investigador no se dejó inducir en error por los datos que sobre la creación del mundo consignan los Libros Sagrados. Así, discutió la posibilidad de un diluvio universal y contó, en geología, por milenios, con igual libertad de espíritu que los hombres modernos.

Entre sus "profecías", hallamos algunas que tienen que ofender la sensibilidad de los creyentes cristianos. Por ejemplo, una de las referentes al culto a las imágenes:

> *Los hombres hablarán a hombres que nada oyen, que tienen abiertos los ojos y no ven; hablarán con ellos y no recibirán respuesta; pedirán piedad a aquel que tiene oídos y no oye y encenderán luces ante un ciego.*

O sobre las lamentaciones del Viernes Santo:

> *En toda Europa, llorarán innumerables pueblos la muerte de un solo hombre, acaecida en Oriente.*

Se ha dicho que el arte de Leonardo despojó a las imágenes divinas de sus últimos restos de rigidez eclesiástica y las humanizó, para representar en ellas elevadas sensaciones humanas. Muther le alaba declarando que dominó un ambiente espiritual de decadencia y devolvió a los hombres el derecho a la sensualidad y al alegre goce de la vida. En las notas que nos muestran a Leonardo sumido en la investigación de los grandes enigmas de la Naturaleza, no faltan manifestaciones de admiración al Creador, última causa de tales magnos misterios, pero nada nos indica que quiera conservar una relación personal con dicho poder divino. Las frases en las que depositó la sabiduría de los últimos años de su vida, respiran la resignación del hombre que se somete a la Ανάνκη y las leyes de la Naturaleza, y no espera de la bondad o la gracia divina, atenuación ninguna. Es casi indudable que Leonardo superó tanto la religión dogmática como la personal, alejándose con su labor investigadora de la concepción cristiana del universo.

Nuestros conocimientos, antes mencionados, sobre el desarrollo de la vida anímica infantil nos conducen a la hipótesis de que también las primeras investigaciones infantiles de Leonardo recayeron sobre los problemas de la sexualidad. Él mismo lo deja transparentar al enlazar su inclinación investigadora con la fantasía del buitre y acentuar el problema del vuelo de los pájaros como uno de los que habían de constituir, por mandato del destino, objeto especial de su estudio. Un pasaje harto oscuro de sus anotaciones, semejante a una profecía, y en el que trata del vuelo de los pájaros, testimonia cuánto interés afectivo entrañaba su deseo de volar: "El gran pájaro emprenderá su vuelo desde el lomo de su gran cisne, colmando de admiración al universo, llenando con su fama todos los escritos y conquistando eterna gloria para el nido que le vio nacer." [264] Probablemente esperaba llegar a volar alguna vez, y por los sueños realizadores de deseos de los hombres sabemos qué felicidad promete la realización de tal esperanza.

Mas ¿por qué sueñan tanto los hombres con poder volar? El psicoanálisis nos da la respuesta mostrándonos que el volar o ser un pájaro no es sino el disfraz de un deseo distinto. La fábula de la cigüeña, con la que intentamos satisfacer la curiosidad infantil sobre el origen de los niños, los falos alados de los antiguos, el empleo, en alemán, de la palabra "voegeln" (de *vogel*: pájaro) como designación corriente de la actividad sexual, y en italiano, del sustantivo "uccello" (pájaro) para designar el miembro viril, son pequeños fragmentos de una amplia totalidad, demostrativa de que el deseo de poder volar, en el sueño no significa sino el ansia de ser apto para la función sexual[265]. Es este un deseo que surge

[264] Según M. Herzfeld (*Leonardo da Vinci*, pág. 32), "el gran cisne" sería una colina próxima a Florencia, llamada Monte Cecero.

[265] Según las investigaciones de Paul Federn (1914) y las de Mourly Vold (1912), hombre de ciencia noruego, independiente por completo de la psicoanálisis.

en nuestros más tempranos años infantiles. Cuando el adulto piensa en su infancia, se le aparece ésta como una edad dichosa, en la que gozaba del momento presente y avanzaba hacia el futuro, sin que ningún deseo le atormentase. Tal representación le hace considerar dignos de envidia a los niños. Pero si estos pudieran manifestarnos directamente su opinión, nos proporcionarían con seguridad datos muy diferentes. Parece, en efecto, que la infancia no es aquel dichoso idilio que luego imaginamos. Por el contrario, los niños se sienten fustigados durante toda su infancia por el deseo de llegar a ser mayores y poder hacer lo que los adultos. Este deseo domina todos sus juegos. Cuando en el curso de su investigación sexual sospecha el infantil sujeto que en este terreno, tan enigmático e importante para él, puede el adulto realizar algo muy especial, que a él le está prohibido incluso saber, experimenta un poderoso deseo de adquirir dicha capacidad y sueña con ella bajo el disfraz del vuelo, o prepara este disfraz para sus sueños posteriores. Así, pues, la aviación, resuelta ya por fin en nuestros tiempos, posee también su raíz erótica.

Al confesarnos la atracción que el problema del vuelo ejerció sobre él desde su infancia, confirma Leonardo que su investigación sexual infantil se hallaba orientada hacia lo sexual, como ya nos lo hacían suponer nuestras observaciones directas de la infancia contemporánea. Por lo menos, este problema consiguió escapar a la represión que luego le apartó de la sexualidad. Desde los años infantiles hasta la época de la más completa madurez intelectual continuó orientando su interés con ligeras modificaciones de sentido, hacia la misma cuestión, y es muy posible que el deseado arte permaneciera inaccesible para él, tanto en su sentido sexual primario como en el mecánico, perdurando ambos deseos como irrealizables.

El gran Leonardo permaneció infantil durante toda su vida, en diversos aspectos. Dícese que todos los grandes hombres tienen que conservar algo infantil. Llegado a la edad adulta continuaba complaciéndose en pueriles juegos, circunstancia que le hacía aparecer inquietante e incomprensible a los ojos de sus contemporáneos. Viéndole preparar para las fiestas cortesanas y los solemnes recibimientos, ingeniosísimos juguetes mecánicos, nos sentimos descontentos los que no quisiéramos que hubiese derrochado sus energías en tales puerilidades; pero él parecía complacerse en ellas, pues Vasari nos cuenta que se entretenía con análogos pasatiempos, aun cuando ningún encargo le obligaba a ello: "Allí hizo una masa de cera y construyó con ella, cuando estaba fluida, delicadísimos animalillos que volaban al llenarlos de aire, cayendo a tierra conforme se iban vaciando. A un singular lagarto que le trajo el viñador del Belvedere, le hizo, con la piel de otros animales de la misma clase, unas alas llenas de mercurio, que temblaban y se movían; luego le pintó ojos, le puso cuernos y barbas, lo domesticó y lo llevaba en una cajita, asustando con él a sus amigos"[266]. A veces le servían estos juegos para expresar profundos pensamientos. Así, "hacía desgrasar y lavar tan minuciosamente una tripa de carnero que podía ocultarse en la palma de la mano; luego le aplicaba el tubo de un fuelle oculto en la cámara contigua; y cuando moviendo el fuelle, la tripa se inflamaba, obligando a los presentes a refugiarse en un rincón, él la comparaba al genio, que limitado primero a un pequeño espacio, crece luego cada vez más, llenando los ámbitos". De su gusto por tales pasatiempos testimonian también sus enigmas, escritos en forma de "profecías", y sus fábulas, composiciones muy ricas en ideas, pero carentes de gracia hasta un extremo singular.

Los juegos que Leonardo toleraba a su fantasía han inducido con gran frecuencia, en grave error, a sus biógrafos,

---

[266] Vasari, según una traducción de Schorn (1843).

desconocedores de esta característica del gran artista. Entre los manuscritos milaneses de Leonardo se encuentran, por ejemplo, borradores de cartas a "Diodario de Sorio (Siria), ministro del sagrado sultán de Babilonia", en las que se presenta Leonardo como ingeniero enviado a aquellos territorios del Oriente para llevar a cabo determinados trabajos, se defiende de un supuesto reproche de holganza, expone descripciones geográficas de ciudades y montañas, y describe, por último, un importantísimo suceso, del que fue testigo durante su estancia en aquellos parajes[267].

Basándose en estos manuscritos, quiso demostrar J. P. Richter, en 1881, que Leonardo estuvo en Oriente al servicio del sultán de Egipto, llegando incluso a convertirse a la fe mahometana. El artista vinciano había realizado este viaje en 1483, esto es, antes de su agregación a la corte del Duque de Milán. Pero la crítica de otros autores ha demostrado fácilmente que estos supuestos testimonios de una estancia en Oriente no son sino fantasías del joven Leonardo, creadas por él para su propio entretenimiento y en las que daba libre curso a sus deseos de ver mundo y correr aventuras. También la "Academia Vinciana", de cuya existencia no poseemos más datos que cinco o seis complicados emblemas dibujados por nuestro héroe, debió de ser uno de tales productos imaginativos. Vasari cita, en efecto, los emblemas, pero nada dice de la Academia[268]. Müntz, que reproduce en la cubierta de su gran obra sobre Leonardo uno de dichos emblemas, es de los pocos autores que creen en la existencia de tal institución.

[267] Cf. Müntz , 1899, *I. c.*, págs. 82 y ss., y M. Herzfeld, *I. c.*, pág. 223 y ss.

[268] "Oltreché perse tempo fino a disegnare gruppi di corde fatti con ordine, e che da un caso siguissi tutto il resto fino all'altris, tanto che s'empiessi un fondo, che se ne vede in stampa uno difficilisimo e molto bello, en el mezzo vi sono queste parola: Leonardus Vinci Accademia.

Es muy probable que esta inclinación de Leonardo a los juegos y pasatiempos infantiles desapareciese en sus años de madurez y confluyera también en la actividad investigadora, que constituyó el último y más elevado desarrollo de su personalidad. Pero su larga duración puede enseñarnos cuán lentamente se arranca de su infancia aquel que ha alcanzado durante ella la más alta bienaventuranza erótica, jamás renovada después.

VI

Sería inútil pretender engañarse ocultándose que los lectores no gustan hoy de la patografía. Su repulsa se disimula bajo el reproche de que la investigación patográfica de un grande hombre no conduce nunca a la inteligencia de su significación ni de su obra, siendo, por tanto, un inútil capricho estudiar en él cosas que podemos hallar en cualquier ente vulgar. Pero esta crítica es tan evidentemente injusta que sólo como pretexto o encubrimiento de otras ideas distintas puede resultarnos comprensible. La Patografía no se propone hacer comprensible la obra del grande hombre y mal puede reprocharse a nadie el incumplimiento de algo que no ha prometido. Los verdaderos motivos de la oposición son muy distintos y los hallamos en cuanto reflexionemos que los biógrafos se muestran siempre singularmente fijados a su héroe. Con gran frecuencia lo han elegido impulsados por motivos puramente personales, de orden sentimental, que se lo hicieron simpático de antemano. De este modo, se entregan a una labor de idealización, que aspiran a incluir al grande hombre en la serie de sus modelos infantiles y quizá a resucitar en él la representación paterna infantil. En favor de este deseo, borran los rasgos individuales de su fisonomía, disimulan las huellas de sus luchas con resistencias interiores y exteriores, le despojan de toda debilidad e imperfección humanas y nos ofrecen entonces, una helada figura ideal, ajena por completo a nosotros, en lugar del hombre al que podíamos sentirnos afines, siquiera fuese lejanamente. Esta conducta es muy de lamentar, pues con ella sacrifican la verdad a una ilusión y renuncian en favor de sus fantasías infantiles a una ocasión de penetrar en los más atractivos secretos de la naturaleza humana[269].

Leonardo mismo, con su amor a la verdad y su deseo de saber, no hubiera rechazado la tentativa de deducir de las pequeñas rarezas y singularidades de su personalidad, las condiciones de su desarrollo anímico e intelectual. La mejor manera de honrarle será obrar aquí como él hubiera obrado. En nada disminuiremos su grandeza estudiando los sacrificios que hubo de costarle el paso de la infancia a la madurez y reuniendo los factores que imprimieron a su persona el trágico estigma del fracasado.

Haremos constar, especialmente, que nunca hemos contado a Leonardo entre los neuróticos o "enfermos de los nervios", como impropiamente se los denomina. Aquellos que se lamentan de vernos aplicar al gran artista conocimientos de orden patológico, muestran hallarse limitados por prejuicios a los que hoy en día no se concede ya valor ninguno, muy justificadamente.

No creemos ya que la salud y la enfermedad, lo normal y lo nervioso, puedan ser precisamente diferenciados ni que los caracteres neuróticos deban ser considerados como prueba de inferioridad. Sabemos hoy, que los síntomas neuróticos son formaciones sustitutivas de ciertos rendimientos de la represión que hemos de llevar a cabo en el curso de nuestro desarrollo desde el niño al hombre civilizado, y sabemos también que todos producimos tales formaciones sustitutivas y que sólo su número, intensidad y distribución justifican el concepto práctico de enfermedad y la deducción de una inferioridad constitucional. Por los pequeños rasgos que de la personalidad de Leonardo nos son conocidos, debemos considerarle próximo a aquel tipo neurótico que designamos

269 Esta crítica se refiere a los biógrafos en general y no únicamente a los de Leonardo.

con el nombre de "tipo obsesivo", comparando su actividad investigadora con la "meditación obsesiva" del neurótico y sus coerciones con las abulias del mismo.

El fin de nuestro trabajo era el esclarecimiento de las coerciones de la vida sexual y la actividad artística de Leonardo. Nos permitiremos, pues, reunir con tal objeto aquello que sobre el curso de su desarrollo psíquico hemos podido adivinar.

No hemos podido llegar al conocimiento de sus circunstancias hereditarias. En cambio, hemos comprobado que las circunstancias accidentales de su niñez ejercieron una profunda influencia perturbadora. Su nacimiento ilegítimo le sustrajo, quizá hasta los cinco años, a la influencia del padre y le abandonó a la cariñosa seducción de la madre, cuyo único consuelo constituía. Las apasionadas caricias maternas provocaron en él una temprana madurez sexual y entró en una fase de actividad sexual infantil, de la cual no hemos logrado determinar con toda evidencia, más que una única manifestación: la intensidad de su investigación sexual infantil. La tendencia al placer visual y el ansia de saber quedaron excitadas en grado sumo por sus tempranas impresiones infantiles; la zona erógena bucal recibió una acentuación que conservará ya para siempre. De su exagerada compasión posterior de los animales podemos deducir que durante este período infantil no careció de enérgicos rasgos contrarios, o sea de carácter sádico.

Un poderoso avance de la represión puso fin a este exceso infantil y determinó las disposiciones que habían de surgir en los años de la pubertad. El apartamiento de toda actividad groseramente sexual será el resultado más evidente de la transformación. Leonardo podrá vivir en completa abstinencia y hacer la impresión de un hombre asexual. Cuando las ondas de la excitación concomitante a la pubertad lleguen hasta el adolescente, no le harán, sin embargo, enfermar, obligándole a formaciones sustitutivas costosas y perjudiciales. La parte más considerable de la necesidad del instinto sexual podrá quedar sublimada merced al temprano predominio del ansia sexual de saber, en un deseo general de saber, y escapará así a la represión. Otra parte, mucho menos importante, de la libido permanecerá orientada hacia fines sexuales y representará la atrofiada vida sexual del adulto. A consecuencia de la represión del amor a la madre, quedará transformado este resto de libido en una disposición homosexual y se manifestará en forma de pederastia ideal. La fijación a la madre y a los dichosos recuerdos de su comercio con ella, quedará perdurablemente conservada en lo inconsciente, pero permanecerá, por lo pronto, inactiva. Así, pues, las aportaciones del instinto sexual a la vida anímica de Leonardo quedan repartidas entre la represión, la fijación y la sublimación.

Surgiendo de una oscura adolescencia, se nos aparece Leonardo como artista, pintor y escultor, gracias a una capacidad específica, reforzada probablemente en los primeros años infantiles por la precoz aparición de la tendencia al placer visual. Nos complacería indicar en qué forma depende la actividad artística de los instintos primitivos anímicos, pero nuestros medios resultan insuficientes para ello. Por tanto, nos limitaremos a hacer constar el hecho indudable de que la actividad creadora del artista proporciona también una derivación a sus deseos sexuales, y a recordar, por lo que a Leonardo respecta, las informaciones de Vasari sobre sus primeras tentativas artísticas: cabezas de mujeres sonrientes y de bellos muchachos, o sea representaciones de sus objetos sexuales. En los primeros años de su juventud, parece trabajar Leonardo libre de toda coerción. Durante el tiempo en el que tomó a su padre como modelo de su conducta exterior, vivió Leonardo en Milán, donde el favor del destino le hizo encontrar en Ludovico Moro una sustitución del padre, una época de viril fuerza creadora y de productividad artística. Pero pronto se confirmó en él la experiencia de que la represión casi completa de la vida sexual no ofrece las condiciones más favorables para el ejercicio de las tendencias sexuales sublimadas. EI carácter prototípico de la vida sexual acaba por imponerse, comienzan a paralizarse la actividad y la capacidad de tomar rápidas resoluciones, y la tendencia a la indecisión y a la reflexión obsesiva se hace notar de un modo perturbador en la *Cena*, y determina, ejerciendo su influjo sobre la técnica, el fatal destino de la maravillosa obra de arte. Lentamente, va desarrollándose en él un proceso sólo comparable a las regresiones de los neuróticos. El desarrollo de su personalidad, que a partir de la pubertad le llevó al arte, es alcanzado y dominado por aquel otro cuyas condiciones arraigan en su primera infancia y que le conduce a la investigación. La segunda sublimación de sus instintos eróticos cede el paso a la primera y primitiva, preparada por la primera represión. Leonardo pasa a ser un investigador, al principio en servicio de su arte, luego independientemente de él, y por último, volviéndole la espalda. Con la pérdida de su Mecenas, sustitución del padre, y el progresivo entenebrecimiento de su vida, va haciéndose cada vez más amplia esta sustitución regresiva. EI artista se hace "impacientissimo al pennello"[270], como nos cuenta un enviado de Isabella d'Este, que deseaba poseer a toda costa otro cuadro de su mano. Su pasado infantil ha adquirido dominio sobre él. Pero la actividad investigadora con la que sustituye la creación artística parece mostrar algunos rasgos que caracterizan la actuación de tendencias inconscientes —la insaciabilidad, la indiferencia y la incapacidad de adaptarse a las circunstancias reales.

Llegado al cenit de su existencia, a los cincuenta años, edad en la que los caracteres sexuales de la mujer han sucumbido

[270] Von Seidlitz (1909).

a un proceso regresivo, mientras que la libido del hombre arriesga aún con frecuencia, un enérgico avance, pasa Leonardo por una nueva transformación. Capas aún más profundas de su contenido anímico devienen de nuevo activas, y esta nueva regresión favorece a su arte, que se hallaba en vías de atrofiarse. Leonardo encuentra a la mujer que despierta en él el recuerdo de la sonrisa bienaventurada y extáticamente sensual de la madre, y bajo la influencia de esta evocación, experimenta de nuevo el impulso que le guió al principio de sus tentativas artísticas, cuando creó las cabezas de mujeres sonrientes. Pinta *La Monna Lisa*, *La Virgen con el Niño Jesús y Santa Ana* y la serie de cuadros enigmáticos, caracterizados por la misteriosa sonrisa. Con ayuda de sus más primitivos sentimientos eróticos festeja el triunfo de dominar una vez más la coerción que pesa sobre su arte. Este último desarrollo se pierde, para nosotros, en las tinieblas de la ancianidad, que se aproxima ya al creador. Pero su intelecto se ha elevado antes a los más altos rendimientos de una concepción del universo que deja muy atrás a su época.

En los capítulos que anteceden hemos expuesto aquello que puede justificar una tal representación del curso evolutivo de Leonardo, así como nuestra división de su vida y nuestro esclarecimiento de su vacilación entre el arte y la ciencia. Si incluso por los partidarios y conocedores del psicoanálisis se nos objetará que no hemos hecho sino escribir una novela psicoanalítica, respondemos que no nos exageramos tampoco la seguridad de nuestros resultados. Como otros muchos, hemos sucumbido a la atracción ejercida por el grande y enigmático Leonardo, en cuya personalidad creemos advertir poderosas pasiones instintivas que, sin embargo, no pueden manifestarse sino de un modo atenuadísimo.

Cualquiera que sea la verdad de la vida de Leonardo, no podemos abandonar nuestra tentativa de investigarla psicoanalíticamente antes de haber llevado a cabo una determinada labor. Hemos de trazar, en general, las fronteras que delimitan la función del psicoanálisis en la investigación biográfica, con objeto de que no se nos reproche como un fracaso la falta de algunos esclarecimientos. La investigación psicoanalítica dispone, como material de las fechas biográficas del investigado, de los factores accidentales correspondientes a los acontecimientos exteriores y a las influencias del medio y de las reacciones conocidas del individuo. Apoyada en su conocimiento de los mecanismos psíquicos, intenta fundamentar su personalidad dinámicamente basándose en sus reacciones, y descubrir sus fuerzas anímicas instintivas originales, así como las transacciones y evoluciones ulteriores de las mismas. Conseguido esto, queda aclarada la conducta vital de la personalidad, por la acción conjunta de la constitución y el destino, de fuerzas interiores y poderes exteriores. Cuando tal empresa no alcanza resultados indubitables, como quizá sucede en este caso de Leonardo, no debemos culpar al método empleado, tachándolo de insuficiente o defectuoso, sino a la inseguridad y deficiencia del material. Así, pues, el único culpable del fracaso es el investigador que ha obligado al psicoanálisis a pronunciarse sobre un material insuficiente.

Pero, aun disponiendo de un amplio material histórico y dominando el desarrollo de los mecanismos psíquicos, hay dos puntos importantísimos en los que la investigación psicoanalítica no puede esclarecernos la necesidad de que el individuo sea así, sin poder manifestarse, en forma ninguna distinta. Por lo que a Leonardo respecta, hemos tenido que suponer que la circunstancia accidental de su legítimo nacimiento y la exagerada ternura de su madre ejercieron una influencia decisiva sobre la formación de su carácter y sobre su destino ulterior, en razón a que la represión sexual, desarrollada después de esta fase infantil, le llevó a la sublimación de la libido en ansia de saber, determinando la inactividad sexual de toda su vida ulterior. Pero esta represión consecutiva a las primeras satisfacciones eróticas de la infancia, no hubiera debido tener efecto. En otro individuo no se habría desarrollado o hubiera alcanzado mucha menor amplitud. Hemos de reconocer aquí un margen de libertad, que el psicoanálisis no puede determinar. Asimismo, tampoco se debe querer presentar el resultado de este avance represivo como el único posible. Otra persona no habría conseguido, probablemente, arrebatar a la represión la parte principal de la libido por medio de la sublimación en ansia de saber. Bajo iguales influencias que Leonardo hubiera adquirido una duradera perturbación de la actividad intelectual o una incoercible disposición a la neurosis obsesiva. Así, pues, el psicoanálisis no consigue darnos la explicación de dos peculiaridades de Leonardo: su especialísima tendencia a la represión de los instintos y su extraordinaria capacidad para sublimar los instintos primitivos.

Los instintos y sus transformaciones son lo último que el psicoanálisis puede llegar a conocer. A partir de este límite, cede el terreno a la investigación biológica. Tanto la tendencia a la represión como la capacidad de sublimación han de ser referidas a las bases orgánicas del carácter, sobre las cuales se eleva luego el edificio anímico. Dado que la actitud artística y la capacidad funcional se hallan íntimamente ligadas a la sublimación, hemos de confesar que también la esencia de la función artística nos es inaccesible psicoanalíticamente. La investigación biológica moderna se inclina a explicar los rasgos fundamentales de la constitución orgánica de un hombre por la mezcla de disposiciones masculinas y femeninas, en sentido material. La belleza física de Leonardo y la circunstancia de ser ambidestro se hallarían de acuerdo con una tal explicación. Pero no queremos abandonar el terreno de la investigación puramente psicológica. Nuestro fin continúa siendo la demostración del enlace existente entre los sucesos exteriores y las relaciones individuales, por el camino de la actividad instintiva. Aunque el psicoanálisis no nos explica el trecho de la capacidad artística de Leonardo, nos proporciona, de todos modos, la inteligencia de las manifestaciones y limitaciones de tal capacidad. Parece, en efecto, que sólo un hombre de una vida infantil como la de Leonardo, puede pintar *La Monna Lisa* y *La Virgen con el Niño Jesús y Santa Ana* y elevarse al mismo tiempo tan vertiginosamente en su actividad investigadora, como si la clave de todos sus rendimientos y también de su infortunio se hallase oculta en la fantasía infantil del buitre.

Pero, ¿no deberemos acaso rechazar los resultados de una investigación que atribuye a los azares de la constelación paterno- materna una influencia tan decisiva sobre el destino de un hombre y hace depender, por ejemplo, el de Leonardo, de su nacimiento ilegítimo y de la esterilidad de Donna Albiera, su primera madrastra? No creo haya derecho a una tal repulsa. Considerando que el azar es indigno de decidir nuestro destino, no hacemos sino recaer en la concepción piadosa del universo, cuyo vencimiento preparó el mismo Leonardo al escribir que el sol no se movía. Naturalmente, nos irrita que durante nuestra temprana infancia, tan impotente y necesitada de auxilio, no seamos protegidos por un Dios de justicia o un bondadoso poder previsor contra tales influencias. Pero al pensar así, olvidamos que realmente todo es casual en nuestra vida, desde nuestra génesis por el encuentro del espermatozoo y el óvulo, casualidad que por esta misma razón participa, sin embargo, en la normatividad y necesidad de la Naturaleza, faltándole únicamente una relación con nuestros deseos e ilusiones. La distribución de la determinación de nuestra vida entre las "necesidades" de nuestra constitución y los "accidentes" de nuestra infancia, no se halla, quizá, fijamente establecida todavía; pero no podemos dudar de la importancia de nuestros primeros años infantiles.

En general, mostramos aún poco respeto a la Naturaleza, que según las obscuras palabras de Leonardo, análogas a otras del Hamlet shakesperiano, *la natura è piena d'infinite ragioni che non furono mai in isperienza*: "Cada una de las criaturas humanas corresponde a uno de los infinitos experimentos en los que estas *ragioni* intentan pasar a la experiencia".

ÍNDICE

Obras Completas de Sigmund Freud
Tomo VIII

Impreso en los talleres de
DocuMaster
(Master Copy, S. A. de C.V.)
Plásticos #84, Local 2, ala sur,
Fracc. Industrial Alce Blanco,
Naucalpan de Juárez, C. P. 53370.

www.ingramcontent.com/pod-product-compliance
Ingram Content Group UK Ltd.
Pitfield, Milton Keynes, MK11 3LW, UK
UKHW042004190726
13854UKWH00005B/2158

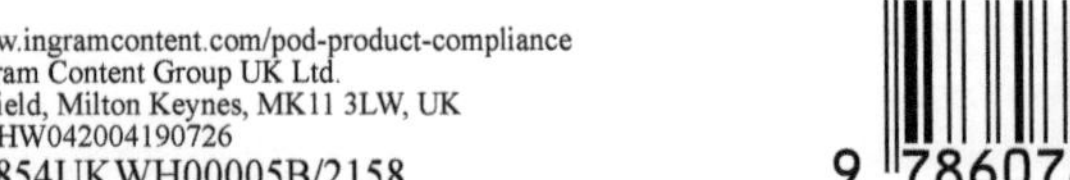

9 786078 688593